本书是国家社科基金西部项目"乡村气候贫困人群适应性生计的社会建构"（项目编号：14XSH017）、国家社科基金重大项目"新发展阶段生产发展、生活富裕、生态良好的中国特色文明发展道路研究"（项目编号：22ZDA108）的研究成果，同时得到西南财经大学中央高校基本科研业务费专项资金资助（项目编号：JBK2304161）

应对气候贫困：
欠发达地区农户适应性生计的社会建构

朱雨可　赵　佳◎著

西南财经大学出版社
中国·成都

图书在版编目(CIP)数据

应对气候贫困:欠发达地区农户适应性生计的
社会建构/朱雨可,赵佳著.--成都:西南财经大学
出版社,2025.2.--ISBN 978-7-5504-6492-6

Ⅰ.F124.7

中国国家版本馆 CIP 数据核字第 2024VU5141 号

应对气候贫困:欠发达地区农户适应性生计的社会建构

YINGDUI QIHOU PINKUN:QIANFADA DIQU NONGHU SHIYINGXING SHENGJI DE SHEHUI JIANGOU

朱雨可　赵　佳　著

责任编辑:李思嘉
责任校对:邓嘉玲
封面设计:墨创文化
责任印制:朱曼丽

出版发行	西南财经大学出版社(四川省成都市光华村街 55 号)
网　　址	http://cbs.swufe.edu.cn
电子邮件	bookcj@swufe.edu.cn
邮政编码	610074
电　　话	028-87353785
照　　排	四川胜翔数码印务设计有限公司
印　　刷	成都市新都华兴印务有限公司
成品尺寸	170 mm×240 mm
印　　张	15
字　　数	262 千字
版　　次	2025 年 2 月第 1 版
印　　次	2025 年 2 月第 1 次印刷
书　　号	ISBN 978-7-5504-6492-6
定　　价	88.00 元

序

　　气候变化是全人类面临的共同挑战，应对气候变化关乎人民福祉与人类未来。当前，以全球变暖为显著特征的气候变化正在加剧，极端天气事件趋多趋强，影响范围日益广泛，直接威胁人类社会生存与发展。因此，增强气候适应能力、提升气候韧性已成为国际社会的共识。

　　中国，作为拥有14亿多人口的发展中国家，肩负着发展经济、改善民生、治理污染和保护生态等多重任务，这客观上增加了适应气候变化的艰巨性。尤其在欠发达的农村地区，气候变化与农村贫困之间的相互作用复杂而深远，不仅加剧了这些地区脆弱人群的生计困境，显著增加了气候贫困风险，还对新发展阶段农村减贫工作提出了更高要求。2020年，中国全面建成了小康社会，历史性解决了绝对贫困问题，开启了全面建设社会主义现代化国家的新征程。站在新的历史起点，中国如何在适应气候变化的行动中统筹兼顾农村减贫需求，成为亟待探讨的理论与现实问题。

　　实际上，中国始终高度重视应对气候变化，已经采取一系列措施和行动，在提升农业气候韧性、有效防范气候变化不利影响等方面均取得了一定成效。然而，现有的气候适应理论、技术、知识、政策仍处于前期探索阶段，适应气候变化的行动与需求之间尚存在较大差距。为此，只有从经济社会层面开展更多关于微观主体的气候适应性研究，揭示气候变化对农村生计的深层次影响，才能在广大农村地区更好开展有针对性的适应行动，赋能乡村全面振兴。

　　基于这一背景，本书聚焦气候变化高度敏感的欠发达地区，依托实地调研素材，深入剖析气候变化对贫困边缘农户生计发展的作用机制及影响效应，探讨如何通过增强农户生计韧性、降低生计脆弱性，有效应对气候变化带来的生计风险，从而实现巩固拓展脱贫攻坚成果与应对气候挑战协同推进。鉴于气候适应政策和行动需综合考量气候风险、社会经济条件、地区发展规划及个体特征，本书立足自下而上的视角，以农户生计的气候适应性为主线，从宏观生计环境和微观生计资本两个维度展开分析，重新审视暴露于气候贫困风险中脆弱农户的生计发展路径，提出农户构建气候适应性生计的社会策略。

在内容架构上，全书共八章，按照"理论—现实—对策"的逻辑依次展开，涵盖三大主题。

一是气候贫困的生成机制。本部分以气候变化与贫困之间的关系为基础，探讨气候贫困的概念及形成过程，分析适应性生计在应对气候贫困中的重要作用，为后续适应性生计策略的研究提供理论基础。

二是气候贫困的影响与生计适应实践。本部分采用从宏观到微观的分析路径，从气候变化带来的脆弱生计环境到微观农户的生计适应实践，逐步揭示欠发达地区贫困边缘农户在应对气候风险时的困境与策略。在宏观层面，选取了中国11个原连片特困地区386个样本县，评估气候风险引发的社会脆弱性，主要从暴露度、敏感性和适应能力三个维度反映气候变化对生计环境安全的影响；在微观层面，通过对13个自然村159户贫困家庭、驻村干部的访谈，揭示了气候贫困农户的生计资本禀赋、适应策略及其差异。此外，通过对四川省阿坝藏族羌族自治州脱贫农户的进一步调查，勾勒出外部援助的推动力与内生发展的驱动力相结合的生计实践，揭示了应对气候贫困的生计发展路径。

三是应对气候贫困的政策建议。本部分从气候适应能力建设角度出发，基于田野调查，把握欠发达地区农户在生计适应气候变化过程中的实际需求。在此基础上，通过解析国际典型案例，借鉴全球应对气候变化的先进经验，并结合中国本土实践，提出具备操作性的对策建议，为国家和地方政府制定气候适应性生计促进政策提供科学参考。

本书虽然从多维视角刻画了欠发达地区贫困边缘农户生计的气候适应能力，剖析了乡村气候贫困的复合影响及农户生计的应对策略，但研究仍存在局限。一方面，适应气候变化是一项长期的系统工程，具体的适应方式因国家、地区、社区、组织及个体而异，尚无普遍适用的解决方案；另一方面，气候适应性生计的研究涉及学科广泛，数据采集难度大、跨度广，因此本书在诸多方面仍有进一步完善的空间。尽管如此，笔者仍希望通过这一初步探索，为学界和政策制定者提供气候适应方面的理论支持，呈现有价值的本土经验和研究样本，为全球气候治理与减贫事业贡献中国的经验与智慧。

限于时间与学识，本书的不足之处在所难免，恳请各位同行专家和读者批评指正。

朱雨可、赵佳

2025 年 1 月于西南财经大学

目　录

1

1　导论

1.1　研究起点

应对气候变化和终结贫困是人类可持续发展的两大目标，两者总是密切相关。随着气候变化对经济、社会和环境的深远影响日益显现，传统减贫路径面临前所未有挑战。因此，研究气候变化与贫困之间的复杂关系，探讨协同应对气候贫困挑战的可行策略，已成为中国国内发展和国际发展合作的优先事项。

1.1.1　全球共识：应对气候变化与消除贫困是可持续发展的紧迫任务

自 1987 年《我们共同的未来》（又称《布伦特兰报告》）首次提出"可持续发展"理念以来，全球在减少极端贫困方面取得了惊人进展。极端贫困人口比例从 1990 年的 37.8% 降至 2014 年的 11.2%，超过 10 亿人摆脱极贫状况。在此期间，全球每日生活费低于 1.90 美元的贫困人口数量从接近 20 亿首次减少至 7.36 亿人①。可是，随着全球经济增长放缓，减贫的进程也随之出现逆转。2014—2019 年，全球减贫速度放缓至每年 0.6 个百分点，为 30 年中最低水平（见图 1-1）。2020 年，新冠疫情大流行进一步加剧了这一趋势，其不仅导致全球极端贫困人口自 20 世纪 90 年代以来首次出现增加，还扩大了城乡、收入、性别等领域的既有不平等，削弱了全球消除贫困和减少不平等的成效。以当前速度，预计到 2030 年，仍将有

---

① 2022 年，世界银行将全球贫困线由 1.90 美元上调至 2.15 美元。其中，1.90 美元是按 2011 年购买力平价计算，2.15 美元是按 2017 年购买力平价计算。这一国际贫困线于 2022 年秋开始使用。

5.74 亿人（约占全球人口的 7%）生活在每天生活费用 2.15 美元的极端贫困线以下，消除极端贫困可能需要花费 30 多年的时间（World Bank，2022）。

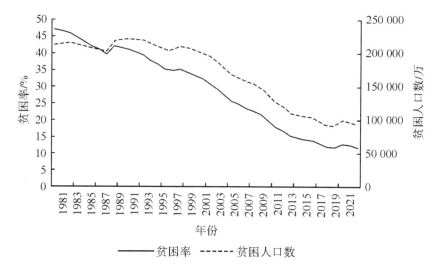

图 1-1　1981—2022 年全球贫困率变化

〔注：按 2.15 美元贫困线计算。资料来源：世界银行贫困与不平等数据平台（Poverty and Inequality Platform，PIP）〕

与此同时，受人类活动和自然因素的共同影响，地球变暖和气候失调正在加剧，贫困人口受洪水、飓风、干旱等极端天气事件的影响愈发频繁。联合国政府间气候变化专门委员会（Intergovernment Panel on Climate Change，IPCC）第六次评估报告指出，当前气候系统的许多变化在数百年乃至数千年间均前所未有。自 1970 年以来，全球表面温度的上升速度比过去至少 2 000 年的任何一个 50 年期间的速度都要快。2016—2020 年全球平均气温相较于工业革命前（1850—1900 年）的平均气温已经升高 1.1 ℃（IPCC，2007）。2022 年，大气中二氧化碳的浓度达到 421 ppm（ppm 为百万分之一）历史峰值，比工业化前水平高 50% 以上，为数百万年以来最高值[①]。按照这一变化趋势，预计到 2030 年，全球每年将发生 560 起大中型

---

① 世界气象组织. 气候变化：大气中的二氧化碳［EB/OL］.（2022-06-03）［2022-06-10］. https://www.noaa.gov/news-release/carbon-dioxide-now-more-than-50-higher-than-pre-industrial-levels.

灾害，相当于每天平均发生 1.5 起[①]。

毋庸置疑，气候变化正通过多种途径威胁人类生命和生计，其影响范围广泛，涵盖生态系统、健康、生计、关键基础设施、经济及人道主义危机等多个方面。更为严峻的是，气候变化的不利影响具有全方位、多尺度、多层次的特征，并与自然资源过度消耗、快速城市化、流离失所等诸多社会、经济和政治问题相互交织。这不仅重塑并扩大了灾害的风险图景，还可能触发或加剧贫困和不平等的恶性循环（联合国亚洲及太平洋经济社会委员会，2023）。在此情境下，若不采取有效行动，预计到 2030 年，气候变化将使多达 1.32 亿人陷入极端贫困，从而导致来之不易的发展成果化为乌有[②]。因此，应对气候变化和消除贫困的双重紧迫性，要求全球各国和地区必须采取一致有力的行动，将减贫与有效的气候行动紧密结合，以确保人类真正实现可持续发展。

1.1.2 国家战略：构建气候适应性农村生计是国家应对气候变化行动的关键

当前，国际社会深刻认识到气候变暖对人类当代及未来生存与发展带来的严重威胁和挑战，采取积极措施应对气候变化已成为全球共识。在这一过程中，减缓（mitigation）和适应（adaptation）作为两大核心策略，相辅相成，共同促进人类社会可持续发展。其中，减缓策略旨在通过调整经济和生态系统，减少温室气体排放与增加碳汇，从而降低气候变化的速率；适应策略则侧重于风险管理，通过调整应对措施，充分利用有利因素、防范不利因素，以减轻气候变化带来的负面影响和潜在风险。

尽管减缓和适应两大策略缺一不可，但鉴于气候变化影响和风险具有显著的区域性，切实有效的适应行动对于降低国家和地区面临的气候变化不利影响和风险、保障经济社会发展和生态环境安全更加具有现实迫切性[③]。事实上，中国一直坚持减缓和适应并重，并积极实施应对气候变化的国家战略。为有效推进这一工作，国家聚焦气候敏感脆弱领域和关键区

---

① 联合国. 全球评估报告[EB/OL]. (2022-04-26)[2022-05-06]. https://news.un.org/zh/story/2022/04/1102312.

② 世界银行. 贫困与共享繁荣报告 2022[EB/OL]. (2022-12-09)[2023-01-06]. https://www.worldbank.org/en/publication/poverty-and-shared-prosperity.

③ 中华人民共和国中央人民政府. 国家适应气候变化战略 2035[EB/OL]. (2022-05-10)[2022-05-15]. https://www.gov.cn/zhengce/zhengceku/2022-06/14/content_5695555.htm.

域，已将增强农业农村适应气候变化的能力纳入了适应气候变化行动的核心议程。2013 年发布的《国家适应气候变化战略》首次明确提出，提高农业适应气候变化水平，切实保障人民生产生活安全、农产品供给安全和生态安全。随后，2014 年《国家应对气候变化规划（2014—2020 年）》明确要求提高农产品主产区应对气候变化能力。2022 年发布的《国家适应气候变化战略 2035》进一步倡导，将适应气候变化全面融入经济社会发展大局，优化农业气候资源利用格局，强化农业应变减灾工作体系建设，提升农业领域适应气候变化能力，建立适应气候变化的粮食安全保障体系。

尽管中国在适应气候变化方面不断取得积极进展，但目前全社会适应气候变化的意识和能力仍有较大提升空间。尤其在广大农村地区，绝大部分人口生计依赖于农业和自然资源，对气候变化和极端天气事件高度敏感且脆弱。此外，受制于环境、区位、经济等先天因素，农户自主适应气候变化的能力相对较弱，进一步加剧了气候贫困的发生。随着气候变化不利影响持续加剧，构建符合当地实际、最恰当、可持续的农户气候适应性生计式，既是缓解气候变化负面影响的有效途径，也是深入贯彻落实国家适应气候变化行动方略的必要举措。

1.1.3 地方行动：增强欠发达地区农户气候适应能力是新时代乡村振兴所需

中国是拥有 14 亿多人口、世界上最大的发展中国家，气候类型复杂多样，发展不平衡不充分问题较为突出，农村低收入人口规模大、抗风险能力弱。新中国成立以来，我国始终将减贫作为国家发展的重要目标和任务，坚持以人民为中心，努力使经济社会发展成果惠及全体人民，探索出一条从救济式扶贫到开发式扶贫再到精准扶贫的中国特色减贫道路。1949 年新中国成立之初，中国人均国民收入只有 27 美元，不足整个亚洲平均水平的 44 美元的 2/3，不足印度 57 美元的一半，人民生活处于极端贫困状态。改革开放后，农村率先进行经济制度改革，农民温饱问题逐步得以解决。以现行农村贫困标准衡量①，全国农村贫困人口从 1978 年年末的 7.7 亿人减少到 1985 年年末的 6.6 亿人，农村贫困发生率从 1978 年年末的

---

① 国家统计局现行计算是按 2010 年价格确定的每人每年 2 300 元的贫困标准，该标准是与小康社会相适应的稳定温饱标准。

97.5%下降到1985年年末的78.3%①。20世纪80年代中期开始，针对区域发展不平衡，中国以贫困地区为重点，实施有计划针对性的扶贫开发政策。到2012年年末，全国农村贫困人口比1985年年末减少5.6亿多人，农村贫困发生率比1985年年末下降了68.1个百分点②。党的十八大以来，中国实施精准扶贫、精准脱贫，到2020年年底如期完成新时代脱贫攻坚目标任务，现行标准下9 899万农村贫困人口全部脱贫（见图1-2），832个贫困县全部摘帽，12.8万个贫困村全部出列，区域性整体贫困得到解决，完成了消除绝对贫困的艰巨任务。农村绝对贫困的消除，不仅补齐了中国全面建成小康社会最突出短板，为全面建设社会主义现代化国家、实现第二个百年奋斗目标奠定了坚实基础，也为全球减贫事业贡献了中国经验和智慧。

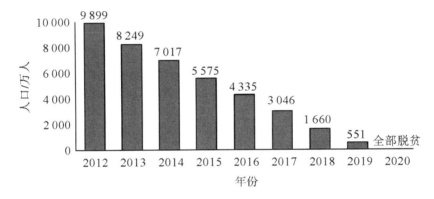

图1-2　2012—2020年中国农村年度贫困人口数量变化

（资料来源：《人类减贫的中国实践》白皮书）

然而，脱贫摘帽并非终点，相对贫困问题仍将长期存在。打赢脱贫攻坚战后，中国农村地区的致贫因素和贫困形态变得更加复杂，反贫困事业亦步入巩固拓展脱贫攻坚成果和全面推进乡村振兴的新阶段。需要认识到，与脱贫攻坚时期相比，乡村振兴的时间跨度更长、目标人群更广、任

---

① 贫困发生率又称贫困人口比重指数，指生活在贫困标准以下的人口占全部人口的比重，通常以百分比表示，计算方法见国家统计局（https://www.stats.gov.cn/zs/tjws/tjzb/202301/t20230101_1903716.html）。

② 国家统计局. 扶贫开发持续强力推进脱贫攻坚取得历史性重大成就：新中国成立70周年经济社会发展成就系列报告之十五［EB/OL］.（2019-08-12）. http://www.stats.gov.cn/tjsj/zxfb/201908/t20190812_1690526.html.

务难度更大。特别是以原连片特困地区为代表的欠发达地区乡村，虽已消除绝对贫困，但依然面临生态环境脆弱、极端气候事件增加、经济社会发展滞后等诸多挑战，脱贫农户生计资本匮乏、稳定增收难、巩固成果难、持续发展难等深层次问题尚未得到根本解决，极易因气候相关风险冲击再次落入贫困。因此，探索增强欠发达地区农户适应气候变化的能力，是新时代进一步巩固拓展脱贫攻坚成果，接续推动脱贫地区发展和乡村全面振兴的必然要求。

1.2　思路框架

本书聚焦气候变化的经济社会适应策略，旨在通过对欠发达地区农户气候风险的暴露、敏感性及适应能力的评估，探寻构建气候适应性农户生计的有效策略，以应对气候贫困挑战。同时，本书并不旨在寻求一种系统的方法来解决气候贫困高发地区农户的生计发展困境问题，而是以自下而上的思路，帮助他们识别在气候风险情景下所面临的约束条件和潜在发展机会，以增强其生计对气候变化及气候灾害风险的适应能力，减少因气候变化带来的致贫返贫风险。

基于这一出发点，本书研究思路如下：将欠发达地区农户视为在气候变化的脆弱环境中生活，从其日常生产生活的生计环境出发，运用生计分析框架，评估农户的气候适应能力，进而找寻适合当地情况、匹配当地资源、符合本人意愿的生计发展策略，提升其适应气候变化的能力及主观能动性，而非一味依靠外来资源投入来解决生计问题。按照这一研究思路，全书分为理论基础、现实度量和对策思考三个部分，共八章内容。

第一部分是理论基础，包括第 1 章至第 3 章，主要从理论层面梳理相关概念和研究现状。首先，界定气候贫困的内涵，探讨气候变化、贫困与农户可持续生计之间的关系。其次，通过梳理国内外相关文献，构建气候贫困农户适应性生计的整合分析框架，为后续研究奠定理论基础。

第二部分是现实度量，涵盖第 4 章至第 7 章，采用自上而下的逻辑，从宏观层面到中观层面，再到微观层面，系统分析气候变化对已脱贫但仍然脆弱的欠发达地区农户生计的影响。

第 4 章从宏观层面分析欠发达地区乡村气候贫困的现状及挑战，重点探讨气候变化（如气温、降水、气候灾害等）对中国农业经济的整体影响，分析以原连片特困地区为代表的欠发达地区乡村气候贫困的分布特征，揭示农户生计发展所面临的多重风险。

第5章聚焦中观层面，选取全国11个原集中连片特困地区中386个原国家级贫困县为样本，从暴露度、敏感性和适应能力三个维度，评估农户暴露于气候变化风险中的社会脆弱性，揭示气候变化背景下县域乡村的生计安全状况，识别潜在的气候贫困风险。

第6章从微观层面对欠发达地区农户生计适应能力开展田野调查。结合第5章社会脆弱性评估结果，重点选取中西部欠发达地区13个代表性自然村为调查样本，通过对159户脱贫农户家庭和14位扶贫干部、驻村社会工作队员进行深入访谈，把握欠发达地区脱贫农户的生计资本禀赋及其生计适应气候变化的能力，厘清不同类型脱贫农户的适应性生计策略。

第7章是个案研究，重点选取气候贫困高发的青藏高原地区，以四川省阿坝藏族羌族自治州为调研区域，从"内生—外源"互动视角考察原深度贫困民族地区脱贫农户生计发展的内生动力，探讨如何通过内生动力与外部助力良性互动的新内生发展模式，增强农户生计应对风险冲击的抗逆能力。

第三部分是对策思考，重点关注为加快降低生计风险而需要采取的适应性措施。基于前面的分析总结，第8章选取滇黔桂山区、秦巴山区、西藏日喀则地区和四川藏族聚居区农户开展个案调查，揭示气候贫困高发地区农户的生计发展诉求。在此基础上，呼吁加快行动，借鉴适应气候变化的农村发展国际经验，强调自下而上地构建中国欠发达地区农户气候适应性生计的有效策略。

1.3 主要创新

应对气候贫困是当前及未来全球面临的一项严峻挑战，也是一个长期而复杂的跨学科研究议题。在中国适应气候变化的战略行动中，对重点脆弱人群适应气候变化能力进行评估，制订适应能力提升计划是其中的核心任务之一。但气候变化的适应有多种形式，取决于社区、企业、组织、国家或地区实际情况，没有"放之四海皆准"的解决方案。此外，就理论研究而言，农户生计的气候适应性涉及学科面广、分析方法多样、数据资料采集难度和跨度很大。本书作为一次尝试，主要创新体现在以下方面：

首先，尽管国内学者对气候贫困问题已有开创性的研究成果，但这些研究大多集中在单一学科或区域个案研究，对气候贫困高发地区农户在气候风险冲击下的整体生计风险及生计策略的异质性研究仍较为有限。本书尝试融合经济学、社会学和人类学的研究范式，以农户生计的气候适应性为研究切入点，聚焦生计发展的外部风险（社会脆弱性评估）和内部自身韧性（生计资本禀赋调查），以适应性策略的社会建构为最终目标，力图增进对气候贫困风险下脆弱性人群的生计发展提供新的理解。

其次，大多数经济学调查研究方法将个体视为独立单位，并基于统计依赖性的假设，这些方法在属性数据分析上表现出色，但在分析非属性数据时存在一定局限性。本书运用了地理学和灾害学中常用的脆弱性评估方法，构建了暴露度、敏感度和适应能力三个维度的脆弱性指数，对欠发达地区乡村农户生计环境进行了社会脆弱性综合评估。为弥补脆弱性评估和经济学计量统计方法的不足，本书在田野调查中运用社会学和人类学的参与式评估、焦点访谈等方法，收集数据并获取访谈资料，力求从多角度呈现气候变化背景下欠发达地区农户生计的多样化特征。

最后，当前气候变化议题已超越自然科学的范畴，涉及人文科学的诸多问题。如何从社会科学角度理解人类社会应对气候环境变化，已成为新的研究焦点。为回应这一议题，本书以气候贫困为切入点，以对气候变化敏感脆弱的欠发达地区农户为研究核心，尝试从宏观和微观、自然与社会、单维和多维多个层面，勾勒并洞悉这些农户生计适应气候变化的能力及分化特征。研究内容既涉及宏观气候风险中农户生计风险的脆弱性分析，也有微观脆弱家庭层面生计资本、生计策略及适应能力分析。在研究尺度上，社会脆弱性评估部分将研究拓展到县域和片区尺度，评估要素包括自然生态与人文社会因子；田野调查部分则深入到家庭和个体层面，既有对单一生计资本的单维分析，也有对生计资本组合的多维分析。

2 气候贫困的源起、认知与进展

可持续发展关系人类社会未来。自 1972 年斯德哥尔摩联合国人类环境会议开启人类社会环境保护事业的新纪元以来，可持续发展理念渐入人心，发展实践不断深化。1992 年，在巴西里约热内卢召开的联合国环境与发展大会通过《21 世纪议程》和《里约环境与发展宣言》，标志着可持续发展正式成为人类共识。此后，2000 年联合国千年发展目标、2012 年"里约+20"峰会发展目标、2015 年的《联合国 2030 年可持续发展议程》，及联合国可持续发展目标（Sustainable Development Goals，SDGs），将可持续发展推进到一个从认知到行动再到科学的全新层次。今天，沿着 SDGs 勾勒的可持续未来蓝图，世界各国正努力推进可持续发展进程，并承诺集中力量消除一切形式的贫困，战胜不平等不公正，遏制气候变化，同时确保没有人落后。在这一进程中，充分发挥"消除贫困举措"和其他百年举措之间明确的协同作用，对实现 2030 年议程及其综合性特征至关重要（国际劳工组织，2016）。由此，增进对气候贫困问题的起源、认知及进展的把握，成为推进可持续发展目标的必然要求。

2.1 理解气候变化：从科学到社会的综合视角

2.1.1 气候变化的认知演进

气候变化（climate change）是人类可持续发展面临的一项极为严峻的挑战。两个多世纪以来，科学界对气候变化现象进行了持续而深入的研究，逐步揭示了气候变化的内在机制极其广泛的潜在影响（见图 2-1）。气候变化依然是整个气象学领域最为复杂且最具争议的问题之一（Todorov，1986；IPCC，2023）。

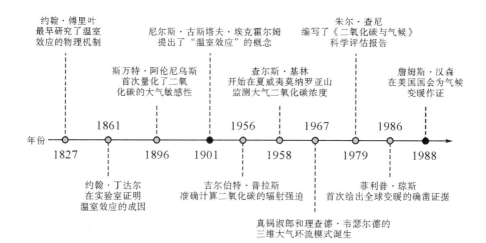

图 2-1　气候变化研究的主要演进脉络

［资料来源：周天军等（2022）］

　　气候变化的研究可追溯至 19 世纪初至 20 世纪初，当时的理论思想已充分展现出科学家们对热力学及其与化学、分子物理学之间紧密联系的现代理解。1827 年，法国物理学家约瑟夫·傅里叶（Joseph Fourier）首次探讨了温室效应的物理机制。随后，出于从大气基础探究史前冰河期的可能成因，爱尔兰物理学家约翰·丁达尔（John Tyndall）在傅里叶的理论基础上利用红外线感测仪器进一步探究了温室气体成因，他明确指出，大气中的水蒸气、二氧化碳、甲烷等多种气体是引起温室效应的主要因素（Tyndall，1861），并提出冰川周期可能与大气中二氧化碳浓度减少有关的假设。

　　基于这些先驱性的研究，1896 年瑞典物理学家斯万特·阿伦尼乌斯（Svante Arrhenius）开创性地量化估计了大气中二氧化碳含量变化及其对地球气候可能产生的影响。他的计算结果显示，如果大气中二氧化碳浓度加倍，全球气温将可能上升 5~6 ℃①。然而，受限于当时的经济社会条件和文化信仰，人们虽然普遍认同化石燃料燃烧会增加大气中二氧化碳浓度，但这一结论仍未足以说服大多数科学家相信人类活动会对气候产生显著影响。1901 年，瑞典气象学家尼尔斯·古斯塔夫·埃克霍尔姆（Nils Gustaf Ekhdm）提出了"温室效应"的概念。

---

　　①　该估计值比 IPCC 评估报告中的估计值更高。

进入 20 世纪中期，随着数字系统进步、超级计算机发展以及二战后政府对气象科学支持力度加大，气候变化科学迎来定量和试验研究的全新阶段。1955 年，计算机科学先驱约翰·冯·诺依曼（John von Neumann）等人利用早期计算机成功开展了首次数值天气预报，开启了对气候控制可能性的探讨。1956 年，吉尔伯特·普拉斯（Gilbert Plass）通过精确计算二氧化碳的辐射强迫，深化了人们对二氧化碳在气候变化中作用的理解。1957 年，罗杰·雷维尔（Roger Revelle）和汉斯·苏斯（Hans Suess）发出警告，若工业燃料燃烧继续以指数级增长，大气中二氧化碳浓度将在未来几十年内显著升高。1958 年，查尔斯·基林（Charles Keeling）在夏威夷莫纳罗亚山对每日二氧化碳浓度进行持续监测，绘制出著名的"基林曲线"（Keeling curve），直观展示了大气中二氧化碳浓度上升的趋势，为人类活动影响气候变化提供了最直接有力的证据。1967 年，真锅淑郎（Syukuro Manabe）和理查德·韦瑟尔德（Richard Wetherald）开发了第一个全面考虑温室气体（包括水汽）辐射吸收以及对流能量输送的一维模型，首次量化了二氧化碳翻倍导致的升温幅度（2.36 ℃）。他们进一步利用一个高度简化的三维大气环流模式，用以解释高纬度变暖及雪盖和海冰的变化，为认识复杂地球气候系统和人类对其的影响奠定了科学基础（Manabe & Wetherald，1967）。同一时期，海洋生物学家卡尔森（Rachel Louise Carson）的报告《寂静的春天》和 1972 年罗马俱乐部的报告《增长的极限》出版，促使公众反思现有发展模式和人为造成的环境变化，增进了全球变暖及人类活动可能改变气候的科学共识。

此后，随着和平与发展成为世界主题，人们环境保护意识上升，以及冰盖融化、气候灾难现象增多，更多的气象学家、计算流体力学家及跨学科专家参与到气候变化的综合评估工作中。他们通过更完善的方程和先进的数值方法，致力于提高天气和气候预测的精确性。这些努力不仅加深了对气候变化机制的理解，也为制定有效的应对策略提供了科学依据。例如，1979 年，朱尔·查尼组织编写了题为《二氧化碳与气候》的科学评估报告，证实了二氧化碳浓度增加对气候的显著影响。1981 年詹姆斯·汉森（James Hansen）在《科学》杂志发表的论文《大气中二氧化碳增加对气候的影响》，向公众首次警告气候变暖的潜在危险。1986 年，菲利普·琼斯（Philip Jones）给出了全球变暖的确凿证据。1988 年，詹姆斯·汉森在美国国会的证词进一步加强了公众对气候变暖问题的关注和讨论（周天军等，2022）。同年，"多伦多大气变化会议"召开，标志着全球科学界和政策制定者对气候变化问题达成了重要共识，即人类活动引起的污染已造成大气层严重变化，这种变化对全球安全构成了重大威胁，并在全球范围内产生了广泛而严重的影响。会议呼吁全球合作，共同应对气候变化，力争到 2005 年将温室气体排放量降至 1988 年水平的 80%。这一宣言成为全球气候治理行动的重要里程碑，为后续的国际合作和行动提供了方向。

为更好应对气候变化，世界气象组织（World Meteorology Organization，WMO）和联合国环境规划署（United Nations Environment Programe，UNEP）于 1988 年联合建立 IPCC，开展对气候变化科学事实、社会经济影响及未来风险的综合评估。截至 2024 年年底，IPCC 已经发布六次评估报告，为全球气候变化政策提供了科学依据。2023 年 3 月发布的 IPCC 第六次评估报告明确提出，随着全球变暖趋势加剧，当前可行、有效的适应方案将受到限制。因此，优先考虑公平、气候公正、社会公正、包容与公平的转型进程，有助于实现具有雄心的适应和减缓行动，同时使气候韧性成为可能。报告进一步提议，增强对最容易受到气候灾害影响地区和人群的支持，将有效提高适应措施的成效和广泛性（Lee et al.，2023）。

2.1.2 气候变化的概念探索

在厘清气候变化的研究脉络与科学共识形成过程后，接下来有必要详细讨论"气候变化"这一复杂概念的定义，通过从自然科学和社会科学不同角度揭示其内涵特征，能够更好地为制定适应气候变化的策略提供理论参考。

关于如何定义气候变化，至今仍是一个复杂且具有争议的问题（Werndl，2016）。这是因为气候变化不仅仅是单纯的自然现象，更是一个融合了物理现实与社会文化的复合概念。从物理学角度看，气候变化可以通过温度、风速和降水量等可测量指标反映。然而，气候变化的人文维度则嵌入了人类文化、历史和地域性的理解，强调其作为社会建构产物的特性（Hulme et al.，2009）。因此，气候变化具有双重属性：一方面是客观存在的物理状态，另一方面是人类对其主观认知的产物。尤其是在人文科学视角下，气候变化不只关乎自然环境变迁，更牵涉人类经济活动、社会结构和文化适应等层面的诸多复杂互动。

2.1.2.1 气候变化：一种折中的统计学描述

在自然科学领域，对气候变化的解释是以"正常"气候的统计描述为基准。气候学家通过分析特定时期内（通常是 30 年），在特定地点或区域可观测和可度量的天气数据，致力于揭示气候变化的物理特性及其背后的驱动因素。这种量化方法源于 18 世纪和 19 世纪，它将气候从一种模糊不清的概念转变为可定量描述的实体，使气候变化不再局限于哲学思辨或感官体验的范畴，而被赋予了新的科学定义和度量方法（Rayner，2021），为深入理解气候成因及预测未来气候变化提供了可能性。实际上，直到 20 世纪，大多数关于气候的摘要主要是基于整个记录期间天气数据的简单算术平均（Kunkel & Court，1990），人们普遍认为观测时间越长越好。于是，气候变化被视为统计意义上的气候平均状态的显著改变，这种改变可以通过其特征均值和（或）变率的变化来识别。

随着人类活动的影响日益受到关注，气候变化的定义开始被纳入人为因素来考量。《联合国气候变化框架公约》（UNFCCC）第一条将气候变化定义为"经过相当一段时间的观察，在自然气候变化之外由人类活动直接或间接地改变全球大气组成所导致的气候改变"。这一定义明确将由人类活动引起大气成分变化的气候变化，与自然原因引起的气候变率区分开来。IPCC 持类似观点，认为气候变化是指气候状态在几十年或更长时间尺度上的变化，包含任何随时间推移因自然变异或人类活动导致的气候变化（Allen et al.，2018）。

那么，在确定长期气候变化的过程中，一个随之而来的关键问题是如何界定"正常"气候的平均周期。对此，理论界一直存在广泛争议，形成了多样化的观点。这些平均周期的范围从 11 年（众所周知的太阳周期）、20～25 年（足够短，便于大量气象站计算其正常值），到 35 年（布吕克纳周期），甚至 50 年（以捕捉更多气候的年代际变率）。最终，国际海事组织气候委员会建议，"30 年周期适合建立正常温度条件，并建议将 1901—1930 年作为计算正常温度的标准时期"（Lenhard & Baum，1954）。基于此，世界气象组织坚持认为，一个地方或地区的气候只有在至少 30 年的气象测量中才能得到强有力的定义。1950 年，世界气象组织接替国际气象委员会，将正常值定义为"针对某个统一的较长时期（至少为三个连续的十年期）计算出的平均值"。目前，为了更好地反映气候变化及其对日常天气体验的影响，世界气象组织每隔 10 年更新一次最近 30 年的气候数据平均值（WMO，2019）。

然而，随着气候变化趋势日益显著和气候系统不稳定性增加，基于 30

年平均值的"正常"气候状态已无法准确反映气候系统实际状况。科学家们开始重新审视这一传统周期的适用性。以休伯特·兰姆等为代表的学者明确指出，依赖历史数据定义未来气候"正常"状态的做法已不再适用，需要更加关注气候系统的动态变化及其对经济与社会发展的影响（Huntington，2020）。因此，迫切需要超越传统的气候"正常值"概念，构建一个更加综合、动态和包容的分析框架，将气候因素融入社会经济发展的考量中，以制定更加科学、合理和可持续的发展策略。

2.1.2.2 气候变化：人文科学的多维理解

与自然科学通过精准统计手段描述气候变化不同，人文科学则提供了对气候变化更丰富和多元的解读。它超越了将气候变化仅仅视为自然现象的范畴，而是将其置于更广阔的文化、历史和社会结构中去考察。在人文科学研究者看来，气候并非一个纯粹自然的概念，其变化不仅由物理参数（如气温和降水量）决定，也深受人类活动、文化认知和社会政治动力的影响。因此，气候变化是自然系统与人类系统之间复杂作用的结果。它既反映出人类行为对自然环境的影响，也包含自然变化对社会发展的反馈。

1915 年，埃尔斯沃思·亨廷顿（Ellsworth Huntington）在其经典著作《文明与气候》中提出了一个深具影响力的概念——理想气候，将其界定为对人类生活、生产和发展最有利的气候条件。亨廷顿认为，气候是塑造人类文明形态的关键环境因子，对农业生产力、人类健康以及社会结构的稳定性具有决定性的影响（Huntington，1924）。尽管后来的研究指出，气候与文明之间的关系远比单向因果关系更为复杂，但亨廷顿通过关联气候与人类活动，揭示了气候的人文维度，即气候不仅是一种自然现象，还是被人类解读、体验并赋予深远意义的存在。这一观点为理解气候变化在历史进程中的作用提供了理论基础，也为后续气候变化、环境历史及人地系统相互作用的研究开辟了新的路径。

与亨廷顿寻求定义全球通用的"理想气候"不同，迈克·霍尔姆（Mike Hulme）则将气候变化视为一个充满变化、万花筒式的概念，涵盖物质到象征的各个方面。在霍尔姆看来，气候变化不仅在物理世界中以客观现象出现，同时也深植于人类想象与认知之中。虽然气候变化可以通过温度变化、降水模式和海平面上升等一系列科学指标客观量化，但对气候变化的风险认知却深受人类主观经验和心理感知影响。由于地理位置、气候条件、生态环境和社会经济发展等因素交织作用，不同文化和社会群体对气候变化的理解和应对措施呈现出显著差异。因此，气候变化不仅是一个科学问题，更是一个融合人类心理、文化和社会认知复杂性的议题。相应地，在应对气候变化过程中，理解并尊重不同文化背景和价值观的气候认知至关重要（Hulme，2009）。

霍尔姆对气候变化知识的社会构建性和文化多样性的探讨，为全面理解气候变化奠定了更宽广的理论基础。而布鲁诺·拉图尔（Bruno Latour）的行动者网络理论（actor-network theory）则在这一基础上作出了进一步拓展，强调超越传统学科的界限来认识气候变化。拉图尔指出，气候变化是一个由众多复杂、动态的行动者网络共同构建和表达的过程。在这个网络中，温室气体、冰川、海洋、大气等自然要素与植物、动物、科学家、政治家、媒体、公众及各类组织等社会行动者，通过各种形式互动、协商和妥协，共同塑造了对气候变化的认知。然而，这个网络并非孤立存在的，它受到诸多外部因素的影响和挑战。证据的不确定性、科学论证的争议性、利益的冲突性以及价值观的多样性等，都可能对网络产生深远影响（Latour，2007）。因此，在理解和应对气候变化时，需要打破自然与政治的二元对立，采用更为多元综合的方法来探索与解决气候问题（Latour，2018）。

此外，迪佩什·查卡拉巴提（Dipesh Chakrabarty）创新性地将气候变化纳入人类历史考察的框架。在《历史的气候：四个论点》一书中，查卡拉巴提指出，气候变化颠覆了人们对历史、现代性和经济全球化的长期看法，人们必须同时从"行星"和"全球"两个角度，将人类历史与地球历史两种不可混淆的时序结合起来，超越人类中心主义去看待自己。从全球视角看，历史是关于人类活动及其对环境的影响；从行星视角看，人类仅是地球生物多样性中的一员，其生存和发展受到地球物理过程和生态系统的影响。因此，面对气候变化危机，需要汇集地质学、生态学、历史学等不同学科知识，以全面理解危机的多维度影响（Chakrabarty，2009）。查卡拉巴提出超越传统历史的叙述方法，将人类史置于更广阔的地球历史和生命史背景中，同时批判性地审视资本主义对环境的影响，探索更加可持续的生存方式。

综上所述，人文科学对气候变化的解读展现出一种深刻而多维的理解，强调气候变化作为一个复杂议题所涉及的人类文化、社会结构及历史演变等多个层面。这些研究不仅揭示了气候变化与人类社会的紧密联系，也为应对气候变化挑战提供了重要理论支持和思想启发。鉴于大多数关于气候变化的研究均采用 IPCC 的定义，本书也沿用这一标准，将气候变化定义为气候状态在长时期内的变化，通常通过不同时期温度、湿度等气象要素的统计差异来表现。

2.1.3　气候变化对人类社会的影响

无论从历史角度还是现实角度来看，人类社会在过去数年间取得了惊人的发展成就。人均寿命延长、儿童入学率提高等诸多积极变化，充分体现出全球经济社会进步的普惠性。可是，随着人口增长、城市化和工业化加速以及土地过度开发，人类活动对环境的影响日益显著。无论在发达国家还是发展中国家，人类活动导致的水资源短缺、土地退化、生物多样性丧失和温室气体排放增加，都在增加气候变化带来的影响，不仅威胁了人类自身生存环境和自然资源基础，而且增加了社会经济发展的不确定性和风险。

2.1.3.1　全球气候变化趋势及未来预测

在过去 100 年中，全球气候已经显示出以变暖为主要特征的明显变化。根据 IPCC 第六次气候变化评估报告，人类活动主要通过温室气体排放，明确导致了全球变暖。2011—2020 年，全球地表温度比 1850—1900 年平均高出 1.09 ℃，陆地的温度上升幅度超过海洋。自 1850 年以来，近 40 年的每个 10 年全球地表温度均比此前任何一个 10 年都更暖（见图 2-2）。按照这一趋势，预计最早在 2040 年，全球平均温度将跨越 1.5 ℃ 的升温警戒线（Masson-Delmotte et al.，2021）。

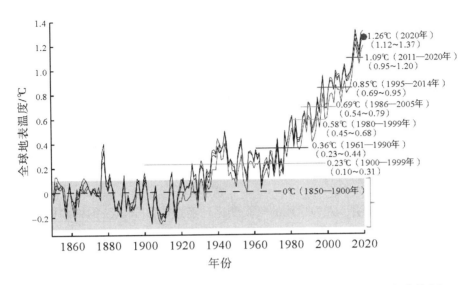

图 2-2　基于四个数据集的全球平均地表温度观测值（以 1850—1900 年为基准）

（资料来源：IPCC 第六次评估报告《气候变化 2021：物理科学基础》）

一个多世纪以来，不可持续的能源消耗，土地利用方式变化，不同国家、地区和群体生活方式、消费和生产模式的差异，造成全球人为温室气体排放量持续增加。2019 年，全球人为温室气体净排放量达到 590（±66）亿吨二氧化碳当量（GtCO2-eq），比 2010 年高出约 12%，比 1990 年高出 54%。特别是 2010—2019 年的年平均排放量，达到人类历史上的最高水平。1850—2019 年的历史累计净二氧化碳排放量来看，超过一半（58%）的排放发生在 1850—1989 年，约 42% 发生在 1990—2019 年。自 1850 年以来，约有 17% 的二氧化碳历史累计净排放量，发生在 2010—2019 年。

然而，全球温室气体的排放趋势在不同地区之间存在明显差异，排放量从 2.6 吨二氧化碳当量到 19 吨二氧化碳当量不等。最不发达国家（least developed countries，LDCs）和小岛屿发展中国家（small island developing states，SIDS）的人均二氧化碳排放量远低于全球平均水平。2019 年，全球约 48% 的人口生活在人均二氧化碳排放量（不包括土地利用、土地利用变化和林业产生的二氧化碳）超过 6 吨二氧化碳当量的国家，35% 的人口生活在人均排放量超过 9 吨二氧化碳当量的国家。另有 41% 的人口生活在人均排放量低于 3 吨二氧化碳当量的国家，这些低排放国家中相当一部分人口因缺乏现代能源服务，仍处于能源贫困之中。在全球范围内，人均排放量最高的 10% 家庭贡献了家庭消费温室气体排放量的 34% ~ 45%，位居中间的 40% 家庭贡献了 40% ~ 53%，而居底层的 50% 家庭贡献了 13% ~ 15%①。

2.1.3.2　气候变化对人类社会的影响

人类活动引起的气候变化，包括强度和频次增加的极端事件，已经对自然和人类社会造成了广泛的不利影响和损失。这些极端事件，如洪水、干旱、热浪、风暴等，通过多种复杂路径，直接或间接威胁到人类的生命安全、健康、福祉以及基础设施、生态系统，对人类社会造成全方位、多尺度和多层次的影响。

多重证据表明，人为导致的气候变化已经造成多个地区的许多极端天气和气候事件。自 20 世纪 50 年代以来，由人类活动引起的高温热浪等极端热事件在全球陆地区域变得更加强烈、频繁，而极端冷事件的发生则减弱变少。自 20 世纪 80 年代以来，海洋热浪的频率几乎翻倍。同时，大部分数据完备的陆地区域记录到的极端强降水事件也在增多、增强，一些区域干旱也有所加剧。与 20 世纪中期或更早时期相比，所有区域的气候因子（climatic impact-driver，CID）都发生了明显变化，造成相关气候指数的强度、频率、季节空间范围偏移（见图 2-3）。2023 年，全球气候出现了破纪录的高温，海平面突破历史高位，海洋表层温度再创新高，南极海冰面积则降至历史最低②。

① IPCC. 气候变化 2022：减缓气候变化——第六次评估（AR6）第三工作组报告［R/OL］.（2022-04-04）［2022-04-22］. https://www.ipcc.ch/report/sixth-assessment-report-working-group-3/.

② 世界气象组织. 2023 年全球气候状况［EB/OL］.（2024-03-19）［2024-03-20］. https://wmo.int/news/media-centre/climate-change-indicators-reached-record-levels-2023-wmo.

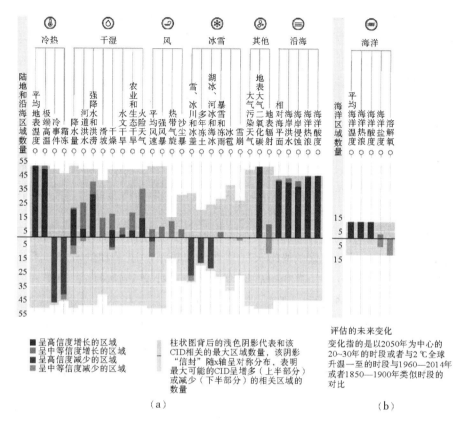

图 2-3 产生影响的气候因子预计发生变化的区域数量

与陆地和沿海地区相关的 30 个 CID，以及与公海区域相关的 5 个 CID

（资料来源：IPCC《决策者摘要》，2021）

伴随这些变化，人类社会遭遇的不利影响已远超预期。日益频繁的极端天气事件和气候变化显著减缓了全球农业生产率的增长。自 1961 年以来，非洲的农作物生产力增长率已经下降了约三分之一。自 2008 年起，极端洪水和风暴事件每年导致超过 2 000 万人被迫离开家园。根据紧急灾难数据库（emergency events database，EM-DAT）的记录，1970—2019 年的 50 年间，全球发生的 22 326 起灾害中，有 50%的灾害（11 072 起）是由天气、气候和水害引起，这些灾害导致约 206 万人死亡和 3.64 万亿美元的经济损失①。仅在 2022 年，灾害就导致 31 000 人死亡，预计经济损失达

---

① 世界气象组织. 天气、气候和水极端事件造成的死亡和经济损失图集（1970—2019）[EB/OL]. (2021-09-02)[2021-09-10]. https://library.wmo.int/doc_num.php？explnum_id＝11012.

2 238亿美元，受影响人数超过 1.85 亿。灾害事件的次数已从 20 世纪 70 年代的每年 100 起增至过去 20 年的每年约 400 起①。预计到 2030 年，全球中型或大型灾害事件的数量将达到每年 560 起，即每天 1.5 起。尤其是在预警覆盖面有限的国家，其灾害致死率比覆盖范围广泛的国家高出八倍。

此外，气候变化引起的生态系统结构和功能恶化、季节时间改变，使全球数百万人面临严重的粮食安全和水资源危机。当前，全球约有一半的人口每年至少在某一月经历严重的水资源短缺。仅 2022 年一年，极端气候就迫使约 5 680 万人陷入严重的粮食不安全境况②。粮食生产和获取的突然减少，连同饮食多样性的降低，进一步恶化了许多社区尤其是土著居民、小规模农民和低收入家庭的营养不良状况③。

气候变化除了威胁食物和水安全，还通过多种途径深刻影响着人类的健康。一方面，日益频繁的极端天气事件，如热浪、风暴和洪水等，不仅直接威胁人类生命安全，还通过破坏生态环境和社会基础设施，间接加剧人类健康风险。2023 年度《柳叶刀人群健康与气候变化倒计时全球报告》显示，与 1991—2000 年相比，2013—2022 年 65 岁以上人群中与高温相关的死亡人数增加了 85%，远远高于在气温不变的情况下（仅考虑人口结构的变化）所预计的 38%。另一方面，不断变化的天气模式导致致命传染病的传播速度加快。例如，自 1982 年以来，海洋变暖使适宜弧菌（vibrio bacteria，一种可致人类患病和死亡的病菌）传播的海岸线每年增加 329 千米，导致 14 亿人面临腹泻疾病、严重伤口感染和败血症的风险。在欧洲，含适宜弧菌的海岸线水域每年增加 142 千米。在全球范围内，每升温 2~3℃，疟疾病例就可能增加 1.5 亿多例④。此外，气候变化还在破坏那些支撑健康的社会决定因素。这些因素包括但不限于生计的可持续性、社会公平与正义，以及卫生保健和社会支持体系的普及程度。特别是对最脆弱和处境最不利的群体，如妇女、儿童、少数民族、贫困社区、移民或流离失所

① 联合国粮食及农业组织.灾害对农业和粮食安全的影响[EB/OL].（2023-10-13）[2023-12-10].https://openknowledge.fao.org/server/api/core/bitstreams/10d5d9e6-d117-4c7e-b6c6-8fb8e4bda3b2/content.

② 联合国粮食及农业组织.2023 年全球粮食危机报告[R/OL].（2023-05-03）[2023-06-10].https://www.fsinplatform.org/global-report-food-crises-2023.

③ IPCC.气候变化 2022：影响、适应和脆弱性——第六次评估（AR6）第二工作组报告[R/OL].（2022-02-28）[2022-03-02].https://www.ipcc.ch/report/ar6/wg2/.

④ 世界经济论坛.气候危机对穷人的打击尤为严重[EB/OL].（2023-01-13）[2023-03-02].https://www.weforum.org/agenda/2023/01/climate-crisis-poor-davos2023.

者、老年人以及患有基础疾病的人群，其影响尤为显著（Romanello et al.，2023）。

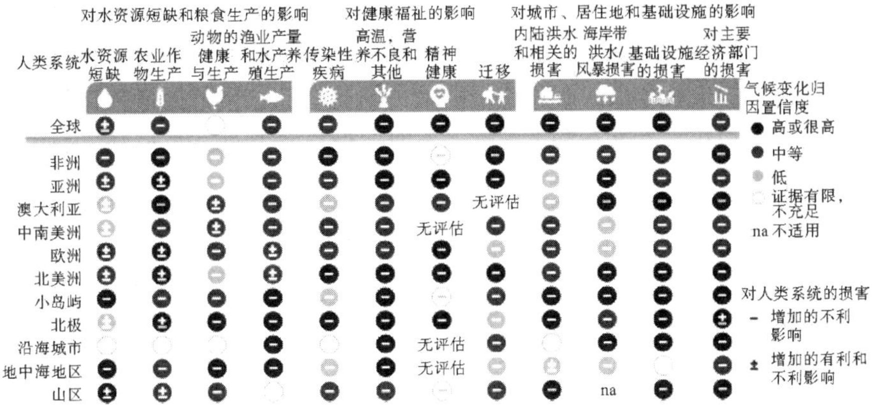

对水资源短缺和粮食生产的影响　对健康福祉的影响　对城市、居住地和基础设施的影响

动物的渔业产量　高温，营　内陆洪水 海岸带　对主要

人类系统：水资源短缺　农业作物生产　动物生产与生产　渔业产量殖生产　传染性疾病　营养不良和其他　精神健康　迁移　内陆洪水相关损害　海岸带风暴损害的损害　基础设施经济部门损害　对主要经济部门的损害

气候变化归因置信度
● 高或很高
● 中等
● 低
○ 证据有限，不充足
na 不适用

对人类系统的损害
－ 增加的不利影响
± 增加的有利和不利影响

行：全球、非洲、亚洲、澳大利亚、中南美洲、欧洲、北美洲、小岛屿、北极、沿海城市、地中海地区、山区（部分单元格标注"无评估""na"）

图 2-4　观测到的气候变化对人类系统产生的影响

（资料来源：IPCC，2022）

尽管气候变化的影响是全球性的，但其影响程度在不同国家、地区、部门和不同人群之间的分布却并不均匀。广大发展中国家由于生态环境、产业结构和社会经济发展水平等方面的原因，适应气候变化的能力普遍较弱，相比发达国家更易遭受气候灾害的不利影响①。1970—2021 年，全球共报告了 11 778 起由极端天气、气候和水造成的灾害，造成 200 多万人死亡和 4.3 万亿美元的经济损失。据报道，90% 以上的死亡和 60% 的经济损失发生在发展中经济体②。《2022 年减少灾害风险全球评估报告》同样指出，过去 10 年间，全球灾害造成的损失平均每年达 1 700 亿美元，其中发展中国家损失最严重，灾害造成的年均损失占这些国家国内生产总值的约百分之一，而这一比例在发达国家为千分之一至千分之三③。尤其是生活在发展中国家的贫困和脆弱人群，由于他们大多居住在易受水、暴风雨和海平面上升影响的地区，生计大多依赖农业和渔业等气候敏感的行业，又

---

① 中国政府网. 中国应对气候变化的政策与行动[EB/OL].（2021-10-27）[2021-11-01]. http://www.gov.cn/zhengce/2021-10/27/content_5646697.htm.

② 世界气象组织. 2023 年团结在科学中[EB/OL].（2023-09-13）[2023-03-02]. https://library.wmo.int/idurl/4/68638.

③ 联合国减少灾害风险办公室. 2022 年减少灾害风险全球评估报告[R/OL].（2022-04-26）[2022-04-29]. https://www.undrr.org/gar/gar2022-our-world-risk-gar.

缺乏足够的资源和能力来进行有效的灾害风险管理和适应措施。因此，一旦灾害来袭，他们更容易遭受气候变化的不利影响。此外，这些群体往往面临不同程度的经济和社会排斥，进一步削弱了他们在灾后恢复和重建生计的能力，增加了陷入更深层次贫困的风险（Hallegatte，2016）。例如，在经济状况、地点、年龄、残疾和婚姻状况等其他社会决定因素的交叉作用下，与男性相比，女性在获得土地、教育、健康和其他基本权利方面的机会较少，更容易遭受气候灾害的影响（Azcona，2023）。

由此可见，气候变化的影响并非孤立的，不仅给土地、水和生态体系在内的生物物理系统带来压力，而且与复杂的经济社会结构相互交织，诱发并加剧贫困和不平等，引发粮食和水的不安全，造成经济不稳定，最终破坏可持续发展。因此，随着全球气候变化风险日益凸显，如果不迅速采取重大和实质性的应对行动，帮助最易受气候变化影响的贫困和脆弱人群建立起适应性生计模式，广大发展中国家不仅面临日益加大的返贫压力，而且实现可持续发展的目标将变得愈发艰难。

2.2　气候贫困的内涵

当前，世界各国正致力于消除一切形式的贫困，包括收入和非收入层面的贫困，确保在任何地方不让任何人掉队。然而，气候变化的不利影响却在加剧经济社会的脆弱性，致使贫困和弱势群体进一步落后，并且使几十年来取得的可持续发展成果有可能付诸东流①。基于此，深入理解气候变化与贫困之间的关系，理解气候贫困的内涵及形成机理，对制定有效的应对策略和实现可持续发展目标至关重要。

2.2.1　贫困的演化：历史观点和当代理解

理解气候贫困的首要任务是界定贫困。我们必须首先知道贫困是什么，然后才能着手衡量贫困，并减轻贫困（Alcock，1997）。可是，贫困是一个复杂、富有争议且不断变化的概念，无论是理论界还是实践部门，

---

① 联合国经济及社会理事会. 亚洲及太平洋在多重危机时期应对气候变化、贫困和饥饿等相互关联的挑战［EB/OL］.（2023 - 11 - 28）［2023 - 12 - 01］. https://www.unescap.org/sites/default/d8files/event-documents/B2300995_CN.pdf.

100 多年来对贫困的认识常常因国家、地区和群体而不同。正因为如此，贫困成为一个政策性很强的社会议题，研究者从一开始就不满足于仅对贫困进行理论探讨，而是试图从调查、分析和研究中来理解贫困，找出摆脱贫困的方法。所以，随着贫困研究和治理实践的深入，相关领域形成了三个关键性的关注议题，分别是贫困是什么、贫困为何发生、如何采取行动缓解或摆脱贫困。

围绕上述议题，对贫困的研究最早可追溯到 19 世纪末。1886 年，英国维多利亚时期的成功商人查尔斯·布斯（Charles Booth）通过大范围社会调查，对伦敦的贫困进行了测量，完成了一份题为《伦敦人民的生活与劳动》的调研报告。布斯按照当地人口的生活状况，将伦敦 400 万居民划分为 8 个社会阶层，将贫困划分为"匮乏"（want）和"困境"（distress）两种程度。其中，"匮乏"是一种营养不良、衣衫褴褛的状态；"困境"则是虽不存在营养不良和衣衫褴褛，但人们的生活始终挣扎于贫困线上（Booth，1902）。之后，英国社会学家西伯姆·朗特里（Seebohm Rowntree）借鉴布斯的研究方法，对英国约克城镇对英国约克镇穷人的生活状况展开了三次调查，编写出版了《贫困：城镇生活研究》（*Poverty：A Study of Town Life*）一书。在书中，朗特里较为明确地界定贫困为"物质上的匮乏"，并确定了绝对贫困标准线，将贫困家庭划分为初级贫困（primary poverty）和次级贫困（secondary poverty）两种状态。其中，初级贫困指家庭的收入水平低于满足基本生存需求（如食物、住房和衣物）所必需的最低标准，即生活于贫困线以下；次级贫困指的是家庭的收入虽足以满足基本生存需求，但不可避免的开销（如债务还款等）过高，导致家庭实际可用于基本生活的收入低于贫困线（Bowntree，1902）。朗特里的研究提供了一个实用的方法来量化和理解贫困，为后续关于社会福利政策和经济不平等研究提供了启发

受布斯、朗特里等人影响，"福利国家"理论的建构者威廉·贝弗里奇（William Beveridge）于 1942 年在著名的《社会保险和相关服务》（*Social Insurance and Allied Services*）研究报告中提出，将摆脱和消除贫困作为福利国家的主要目标。为此，贝弗里奇主张建立一种由国家通过社会保险原则组织起来的、更为理性化和高效率的社会保障体系，以便给人们提供基本生活保障，并尽可能地缩小传统的国家救济制度所起的作用（Beveridge，2000）。从当时情况来看，贝弗里奇时代对贫困的理解具有较

为明显的物质倾向，贫困治理的重点也相应强调满足人们维持生计的基本生存需要。当前，许多发展中国家仍采用基本需求方法设定绝对贫困线，其核心在于确定维持个体长期健康和福祉所需的基本资源的种类与数量，并将这些需求转换为相应的收入或消费标准。自 1990 年以来，世界银行一直采用这种绝对贫困线方法来进行国际的贫困测度与比较。同时，随着贝弗里奇的福利国家构想提出，贫困问题的探讨开始从单一的物质需求扩展到更全面的社会福利和全民保障。这种转变标志着对贫困的现代理解，逐步从单纯关注物质需求转向更为广泛的社会参与和福利全面性。

正如亚当·斯密所言："生活标准会随时间推移而不断调整，今天的奢侈品可能成为明天的必需品，对穷人来讲也是如此。"因此，贫困既具有绝对性同时也具有相对性，不只是基于最低生理需要，还包含社会比较的结果（Smith，1937）。事实上，随着 20 世纪 40 年代后西方国家普遍进入丰裕社会阶段，基于基本需求的贫困测量已经难以全面识别贫困人口，对绝对贫困标准的质疑声音也随之增多。研究者继而提出"相对贫困"的概念，主张贫困应该建立在与其他非贫困群体生活水平相比较的基础上。如果一个家庭的消费支出低于本国家庭平均消费支出的 50%（根据家庭规模同时进行调整），则视为贫困（Fuchs，1967）。后来，安东尼·阿特金森（Anthony Atkinson）在描述欧洲的贫困问题时，采纳了这一理念，并影响了欧盟统计局和经济合作与发展组织对贫困线的设定（Atkinson，1998）。

美国社会保障局（Social Security Administration，SSA）的经济学家莫莉·奥尔尚斯基（Mollie Orshansky）首次提出了贫困阈值（threshold value）的标准，用以评估不同人口群体中经济社会地位相对较低家庭的风险（主要是发展机会的差异）。1963 年 7 月，奥尔尚斯基在《穷人的孩子》一文中提出了针对有子女家庭的贫困阈值。1965 年 1 月，她在《计算穷人：再看贫困概况》中进一步改进了原来的贫困线，提出了适用所有家庭类型的贫困阈值。奥尔尚斯基认为，随着时间的流逝，并不存在所谓的"绝对"贫困线。随着一般人口实际收入的增加，原本设定的"绝对"贫困线的收入标准也会有所上升①。因此，在制定贫困线时，她采用了美国

---

① 在 1963 年 7 月和 1965 年 1 月的两篇文章中，奥尔尚斯基详细描述了两套贫困阈值。其中一套依据农业部的低成本食品计划制订，另一套则基于更为经济的食品计划而设定。1965 年 5 月，美国经济机会办公室最终采纳了这两者中较低的贫困阈值，即基于经济食品计划设定的贫困阈值。

农业部的低成本和经济食品计划中的食品成本作为计算贫困的基准。具体计算方法是，以农业部测算的基本食品消费成本为基数，乘以 3 倍得出贫困阈值，再根据家庭人口数、未成年人数等因素编制出详细的阈值表，根据每年消费者物价指数调整阈值（Fisher，1992）。例如，2010 年，美国一个四口之家（包括两个未成年子女）的贫困阈值为 22 113 美元，即每人每天约有 15.15 美元。自 1963 年以来，基于这些贫困阈值计算的美国官方贫困率从 20% 左右缓慢下降，但从未低于 10%。2019 年，美国相对贫困的发生率下降到 16.0%（Burkhauser et al.，2024）。此后，为了便于国际贫困的比较，同时将第三世界和发达国家对贫困的定义统一起来，经济合作与发展组织在 1976 年组织其成员开展了一次大规模调查后，提出一个新的贫困标准，即将一个国家或地区的社会中位收入或平均收入的 50% 作为贫困线，这一标准后来被广泛采纳为国际贫困标准。

然而，相对贫困依赖收入分布的中位数值或平均值，经常会因为经济的虚假繁荣或衰退而出现贫困线整体上升或下降的问题。前者会增加政府的财政负担，后者则可能导致贫困人群信息失真，从而出现"被动脱贫"的现象。因此，当建立在绝对贫困和相对贫困基础上的各种反贫困政策实施后，许多西方国家并未见证到"贫困会随着经济增长和社会进步消失"的预期结果。相反，这些国家面临的贫困问题愈发严重，这一现象也促使贫困研究者进行深入反思。研究者逐渐认识到，无论是绝对贫困还是相对贫困，单纯使用收入和消费这些传统的货币尺度去度量贫困，在许多情况下都无法涵盖人类福祉的所有方面，如预期寿命、教育、医疗卫生等公共服务、暴力、社会排斥等，所以贫困应是多维的，对贫困的理解也应从货币视角拓展到更广泛维度。基于这一认识，学者们试图从不同学科视角完善贫困的内涵。

在经济学领域，罗伯特·哈夫曼（Robert Haveman）等学者提出，虽然从消费和收入的角度定义和测量贫困能够捕捉到"基本需求"的关键方面，但容易忽视"经济资源"的重要性。收入贫困反映的是家庭当年经济所得，无法反映家庭过去的财富积累或资产存量。如果家庭在一定时期内缺乏足够的资产或者资产占比低，其经济状况就处于比较脆弱的状态。因此，若家庭缺乏充足的资产来满足"基本需求"，则被视为资产贫困。"资产贫困"作为经济困难的衡量标准，与更常用的"收入贫困"概念可以形成互补（Haveman，1997）。对此，发展社会学家提出了不同的看法。他们认为，经济学家对贫困的理解存在一定局限性。诚然，生活的贫困大多是由收入不足所致，从这一角度看，低收入是生活质量下降的重要原因之一。然而，贫困最终所指还是生活的贫困，而非只是收入低下。如果我们的关注点是人们能过怎样的生活——他们过上最低程度体面生活的自由，那么仅仅关注实现这种自由的其中一种手段而忽视其他手段，必然是错误的。我们必须关注贫困的生活，而不仅仅是空虚的钱包（Sen，2000）。由此，贫困不仅是一个经济问题，更是一种包括缺乏收入和有尊严地生活的基本能力的多层面的现象。

秉承这一出发点，阿玛蒂亚·森（Amartya Sen）融合了斯密、李嘉图和马克思的思想，将贫困重新诠释为"基本可行能力的被剥夺"，可以表现为过早的死亡率、明显的营养不良（特别是对于儿童）、持续的发病率、普遍的文盲及其他不足。森认为，收入不足确实是造成贫困生活的很强诱发条件，但贫困不仅仅是收入低下，对收入而言的相对剥夺会产生对可行能力而言的绝对剥夺。即使在富裕国家相对贫困的人，其绝对收入按世界标准是高的，也会在可行能力上处于不利状态（Sen，1982）。根据阿玛蒂亚·森的理论，权利和分配的不平等是贫困的主要诱因，而赋权则是消除贫困的关键途径。显然，从能力视角重新定义贫困，弥补了长期以来传统福利经济学未能虑及人类发展和生活质量提高等重要问题的不足。这一新的定义将贫困研究的焦点从单纯的生存手段转向了对贫困和成因的更深入分析。受森的理论启发，贫困研究开始注重评估个人如何将其拥有的资源，转换为实际可以进行的有价值活动的能力差异。这种转变不仅丰富了对贫困的多维度测量，也促进了更有效的贫困干预策略的发展。

基于森的可行能力理论，全球专家学者对多维贫困开展了广泛的研究和治理实践。自 1990 年起，联合国开发计划署（United Nations Development Programme，UNDP）不仅编制发布了人类发展指数（human development index，HDI）、人类贫困指数（human poverty index，HPI），还采用 Alkire-Foster（AF）方法编制多维贫困指数来测度全球贫困[①]。HPI 针对发展中国家和发达国家的不同发展现状，分别选取不同维度的指标进行评估。例

---

① 联合国采用的 Alkire-Foster 方法计算多维贫困指数时，选取了三个维度（十个指标）作为贫困的维度，分别是：第一，健康，包括营养状况和儿童死亡率；第二，教育，包括儿童入学率和受教育程度；第三，生活水平，包括饮用水、电、日常生活用燃料、室内空间面积、环境卫生和耐用消费品，具体的维度贫困线临界值视研究现状和数据的可获性而定。

如，针对发展中国家，选取的四个维度指标分别是：寿命、16~65岁年龄组缺乏技能的人口比例、人均可支配收入不到平均水平的比例和失业率。到了2000年，联合国推出千年发展目标，进一步明确了消除极端贫困和饥饿、促进性别平等和妇女赋权、确保环境可持续性等八个千年发展目标，为多维贫困的评估维度指明了方向。此后，随着贫困识别和多维贫困测度方式不断完善，学者们更加注重多维贫困理论在地区层面的实践运用。

显然，上述关于贫困认知的演变，不仅深化了贫困内涵的多维属性，也将贫困研究视角从物质匮乏拓展到资产、能力、权利等经济社会和政治生活的各个方面，为理解贫困提供了一个更加广泛、多元的框架（见表2-1）。尽管理论界和实践部门对贫困概念的理解至今仍存在分歧，但"贫困具有多元的内核"已成为国际共识，贫困的动态性、发展性、递进性则是贫困治理政策中必须考量的内容。

表2-1　解释贫困的三种理论框架

	货币性	能力	社会排斥/关系性
定义	收入（或消费）低于最低资源阈值（如贫困线）	剥夺某人选择他所期许生活的能力	个人或团体部分或完全地被剥夺参与社会的权利
指标	货币度量（收入、消费、资产）	从自由、选择和机会多维度度量（包括货币维度）	从社会规则、习俗和社会网络多维度度量
关键假设	货币指标可以很好反映不同社会福利的其他方面	金钱不是衡量幸福的代名词。与金钱相比，选择和自由更具有内在价值。	一些人摆脱贫困的因素相同，即排斥其他人
贫困类型	绝对和相对	绝对和相对	相对和关系性
分析单元	个体（尽管货币数据通常在家庭层面收集）	个体	个体或群体（但贫困被视为穷人与非穷人之间的社会关系）
优点	货币度量使人群和地区之间比较更加容易	考虑公共品和服务；考虑文化差异	考虑分配问题和不平等，特别关注不平等的权力关系
缺点	不包括公共品和服务（如学校、诊所）；忽略了权力关系	难以跨国比较	难以跨国比较

资料来源：Leichenko 和 Silva（2014）。

今天，一系列问题依然困扰着全球贫困理论研究者和实际工作者。如何精准识别贫困人群？如何测度多维贫困？如何制定综合社会政策应对多难贫困的挑战？如何巩固拓展脱贫攻坚成果，防止发生规模性返贫？寻求这些问题的解决方案是国际贫困研究的前沿。更为重要的是，以气候贫困为代表的新型贫困现象，正使全球贫困问题呈现出新的变化。过去半个多世纪以来，许多发展中国家，甚至包括很多世界上最不发达的国家，得益于全球经济增长，成功实现了非收入贫困指标的好转和改善。尽管总体贫困水平得到改善，许多农村和城镇地区家庭依然脆弱，他们处在或略高于贫困线水平，很容易因粮食价格和能源费用上涨，或者气候灾害风险冲击重返贫困。因此，结合这些新出现的贫困特征，重新考虑和设计贫困治理的社会政策显得尤为迫切。

2.2.2 气候贫困内涵界定

自可持续发展理念提出以来，消除贫困和应对气候变化作为两大可持续发展目标，经历了从认识到实践，从号召到落实，从行动走向科学的转变。

在早期，气候变化与贫困治理在理论与实践中总是保持独立推进。一方面，气候科学家们主要关注温室气体排放，担心强调气候变化的适应力可能会削弱应对气候变化的紧迫性。因此，《联合国千年宣言》及其气候变化进程评估指标，或是《京都协定书》，对气候变化和贫困的联系均未进行明确阐释；此外，发展领域的专家们则担心，某些阻止气候变化的行动会阻碍减贫进展。例如，虽然燃烧化石燃料会加剧气候变暖，但对许多地区（包括中国）身处能源贫困的人群而言，化石燃料可靠、成本低廉，是提高生活质量和支持农业、工业发展的关键。如果在特定时期过分强调采取阻止气候变化的行动，有可能损害穷人改善生活的机会（Brainard et al.，2009）。所以在采取应对气候变化行动时，必须权衡行动的时机和紧迫性，并且需要认识到在某些情况下，应对气候变化与减贫目标之间可能存在一定冲突。

此后，随着气候变化与贫困问题日益紧密交织，国际社会逐渐达成共识，认为迫切需要将减贫与气候适应能力纳入一个综合框架，以便更系统地审视发展道路的选择。在国际层面，联合国所有会员国于2015年一致通过《联合国2030年可持续发展议程》，其包含17项可持续发展目标、169

项具体目标和231项独特指标。其中，目标"消除一切形式的贫困"明确强调贫困与气候变化脆弱性之间的联系，并提出"到2030年，增强穷人和弱势群体的抵御灾害能力，降低其遭受极端天气事件和其他经济、社会、环境冲击和灾害的概率和易受影响程度"[①]。

国际非政府组织乐施会（Oxfam）结合1987年以来在中国农村地区开展的扶贫工作经验，于2009年首次将气候贫困（climate poverty）的概念引入中国。根据乐施会的定义，气候贫困是气候变化及极端天气气候事件对个体或社区生计产生直接或间接的不利影响，引发或加剧贫困脆弱性，从而产生短期或长期贫困的现象。气候贫困可分为两类：一类是已经发生的气候贫困，另一类是因气候变化增加的潜在贫困脆弱性。尽管这两类气候贫困表现形式有所不同，但其本质都是气候风险因素与贫困相互叠加并放大其不利影响的结果。

可见，与其他类型的贫困相比，气候贫困的根源在于风险与社会经济资源的不均衡和不公平分配，这种不平衡使得贫困人群在面对气候变化时更加脆弱[②]。由于气候风险是最难以识别和预测的贫困诱因之一，气候灾害发生的时间、方式、地点和频率均难以预测，人们也就难以准确推断灾害发生后的具体影响，故在识别和应对气候贫困方面存在严重信息不对称性和不完全性，这使得减缓气候贫困成为减贫工作中最为艰巨的部分。

鉴于气候贫困并非单纯的自然现象，而是气候致灾因子与经济社会系统固有脆弱性相互作用的结果，本书借鉴乐施会的定义，将气候贫困界定为：由于气候变化及相关灾害事件加剧个体或家庭的生计脆弱性，进而引发的贫困现象，这种现象包括显性的绝对贫困和隐性的相对贫困。具体而言，气候贫困反映了在应对和适应气候变化及其引发的极端气候事件时，个体或家庭可行能力的不足。这些事件通常对当地社会和经济系统构成严重冲击，不可预见且突发，需要国家或国际层面的外部援助，并可能导致严重的损害、破坏及人类痛苦。

① 联合国. 17个可持续发展目标[EB/OL]. (2015-09-25)[2018-01-02]. https://www.un.org/sustainabledevelopment/zh/sustainable-development-goals.

② 乐施会. 气候变化对农村贫困的影响、认知与启示[EB/OL]. (2019-12-05)[2019-12-07]. https://oxfam.org.cn/uploads/2019/12/051444352680.pdf.

2.3 气候贫困的形成机制

自 19 世纪 60 年代以来，学术界一直致力于探索气候变化与贫困之间的复杂联系。随着气候变化对人类可持续发展目标的威胁日趋严重，探讨如何减轻其不利影响已成为各界关注的焦点。普遍的共识是，未来气候变化的影响将进一步加剧贫困，并扩大国家内部和国家之间的不平等。预计到 2030 年，这些影响将会显著增加（Hallegatte & Rozenberg，2017；Olsson et al.，2014；Roy et al.，2018）。特别是对那些处于边缘地位的脆弱人群，气候变化带来的负面影响将尤为显著。

由于气候变化与贫困之间存在复杂的相互作用和动态影响，目前这些作用机制及影响效应尚不完全清晰，气候变化情境下的适应性发展道路仍在积极探索之中。在这一领域，研究者主要从两个视角探讨气候贫困的成因。

2.3.1 基于气候风险的分析

以气候风险为出发点的研究侧重从贫困人口角度出发，审视气候致灾因子及其可能带来的风险。根据这一视角无论采取何种标准衡量，贫困均是气候变化不利影响的一个关键放大器。鉴于气候变化与极端天气具有明显时间和空间特征，气候贫困可以被视为个体或家庭在应对不利气候事件和压力时，能力不足而产生的结果。

进一步来看，气候变化风险主要源于三个核心要素：一是脆弱性，即对不利气候事件缺乏准备；二是暴露性，即人或资产处于受危害的高风险环境；三是危险性，即气候变化直接触发的极端天气事件（IPCC，2014）。贫困人口由于收入较低、资产积累不足，在遭遇干旱、飓风或洪水等气候冲击时，常表现出较低的恢复力（Mc Carthy，2001）。这些群体的生计大多依赖于对气候波动敏感的行业，如农业、林业、渔业和畜牧业，或是从事低收入、非正式且缺乏气候风险保障的工作，这进一步加剧了他们的脆弱性。同时，受贫困影响的人群还经常居住在高风险地区，却又缺乏保险、正规信贷、避难所、医疗服务等抵御风险的有效资源（Adger et al.，2003）。此外，这些群体在获取有关气候适应的信息和知识方面常遭遇障

碍，也缺乏来自朋友、家人、金融系统和社会安全网的支持（Hallegatte &
Rozenberg，2017）。贫困还以多种方式削弱他们的身体和心理健康，限制其
获得收入的能力，从而削弱了其应对气候变化风险的综合能力。

由此可见，单纯的经济贫困并不足以使个体或家庭更易受到气候冲
击。实际上，气候贫困的形成是多种因素共同作用结果，涵盖收入不足、
社会排斥、资产和能力缺乏、健康和教育机会剥夺等多个贫困维度。这些
贫困因子与气候风险致灾因子相互交织，不仅加剧了贫困人口面对气候变化
的脆弱性，也增加了他们陷入气候贫困风险的概率（Ahmad et al.，2023；
Blaikie et al.，2014；Gentle & Maraseni，2012）。因此，提高贫困人口的抵御
能力和适应能力是缓解气候变化风险的关键（Taconet et al.，2020）。

2.3.2 基于社会结构的分析

相比基于气候风险的分析，以社会结构为出发点的研究并不直接关注
贫困引致的应对气候风险能力不足，而是侧重探讨气候风险和贫困风险是
如何在特定经济、社会、文化和政治环境中形成的。这种视角强调气候变
化与贫困之间不是简单的因果链，而是一个涉及众多直接和间接影响路径
的复杂相互作用过程（Ribot，2013）。通过这些路径分析，研究者尝试揭
示气候变化加剧贫困或诱发个体或家庭陷入贫困的机理，其具体影响路径
如图 2-5 所示。

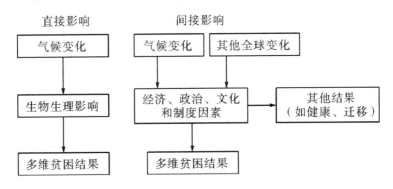

图 2-5 气候变化对贫困的影响路径

（资料来源：Leichenko & Silva，2014）

在直接影响路径方面，主要依据建立的气候变化长期影响评估框架，
重点关注气候变化如何通过农业生产损失、产量减少及与气候相关的灾害

直接影响贫困（Connolly-Boutin & Smit，2016）。研究者认为，随着气候条件变化，传统的种植季节和种植模式可能不再适用。例如，雨季的不确定性增加，会使农业播种和收获时间难以预测，这对从事雨养农业的农户生计产生严重影响（Morton，2007）。此外，气候变化引起的极端天气事件、海平面升高、生态系统退化和河流流域干涸，不仅直接破坏农业基础设施，还可能引发与资源短缺有关的社会冲突，加剧脆弱社区的贫困状况①。这些冲击会影响食品安全与生计来源，迫使低收入群体陷入持续的贫困陷阱或暂时贫困（Adshead et al.，2024；Barnett & Adger，2007；Kihara et al.，2020）。

在间接影响路径方面，主要分析气候变化与其他社会、经济和环境压力因素重叠、相互作用。为此，研究者大多聚焦微观家庭或社区层面，探析气候变化与贫困之间的多维因果关系。这些关系不仅涉及气候变化对资源的直接物理冲击，还涵盖社会、文化、制度因素在多个空间尺度的共同作用。以 Hallegatte（2016）为代表的学者提供了一个多层次分析框架，总结了气候变化间接影响贫困的四种途径，分别是价格、资产、机会和生产力，其具体影响机制如下：

首先，气候变化通过影响农业产出和资源可用性，间接推高食品、能源、住房和医疗保健等基本生活消费品和服务的价格。消费生活成本上升，意味着居民家庭实际收入下降，从而使家庭经济负担加重，影响家庭生活质量和经济安全（Field & Barros，2014）；其次，气候变化带来的灾害损失，不仅使贫困人口在灾后面临资产重建的困难，也削弱了脆弱人群通过资产积累实现经济向上流动的可能性，使其陷入贫困（Cinner & Barnes，2019）；最后，气候变化引起的一系列环境变化，如水资源短缺加剧、农作物产量下降以及因风暴潮而加速的海平面上升等，可能迫使人们在逆境中选择迁移（Abel et al.，2021；Rigaud et al.，2018）。同时，气候变化增加的健康风险，如传染病和与高温相关疾病，对劳动力健康和工作能力会产生间接影响（Romanello et al.，2023；Schwerdtle et al.，2018）。从长期来看，这些变化可能会削弱他们职业发展的机会和收入增长潜力，通过降低劳动生产率来加剧贫困（Dasgupta et al.，2023）。

综上所述，对气候贫困形成机制的两种主要探讨，凸显了气候变化与

---

① 联合国. 气候变化和冲突：是主次颠倒还是新因素导致紧张局势和不平等？[EB/OL].（2015-04-01）[2018-02-07]. https://www.un.org/zh/chronicle/article/20897.

贫困之间的复杂互动关系。气候贫困不只是气候事件的直接结果，更是在特定的社会结构和文化背景中，通过一系列复杂的社会、经济和政治过程被塑造的现象。因此，应对气候贫困的策略设计需采用多维度方法。在物理和环境层面，可以通过直接干预环境和基础设施来降低气候灾害的潜在影响，包括采取土地利用优化、改进现有建筑结构、制订防洪方案等措施，以减轻气候变化的直接风险（Dottori et al.，2023；Smit & Pilifosova，2003）。在社会层面，策略应聚焦于提升贫困群体的灾害适应和抵抗能力。通过采取社区联动、社区减灾和社会管理等措施，增强这些群体对气候变化的整体应对能力。此外，优化社会治理结构和有效配置社区资源，对于增强适应性和缓解气候贫困至关重要（Adger et al.，2003）。这不仅要求跨学科合作，还需要多方利益相关者的参与，以保证策略的全面性和实施的有效性（Edenhofer，2015）。

3 应对气候贫困的适应性生计分析框架

从全球范围看，农村地区不仅是贫困人口最集中、程度最严重的地区，还因其生计系统的复杂多变，成为气候变化影响下的高脆弱地区[①]。生计分析作为一种参与式的主观分析方法，最初被应用于贫困治理领域，随后逐渐扩展到自然资源管理、区域经济发展、土地改革、灾害管理和社会恢复等领域（Krantz，2001）。鉴于生计方法提供了一个独特的视角，能够深入诠释贫困、气候变化与农户生计之间的复杂互动关系，本章将在系统梳理生计理论框架的基础上，尝试从理论角度构建我国欠发达地区气候贫困农户生计的分析框架，为应对气候贫困的适应性生计策略提供理论支持。

3.1 现代贫困治理中的生计思想

生计思想源于对贫困和发展问题的关注，它既是贫困研究的新思维，又是贫困治理实践的指导工具，其发展演变反映了 20 世纪 50 年代以来全球反贫困政策重点的演变。

3.1.1 从涓滴效应到增长型再分配

二战结束后到 20 世纪 60 年代，发展中国家普遍接受了涓滴效应理论（trickle-down theory），认为只要经济足够繁荣，市场机制便会自动将经济增长的好处像涓涓细流一样滴漏到贫困阶层，贫困也随之自动缓解并最终消除（Friedman，1962）。因此，促进经济增长成为战后发展中国家反贫困

---

① 联合国. 发展中国家的极端贫困与全球粮食不安全危机密切相关［EB/OL］. （2023－10－11）［2023－12－01］. https://press.un.org/en/2023/gaef3590. doc. htm.

的普遍做法。为了找到促进经济增长的有效途径，不同观点层出不穷，其中最具代表性包括纳克斯的贫困恶性循环理论、纳尔逊的低收入水平陷阱理论、舒尔茨的传统农业理论等（Nurkse，1966；Nelson，1956；Schultz，1964）。这些理论主要通过分析生产函数的要素组合（通常分为资本和劳动力），以寻求促进资本形成的策略。然而，对经济增长的过分追求不仅忽视了社会公平，也牺牲了穷人的根本利益。虽然经济增长的确提升了发展中国家的产出水平，但现实中贫困问题并未得到有效缓解，反而导致社会两极分化问题更加严重（Arndt，1983）。

针对涓滴理论的不足及其在反贫困实践中遇到的挑战，世界银行与英国萨塞克斯大学（University of Sussex）在20世纪70年代提出了"增长型再分配"策略。这种策略并未否定经济增长的重要性，而是强调重新调整投资方向的必要性，主张引导公共投资支持贫困群体的收入，增强他们对物质和人力资源的所有权和使用权，从而提高穷人的生产力和购买力，形成一种长期、有益于穷人的"涓滴效应"（Chenery et al.，1974）。1976年，国际劳工组织提出了基本需求理论，主张将经济增长的部分收益用于满足贫困人口的基本生存需求，包括医疗、卫生、营养及教育服务等。在这两大减贫理论引导下，20世纪80年代的反贫困策略更加直接地瞄准贫困问题，政策重点也转向提高减贫项目管理质量，并促进卫生健康、教育、就业、农业生产、基础设施等多个部门倡议的整合，力求使项目更精准地针对贫困群体。在这一时期，农村综合发展项目（integrated rural development projects）成为最具代表性的执行项目。

3.1.2　结构调整与华盛顿共识的失败

由于"增长收益再分配"和"基本需求方式"都以经济增长为先决条件，如果一个国家自身既缺乏良好的资源配置环境来保证经济增长，又缺乏足够的行政能力识别最需要帮助的群体，那么目标瞄准的减贫项目实施起来必定困难重重、代价高昂，难以取得进展（Cohen，1987）。基于此，20世纪80年代"华盛顿共识"（Washington Consensus）提出以"私有化、自由化和宏观稳定"为主调的结构性调整主张，认为只要结构调整能使市场有效配置资源，经济增长和减少贫困就是必然结果（Williamson，2018）。若一个国家贫穷，则应归咎于自身错误的国家干预、腐败、低效和误导的经济激励。在华盛顿共识影响下，这一时期反贫困政策重点转向施政改善，目标是通过优化资源配置效率和改善治理结构来实现减贫。1987 年，世界银行推出结构调整政策，其基本原则包括：削减公共开支、财政约束、废除政府对价格的干预、劳动力市场"灵活性"，私有化以及贸易、金融和资本账户自由化（de Satgé，2004；Easterly，2005）。

然而，"华盛顿共识"坚持的自由市场信条最终在 20 世纪 90 年代宣告失败。经济滑坡、贫富差距扩大、粮食不安全和饥荒加剧、主权国家治理危机（crisis in governance），使许多遵从"华盛顿共识"的国家遭受了意外打击（Rodrik，2006）。结构调整的负面效应充分显示，发展不仅需要寻找给定资源和生产要素的最佳组合，更重要的是动员和利用那些隐藏的、分散的或未被充分利用的资源和能力，以达到更高生产力水平（Zagha & Nankani，2005）。因此，减贫和再分配不应简单视为经济增长、宏观经济结构修正或宏观经济政策和治理改善的自然衍生结果。发展策略无论是政府主导还是市场驱动，只要忽视了贫困群体的真正需要与主观参与，贫困治理的效果必然受到很大限制。

3.1.3　生计思想兴起

随着对贫困属性的理解加深，人们越发认识到，贫困是一个多维度的现象，不应仅通过单一的贫困线标准来衡量。贫困人群不只是服务的消费者，也同样是拥有完整社会和经济权利的公民（Ellis & Biggs，2001）。由此，反贫困策略的大目标最终明确转向了"发展个体、家庭和社区改善生计系统的能力"（McGillivray & White，1993）。

可是，生计在发展语境中具有极大的灵活性，涵盖地点（农村或城市生计）、职业（农业、畜牧业或渔业生计）、社会差异（性别、年龄定义的生计）、方向（生计途径、轨迹）、动态模式（可持续或有弹性的生计）等多个方面。特别是对于贫困人口而言，他们的生计能力形成与维持不仅深受贫困性质和根源影响，还因区域、社会性别、民族等属性表现出多样化的特征。因此，有必要探索一种有效的分析框架，系统梳理与生计紧密关联的复杂因素，帮助人们更精准地识别不同群体的贫困状态，并确保边缘人群能够从发展活动中持续、有效地获得生计支持，同时评估各类生计支持政策的适用性和效果。

正是为了回应上述需求，生计思想整合了多个学科的见解，汲取 20 世纪 70 年代综合农村发展项目实践（Cohen，1987）、20 世纪 80 年代粮食安全和饥荒分析（Sen，1982）、家庭经济和农业系统研究（Norman，1978）、快速农村评估和参与式资源评估（Chambers，1994）、赋权理论（Sen，1999）、参与式贫困评估（Narayan，1995）、脆弱性理论和风险评估和减灾战略（Watts & Bohle，1993）等理论和实践成果。在此基础上，构建出一个综合考察家庭资产、能力、活动及其生计所处内外部环境因素的分析框架。这一思想旨在借助跨学科、多维度的生计分析，不仅更加深入和全面地审视贫困现象，而且更加精准地识别贫困群体真实需求，以此制定和实施更贴合贫困群体实际情况的生计发展项目，使贫困问题得以根本解决。

总体来看，生计思想不仅融合了千禧年以来"以人为本、性别平等、参与、可持续发展、环境保护"等核心发展价值观念，还蕴含着数年来全球反贫困实践的经验总结。尽管"生计"作为一个术语、一种方法（框架）以及一种认识论，仍有改进的空间，但它立足微观现实，以自下而上、以人为本的综合性分析框架，全面审视塑造人们生活的一系列机遇和制约发展的因素，为观察发展挑战、寻找解决方案提供了更广阔的视角和更丰富的信息（Natarajan et al.，2022）。自生计思想提出以来，已被世界各地的非政府组织、发展工作者和理论研究者广泛采纳，成为贫困治理和发展干预的新起点。

3.2 多样化的生计分析框架

20世纪80年代至90年代初，对传统发展理念和贫困治理实践的反思促使生计方法开始受到广泛关注。1986年，由国际环境与发展研究所（International Institute for Environment and Development，IIED）的专家戈登·康威（Gordon·Conwy）领衔的可持续农业和农村发展计划正式启动，标志着可持续思想首次融入农村生计发展实践（Conway & Barbie，1988）。该计划倡导基于"穷人现实"的发展，强调将边缘化和贫困人群需求置于发展策略的中心，同时关注环境保护和社会公正（Chambers，1983）。同一时期，在学者理查德·桑德布鲁克（Richard Sandbrook）倡议下，国际环境与发展研究所将可持续生计（sustainable livelihood，SL）纳入1987年联合国环境与发展会议（United Nations Conference Environment and Development，UNCED）的重要议题，并出版了《援助的绿色化：可持续生计的实践》一书。该书在分析亚洲、非洲、中美洲、南美洲以及加勒比地区 33 个涉及农业、渔业和工业的援助案例后，指出过去对发展中国家的贫困援助经常造成生态破坏，其沉重的成本最终使本应受益的人们生活变得更糟，援助效果远未达到预期。因此，真正有效的发展援助应当使贫困地区居民在控制自身资源的同时，实现生存条件和环境改善（Conroy & Litvinoff, 2013）。

可持续生计概念提出后，联合国世界环境与发展委员会（World Commission on Environment and Development，WCED）在 1987 年发布的《布伦特兰报告》中，提出可持续生计保障的理念。报告同时指出，为资源贫乏的农户提供可持续生计是农业研究面临的特殊挑战。此后，有关可持续生计的研究和实践在一段时期内再未取得重大进展。直到 1992 年，联合国环境与发展会议在《21 世纪议程》中指出，可持续生计可以作为"一个整合因素，使政策能够同时解决'发展、可持续资源管理和贫困消除'的问题"[1]。同年，罗伯特·钱伯斯（Robert Chambers）和戈登·康威为发展问题研究所（Institute of Development Studies，IDS）撰写了一篇具有里程碑意义的工作论文《可持续农村生计：21 世纪的实践概念》[2]。这篇论文不仅成为"可持续生计方法"在 20 世纪 90 年代后期兴起的起点，而且基于能力、公平和可持续的理念，全面阐释了可持续生计的深刻内涵：生计是谋生的手段，建立在实现生活所需的能力、资产（包括储备物、资源、权利和获取途径）以及活动基础之上。一个可持续的生计，应当能够应对并从压力和冲击中恢复，维持或加强其能力和资产，并为下一代提供可持续的生计机会；同时在长期和短期内，能为本地和全球其他省计带来净利益（Chambers et al., 1992）。

上述定义奠定了生计方法的理论框架，也对后续的发展政策制定产生了深远影响。1992 年，在里约热内卢举行的联合国环境与发展会议上，"可持续性"成为政策的中心议题，进而引发了全球对可持续发展战略的广泛重视。20 世纪 90 年代之后，联合国开发计划署、乐施会等许多有影响力的国际机构相继采用生计方法，来制定发展方案制定甚至搭建组织架

---

① 联合国环境与发展会议. 21 世纪议程 [EB/OL]. (1992-06-01). https://www.un.org/zh/documents/treaty/21stcentury.

② 这篇工作论文来自学者罗伯特·钱伯斯和戈登·康威之间的持续对话。两位学者通过将"优先考虑弱势群体"与"农业生态系统分析"结合，揭示了两个目标与可持续发展挑战的联系。原文见 IDS 主页（https://opendocs.ids.ac.uk/opendocs/handle/20.500.12413/775）。

构，并设计出不同的生计框架来阐述各自的发展理念（Scoones，2009）。生计思想也由此经历了从一个理念到方法，再到框架和实践的完整演进过程，相关事件及进展详见表 3-1，这里不再展开。在所有生计分析框架中，以英国国际发展部、关怀国际、联合国开发计划署、乐施会的生计分析框架最具代表性，应用也最为广泛。

表 3-1 生计思想的主要演进脉络

年份	事件
1987	世界环境与发展委员会发布《布伦特兰委员会报告》
1988	国际环境与发展研究所发表论文集《援助绿化：可持续生计实践》
1990	联合国开发计划署发布首份《人类发展报告》
1992	联合国召开环境与发展会议；国际发展研究所发布《可持续农村生计：21 世纪的实践概念》
1993	乐施会采用可持续生计方法
1994	关怀国际采用家庭生计安全作为救济和发展的框架
1995	联合国召开社会发展世界峰会；联合国开发计划署将就业和可持续生计作为人类发展五大优先事项之一；国际可持续发展研究所发布《适应性策略和可持续生计》；国际发展研究署启动可持续生计和人民的日常经济项目
1996	英国国际发展部邀请提交可持续生计项目的研究提案
1997	英国新工党发布关于国际发展的白皮书《消除世界贫困：21 世纪的挑战》
1998	英国国际发展部成立农村生计咨询小组
1999	英国国际发展部成立可持续生计支持办公室
2000	联合国粮食及农业组织组织了实施可持续生计方法的跨机构论坛

资料来源：Solesbury（2003）。

3.2.1 Oxfam 生计框架

20 世纪 90 年代初，国际非政府组织乐施会（Oxfam）在减贫实践中感到迫切需要建立一个综合性的框架，将环境问题与经济权利恶化、性别歧视、社会不平等加剧、发展过程中的权力剥夺等问题有效整合起来。于是，受钱伯斯和康威生计思想启发，Oxfam 在项目规划和评估中引入了可持续生计方法，并将"保障民众获得可持续生计的权利"纳入其援助目标体系。

在 Oxfam 看来，贫困表现为物质资源不足和缺乏基本服务和机会，从而导致安全感缺失。贫困和权利缺乏并非不可逾越的障碍，而是可以通过人类的积极行动和坚定的政治意愿来消除。所以，可持续生计分析的目的是以更具战略性的眼光思考如何在反贫困项目中有效利用援助资源，包括系统化贫困治理目标和优化发展项目，而不是将生计分析视为解决贫困问题的唯一方式（Eade & Williams，1995）。在这一原则指导下，Oxfam 生计框架更注重从多个角度考察贫困群体实现可持续生计的基础，涵盖经济、社会、制度和生态四个主要层面。在经济层面，框架关注市场功能和信贷供给等因素；在社会层面，重视社会网络和性别平等方面；在制度层面，强调能力建设、政治自由以及技术和服务的获取；在生态层面，聚焦自然资源的质量和可用性（见图 3-1）。

总体来看，Oxfam 生计框架旨在强化贫困群体的生计起点，确保他们能够实现理想的生计结果，包括获得食物和收入保障、稳定的劳动报酬、劳动权利和改善工作条件的权利，并确保社会服务、生存和安全的权利和各种形式的社会公平。最终，Oxfam 希望推动贫困群体实现更有韧性的生计，减少对外部援助的依赖，增强自我发展的能力。

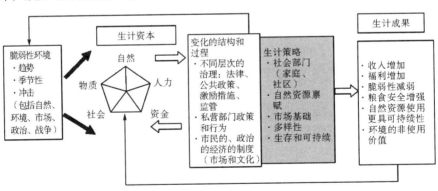

图 3-1　Oxfam 生计框架

（资料来源：Carney et al.，1999）

总体而言，在制订总体目标方面，Oxfam 生计框架有助于明确表达帮助贫困人群更好地获取和控制生产资源，加强他们在市场中的地位，并确保这些改善是结构性的而不是暂时的。通过这一框架，Oxfam 将生计的包容性分析充分纳入项目策略的优化过程，制定全面的参与性项目，并评估这些项目对生计、环境和社会关系的影响。但由于框架涉及面较广，

Oxfam 在通过"可持续生计"视角来增强对环境变化与贫困关系的理解时效果有限。尽管 Oxfam 的框架在组织战略层面得到了充分体现，但对一线工作人员而言，仍然感到该框架过于抽象，难以直接应用于具体实践中（May et al.，2009）。

3.2.2 HLS 生计框架

国际关怀组织（CARE）的生计方法以家庭生计安全（household livelihood security，HLS）为核心，被国际非政府组织广泛应用于人道主义救济和发展援助工作中。

HLS 框架源于对粮食安全问题的关注。20 世纪 70 年代，粮食安全问题主要与国家和全球粮食供应有关。20 世纪 70 年代初的非洲粮食危机引发了国际捐助机构对因干旱和沙漠化导致粮食产量下降，进而造成粮食供应短缺的担忧（Davies et al.，1991）。当时，这些机构普遍接受了"饥荒是由食物供应减少所致"的观点[①]。然而，20 世纪 80 年代中期非洲再次发生粮食危机。研究人员和发展实践者意识到，国家层面充足的粮食供应并不自动转化为个人和家庭层面的粮食安全（Davies et al.，1991）。在粮食供应充足但无法获取的情况下，同样会发生粮食危机（Borton & Shoham，1991）。于是，以阿马蒂亚·森为代表的学者对传统 FAD 理论提出了质疑，并推动粮食安全研究从对供给的关注转向权利（entitlement）。森（1982）强调，饥荒是交换权利的函数，而非食物供给的函数。整个权利体系决定个体是否有能力获得足够的食物来避免饥饿，而食物供给仅是可能影响这一体系的众多因素之一，还有许多社会经济变量（如收入、社区支持、资产、迁移等）会影响家庭对食物的获取。因此，粮食危机的实质在于获取食物的权利被侵蚀。总体而言，这一时期理论研究的兴趣主要侧重了解食物生产系统和其他影响食物供应、家庭获取食物供给的因素，但对营养状况如何影响食物保障的考量并不清晰。

20 世纪 80 年代末到 90 年代初，一系列关于家庭生计安全的研究表明，之前对粮食和营养安全的关注需要进一步扩展。这是因为，粮食安全只是贫

---

① 食物供给量下降理论（food availability decline theory，又称"FAD 理论"）认为，饥荒主要由自然灾害、战争和流行病等因素引发的人均食物供应突然减少所致。食物供应的缩减会推高食品价格，使经济最脆弱的群体由于购买力不足而减少食物消费。如果这种危机持续存在，将会导致饥荒和传染病增加，引发更高的死亡率。

困家庭追求的一部分目标。食物只是影响贫困人群决策、分散风险及为生计巧妙地平衡各种长短期需求的众多因素之一（Maxwell & Smith，1992）。人们有可能宁愿挨饿来维持家庭的资产和未来生计，故将粮食安全视为基本需求，却忽略了更广泛的生计因素。基于上述发展思维的转变，CARE 在人道主义救济和援助工作中，从早期侧重区域和国家层面的粮食安全，逐步转向将家庭生计安全作为核心目标。为实现这一目标，CARE 基于钱伯斯和康威关于可持续生计的定义，采用基于权利的方法，构建了一个融合家庭生计安全与生计需求分析的 HLS 框架。该框架设想拥有基本需求的家庭，通过从事不同的生计活动来获得资源，但在实现需求满足的过程中不可避免地会遇到障碍。因此，生计分析必须紧密结合家庭生计安全与基本需求，有效体现基本需求和权利。分析的重点应放在识别最贫困的家庭及导致持续贫困的因素，将这类群体的权利和愿望置于分析过程的中心。

在 HLS 生计框架中，家庭生计安全是指家庭能够充分且可持续地获取收入和资源，以满足其基本需求（或实现其基本权利），这些需求包括足够的食物、适宜的住所、最低水平的收入、健康保障、基本教育和积极的社区参与。如果这些基本需求和权利中任何一个未得到满足，家庭便生活在绝对贫困之中。然而，仅满足基本需求并不足以确保人们能够持续摆脱绝对贫困（Beckwith，2000）。在 CARE 看来，生计涵盖一系列农业和非农业活动，这些活动为家庭提供了多样化的食物和收入获取途径（Frankenberger，1998）。每个家庭可能拥有多个权利来源，权利由其拥有的资源禀赋和在法律、政治、社会结构中的地位决定。生计失败的风险决定了家庭在收入、食物、健康和营养方面的不安全程度。当家庭在食物和卫生服务上的资源投入占比过大时，他们面临的食物和营养不安全的脆弱性也会相应增加。当家庭能够获取、保护、开发、利用、交换并从资产和资源中受益时，其生计才能抵御风险、缓解冲击和应对意外（Chambers，1988）。由此，持续的生计安全依赖于多个有利条件支撑，包括赋权、风险管理、有利的政策环境、性别平等和环境管理等。

基于这一理念，HLS 生计框架的核心不仅在于帮助人们满足基本需求，更致力于通过建立和维持一套有利条件，使人们能有效地获取、管理、发展、运用并受益于其资产和资源，最终实现长期生计安全（Ghanim，2000）。围绕这一核心目标，CARE 强调家庭生计安全的三个核心支柱：个人拥有能力（教育、技能、智力、健康等）、获得有形和无形资产的路径（Drinkwater & Rusinow，1999）、存在经济活动。这三个相互作用的支柱决定了家庭所要寻求的生计策略（见图3-2）。

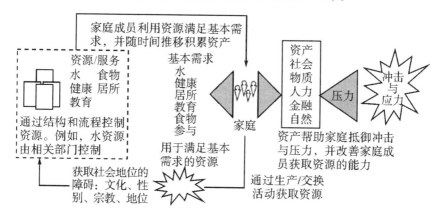

图3-2　HLS 生计框架

（资料来源：Sanderson，2000）

在具体应用中，CARE 主张将生计活动分为三类：一是生计促进（livelihood promotion），即通过储蓄、信贷、营销、个人捐赠等方式改善家庭生产、消费和交换的环境，提高家庭适应能力；二是生计保护（livelihood protection），即通过早期预警系统、以工代赈、健康教育、防洪等防止家庭生计保障水平下降；三是生计供给（livelihood provision），即在紧急情况下直接提供食物、饮水、住房及其他基本生计供给。

相比英国国际发展部（Department for International Development，DFID）的生计框架，HLS 生计框架旨在整合援助机构、东道国政府机构和当地社区等多方合作伙伴力量和资源，共同推进项目有效实施。CARE 坚信，尽管不同的项目合作伙伴可能使用或遵循不同的发展干预方法，但 HLS 框架的核心是家庭生计安全，故对其他发展干预方法也具有较强兼容性（Frankenberger，1996）。

3.2.3　UNDP 生计框架

人民是国家真正的财富，这一核心理念始终引领着联合国开发计划署（UNDP）的各项工作①。早在 1995 年，联合国开发计划署就明确了推动人类可持续发展的五大核心任务，分别是：消除贫困、促进就业与可持续生计、推动性别平等、保护环境及改善治理。基于这一使命，UNDP 提出了一个以可持续生计方式减少贫困的行动方案（Hussein，2002）。至此，可持续生计方法（sustainable livelihood，SL）便作为一个全面的规划框架，用于指导 UNDP 设计、实施和评估一系列综合支持活动，以加强弱势群体的适应和抵御能力，提升他们生计的可持续性。

在 UNDP 看来，生计是人们谋生的手段、活动、权利和资产。资产主要包括：自然/生物资产（如土地、水、共同财产资源、动植物群）；社会资产（如社区、家庭、社交网络）；政治资产（如参与、赋权——有时被归入"社会"类别）；人力资产（如教育、劳动力、健康、营养）；物质资产（如道路、诊所、市场、学校、桥梁）以及经济资产（如工作、储蓄、信贷）。生计可持续的关键在于人们如何在短期和长期内利用资产组合。通常而言，可持续的生计具有以下特征：一是能通过适应和应对策略从冲击和压力中迅速恢复，例如干旱、战争、政策失败带来的冲击和压力；二是经济高效率；三是生态无害，即确保生计活动不会对特定生态系统内的自然资源造成不可逆转的破坏；四是社会公正，即无论现在还是未来，某一群体生计机会的提高不应以牺牲其他群体生计机会为代价②。

---

① 联合国开发计划署. 2021/2022 年人类发展报告：不确定的时代、不稳定的生活：在瞬息万变的世界中塑造我们的未来[EB/OL]. （2022-09-08）[2023-02-15]. https://hdr.undp.org/system/files/documents/global-report-document/hdr2021-22ch.pdf.

② 联合国开发计划署. 在环境行动中加强生计：可持续生计方法：对《2030 议程》的贡献[EB/OL]. （2017-07-06）[2019-01-07]. http://www.latinamerica.undp.org/content/rblac/en/home/library/poverty/DiscussionpaperAgenda2030.html.

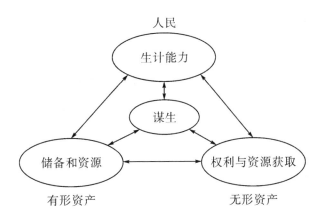

图 3-3　UNDP 生计框架

(资料来源：Carney et al., 1999)

因此，UNDP 的生计框架重视资产在减贫中的核心作用，注重从全局视角把握人们获取及使用不同类型资产的情况，从而找到能激发贫困人群运用自身能力和潜能的生计适应策略（见图 3-3）。在生计框架设计中，UNDP 始终倡导一种整体发展观，强调从优势评估开始，而不是简单地罗列贫困群体所需，同时关注知识和技术帮助人们脱贫的重要性。在具体应用中，UNDP 的分析过程汇集了贫困、治理和环境等关键议题，涉及收入、自然资源管理、赋权、使用合适的工具、金融服务和善治等多个方面，具体分析过程大致分为五个阶段：

第一，对个体和社区的资产、风险、本土知识、应对和适应策略进行参与式评估；第二，分析影响人们生计策略的微观和宏观因素及相关部门政策；第三，评估现代科学技术（包含当地特有技术）如何帮助人们改善生计；第四，评估促进或阻碍人们生计发展的社会和经济投资体制；第五，确保前面四个阶段的分析是一个整体，而不是孤立分离的。这并不意味着任意一种特定的资源或组织必须按同一种模式工作，而是意味着需要广泛的资本积累为生计改善提供资金基础，这对贫困群体来说尤其如此。因此，可持续生计的最终目标是帮助贫困群体赖以生存的资产获取和可持续利用①。

————————————

① 联合国开发计划署. 可持续生计框架在发展项目中的应用［EB/OL］.（2017-07-06）［2018-01-15］. https://www.undp.org/sites/g/files/zskgke326/files/migration/latinamerica/UNDP_RBLAC_Livelihoods-Guidance-Note_EN-210July2017. pdf.

3.2.4 DFID 生计框架

1997 年 11 月，英国政府在《国际发展白皮书》中明确承诺，将消除贫困国家的贫困作为英国国际发展政策的首要目标，并且重申了英国对经济合作与发展组织（Organization for Economic Co-operation and Development, OECD）发展援助委员会等机构所认可的国际发展目标的承诺。为实现这些目标，《国际发展白皮书》将"为贫困人口创造可持续生计"作为三大优先政策目标之一，其余两个目标分别是促进人类发展和保护环境（DFID，1997）。为实现上述政策目标，DFID 借鉴了钱伯斯与康威关于可持续生计的定义，但将原定义中要求"对他人生计贡献净福利"变更为"不损坏自然资源"，在此基础上形成了一套单独、可共享的生计分析框架（Carney et al.，1999）。

DFID 设计可持续生计框架的初衷是，通过将一系列核心原则和整体视角嵌入不同类型的发展干预活动中，以提高机构的减贫效能。具体而言，第一条途径是制定一系列核心原则，这些原则包括以人为本、响应和参与、工作的多层次性、与公共和私营部门合作、可持续性、动态性；第二条途径是在项目援助活动中提倡运用整体视角，并确保上述原则能适用于直接改善贫困人群生计。基于此，DFID 尝试提供一种更系统的方法，揭示影响人们生计的主要因素及各因素之间的相互作用关系，以动态和历史的视角审视贫困人口如何利用资产、权利和策略去追寻某种生计结果，帮助研究者识别恰当的切入点以支持生计发展。最初，DFID 将可持续生计框架主要用于农村地区。随着发展领域的工作者越来越多将这一框架与减贫、以权为本的表述联系起来，其应用也从农村延伸至城市地区（Solesbury，2003）。

图 3-4 展示了 DFID 生计框架的各组成部分，具体包括：

（1）脆弱环境。由制度、政策及自然等因素构成的外部环境，影响人们的生活稳定性和安全性。脆弱环境中的冲击（如自然灾害、经济危机）和长期压力（如环境退化、社会不公）会显著影响生计。

（2）生计资本。生计框架将资产分为五类，包括自然资本（如土地、水资源）、社会资本（如社会网络、社区支持）、物质资本（如基础设施、工具、住房）、人力资本（如教育、技能、健康状况）和金融资本（如储蓄、收入、信贷）。这些资本的性质和状况决定了人们可以选择的生计策略。

（3）政策和制度。影响生计的正式和非正式制度、法律、文化规范等。政策和制度环境影响资源的分配和使用，进而影响生计的可持续性。

（4）生计策略。人们为实现生计目标而采取的具体行动和方法，包括农业活动、非农就业、创业、移民等。这些策略直接受资产基础和脆弱环境的影响。

（5）生计结果。通过生计策略获得的成果，如收入增加、生计脆弱性减少、粮食安全提高、自然资源更可持续等。生计结果的质量和数量直接影响到人们的生活水平和未来的生计选择。

（6）反馈机制。生计结果反过来作用于资产基础，进一步改变人们的生计状况。例如，通过某种生计策略获得的收入可以用于改善教育和健康，从而增强人力资产；负面的生计结果则可能导致资产流失和脆弱性增加。

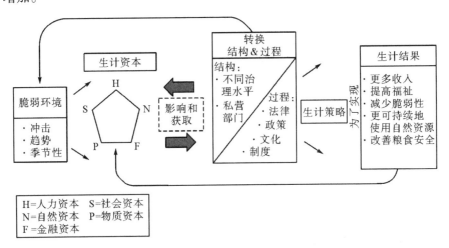

图 3-4 DFID 生计框架

（资料来源：DFID，1999）

综上可见，DFID 设计生计框架的目的并不是打算精确描述现实状况，而是提供一个分析结构，以便广泛、系统地理解限制或促进人们生计的各种因素，并揭示它们之间的相互关系。同时，DFID 生计框架也不提供生计问题的具体解决方案；相反，它代表的是一种"思考贫困的方法"，激发人们对生计问题进行讨论和反思，从而制定贫困治理的原则和行动策略。所以，DFID 并未清晰地列出在规划具体的可持续生计项目时应采取的各种步骤，但这并不意味着其在选择干预领域时缺乏战略的考虑。对 DFID 而言，在实际运用可持续生计框架时，政策制度与脆弱环境的关系、生计资本与生计结果的关系是分析中最重要的部分。需要特别说明的是，DFID 强调贫困具有情境特性，所以框架本身没有明确规定贫困的具体定义，需要针对不同群体开展个案研究（DFID，1999）。研究者在对框架的总体含义保持清楚认知的前提下，可以仅关注框架的某一部分，并结合实际情况灵活调整分析内容。

然而，部分学者指出了 DFID 生计框架有待进一步改进的地方：首先，其对政治和权利的关注度不够，掩盖了宏观经济变动、内战、通货膨胀等脆弱性因素对生计的影响（Scoones，2013）。其次，其未能充分考虑一个群体生计的改善可能会对另一个群体的生计造成负面影响。最后，框架强调生计资本的重要性，将资产分为自然、社会、物质、人力、金融资本，将经济概念拓展到社会科学领域会产生许多混淆，争论的焦点就是如何界定"社会资本"（Carney，1998；De Haan，2012）。此外，框架还存在未能关注经济全球化的过程，过度简化和工具化，无法捕捉生计系统的空间变化，对气候和环境变化关注还不够等问题（Natarajan et al.，2022）。尽管存在上述局限性，但 DFID 生计框架仍是一个有价值的工具，有助于帮助我们在动态、历史的环境中深入理解贫困问题和生计变化。

3.2.5　生计框架对比总结

综上可见，因为不同机构对发展目标的定位和对生计的关注重点不同，所以生计方法在发展实践中有着不同运用方式。从表 3-2 可以看出，CARE 强调人类能力的拥有和基本需求满足，通过识别脆弱群体和生计限制因素来确定发展策略；DFID 注重资产获取和结构转变，强调生计方法的基本原则与优势分析；Oxfam 关注增强人的能力和实现公平，重视各利益相关方参与；UNDP 则强调方案战略和优势分析等，通过参与评估和宏观-微观联结来提升应对能力。

表 3-2 不同机构生计框架比较

机构	起点	分析流程	对可持续性的理解	资产类别	方法特征
CARE	人类能力的拥有;有形和无形资产的获取;经济活动的存在;满足收入就业、粮食安全、供水、基础教育、基本健康和家庭计划,社区参与等基本需求	确定潜在地理区域;识别脆弱群体和生计限制;收集基线数据并确定指标;选择社区(考虑相似性和吸收能力)	伙伴关系、环境、机构/能力建设、社会/性别等;强调安全性而非可持续性	人力、社会、经济	区分私人自然资产和公共财产资产;强调家庭和社会层面;注重个人和社会赋权
DFID	获取资产;转变结构和过程	社会/贫困分析;生计计分析(包括机构和经济分析);合作伙伴分析	社会、经济、环境、制度	人力、社会、自然、金融	强调基本原则和各种优势方法;优势、微观联系;"SL"方法;宏观与微观分析
Oxfam	增强人的能力;努力实现可持续性公平;努力实现可持续生计(四个方面);确保对改善政策变化与生计相关联	强调影响监测和评估;利益相关方的参与,积极偏向被排除群体	社会、经济、环境、制度	人力、社会、自然、金融	在去中心化组织中相对松散应用的理念
UNDP	方案战略、优势分析;资产和应对/适应策略的分析	风险、资产、土著知识和应对/适应策略与评估;宏观、微观评估和部门评估;现代科学的评估;现有投资机会评估;确保前四个步骤及时整合	应对压力和冲击的能力;经济效率;生态完整性;社会公平	人力、社会、物质、金融、有时增加政治	从优势(而非需求)评估开始;强调技术;强调宏观-微观联系;以适应策略为切入点

资料来源:Carney 等 (1999) 和 Scoones (2009)。

尽管生计方法至今未能形成一套通行的运用标准，但大多数分析框架是将贫困视为建立在脆弱或不平衡的生计资本组合基础上的生计成果。通过概念化贫困脆弱人群的资产、能力、活动和生计处所的自然、社会、经济环境之间的关系，以识别影响他们生计改善的因素和政策、机构等之间的关系，从而为研究贫困脆弱性的根源、表现及全面分析受益群体的能力提供思路，也为确定发展目标的内容、监测评估和影响评价的检验指标提供依据。因此，这些框架充分体现出二战以来贫困治理和发展思路的转变，即从 20 世纪六七十年代"专家设计、自上而下"的发展，到 20 世纪 80 年代"自下而上、本地人主导"的参与式综合发展，再到 20 世纪 90 年代以来"以人为本"的可持续发展（见表 3-2）。时至今日，虽然生计框架仍存在一定局限性，但其核心思想始终在不断完善和更新。这种持续的变化使得生计框架能够更有效地用于分析气候变化、减灾等新兴挑战对生计产生的深远影响，从而为构建适应气候变化的可持续发展战略提供理论基础和实践指导。

3.3　气候贫困与农户适应性生计：一个综合分析框架

上述多样化的生计框架为本研究提供了一个集成分析视野，有助于辨明和确定气候变化影响下最为脆弱地区人群可能面临的生计压力和冲击，确定适应性生计策略的起点和内容，从而增强气候变化易感脆弱人群生计的可持续发展能力。考虑到本书重点是分析我国乡村"气候贫困"农户生计问题，研究的最终目标是从经济社会角度探寻应对气候贫困的适应性生计策略，因此在展开分析之前有必要构建一个综合性分析框架，将气候变化、贫困与适应性生计问题一并考虑。

3.3.1　适应性生计应对气候贫困的意义

在气候变化议题中，有许多关于"适应性"的讨论。按照各界共识，在应对气候变化方面，减缓（mitigation）和适应（adaptation）是应对气候变化的两大策略，共同服务于人类社会可持续发展。两者有一些共同因素，相互补充和替代，且具有独立性或竞争性，这使得两种策略的影响因时因地而不同（IPCC，2006）。

从减缓策略看，减缓是指由于全球平均温度和大气中温室气体浓度之间有着直接联系，通过能源、工业等经济系统和自然生态系统较长时间的调整，减少温室气体排放，增加碳汇，以稳定和降低大气温室气体浓度，减缓气候变化速率（IPCC，2007）。例如，通过节约能源，提高能效，用可再生能源替代化石能源，植树造林，碳捕集封存与利用等方式，让气候变化速度放缓，这需要能源、工业、建筑、交通、农林等经济社会系统全面绿色低碳转型①。在此过程中，减缓行动能够避免、减轻或延迟气候变化的许多不利影响，但已经发生的气候风险不会消除，潜在的气候风险仍在不断累积。

从适应策略看，适应是指通过生态、社会或经济系统的调整，应对已观察到或预期的气候变化及其后果和影响，以减轻气候变化带来的不利影响或从气候变化带来的机会中受益（IPCC，2001）。适应包括两个方面，一是建立适应能力，提高个人、团体或组织适应变化的能力；二是执行适应决策，即将这种能力转化为行动。因此，适应有多种形式，包含一系列持续的活动、行动、决策和态度（Adger et al.，2003）。因为适应的核心原则是趋利避害，所以具体采取哪些行动策略取决于社区、企业、组织、国家或地区的实际情况。总体来看，适应策略主要是通过加强自然生态系统和经济社会系统的风险识别与管理，采取调整措施，充分利用有利因素、防范不利因素，以减轻气候变化产生的不利影响和潜在风险。例如，建设防洪设施、建立飓风预警系统、转种抗旱作物、重新设计通信系统、商业运营模式和政府政策等。由此可见，成功的气候变化适应不仅取决于政府，还取决于利益相关者的积极和持续参与，包括国家、区域、多边和国际机构、公共和私营部门、民间社会和其他参与者以及有效的知识管理②。

需要特别说明的是，虽然减缓和适应存在差异，但并不意味着气候政策需要在两者之间做出选择（IPCC，2006）。因为即使采取最严格的减缓措施，也无法避免气候在未来几十年进一步变化，所以适应成为保护人民、生计和生态系统长期努力的关键部分。同时，气候变化的速度越快、程度越高，适应行动开始得越晚，适应的难度和成本就会越大。特别是对

---

① 杨秀，李政. 减缓与适应并重，应对气候变化 [N/OL].（2023-12-02）[2023-12-15]. https://news.gmw.cn/2023-12/02/content_37003374.htm.

② 联合国气候变化框架公约. 适应和韧性 [EB/OL].（2024-01-03）[2024-02-09]. https://unfccc.int/topics/adaptation-and-resilience/the-big-picture/introduction.

贫困和脆弱人群而言，与气候相关的灾害（包括缓慢发生的转变和极端事件）通过对生计的负面影响直接威胁他们的生活。如果适应能力越低，气候变化带来的贫困风险将会更加严重（IPCC，2022）。因此，构建气候适应性生计是应对气候贫困问题的迫切要求和必然选择。

3.3.2　气候贫困的脆弱性与生计适应性分析

在应对气候变化涉及的诸多议题中，气候变化适应（climate change adaptation，CCA）是世界各国政策制定者、管理者和科学家关注的核心议题。有效评估适应气候变化的能力、需求、进展、差距，对于评估适应行动的有效性和提升适应能力至关重要。总体来看，目前气候变化的适应评估与适应本身一样，仍处于发展实践的早期阶段（Arnott et al.，2016）。因为气候变化适应评估需要综合考虑多种因素，如自然系统和人类系统的相互作用、气候变化的长期趋势和短期波动、社会经济发展的不确定性等，需要跨学科努力才能提供有效、一致的结果，所以气候变化适应的评估方法和工具在转化为强有力行动方面，总体进展缓慢（Arteaga et al.，2023）。在此背景下，只有结合研究目的来设计系统且实用的分析框架，才能更有效地把握气候变化对脆弱人群的实际影响，进而采取有效的适应行动方案。

本书的目的是探寻气候贫困高发地区及易感农户的适应性生计策略，在构建分析框架时主要借鉴了 DFID 生计框架，在其基础上尝试对脆弱性模块进行了适当拓展。我们将气候贫困高发地区和敏感脆弱人群的社会脆弱性评估和生计资本评估作为两个研究重点。下面将详细说明分析生计框架中脆弱性、社会脆弱性、生计资本等核心分析内容的理论考量。

3.3.2.1　脆弱性分析

脆弱性（vulnerability）是一个复杂多维的概念，与风险紧密联系，它既是理解气候贫困问题生成机制及其影响的核心，也是将当地气候灾害风险挑战和长期气候变化因素纳入适应性分析的一种规划工具。衡量和评估脆弱性，是有效减少和适应气候变化风险的关键一步（IPCC，2022）。

脆弱性的概念最初来自地理学的自然灾害研究。早期的灾害研究普遍认为，灾害是由自然事件引起，而人类干预只能通过科学知识进行预测、警告和准备（Knowles，2012）。这一观点在冷战时期尤为普遍（Rubin，2007），脆弱性也因此被视为系统能够抵抗灾害事件的程度（Timmerman，1981）。随着时间推移，研究者逐渐发现，自然灾害并非完全由自然因素所致，而是自然环境与人类互动的结果。治理不善、腐败、资源获取不平等（如土地和水）以及基础设施和社会服务投资不足、自然灾害政策不佳等因素，更容易导致干旱、风暴等自然现象变成灾难（O'Brien et al.，2006）。例如，不同种族、民族、性别和经济状况的群体，在飓风、洪水和地震等灾害中受到的影响存在明显区别（Maskrey，1989）。

于是，以吉伯·怀特（Gilbert White）为代表的学者逐渐将人的主体性引入灾害研究中，同时将人类的能动性从灾害的被动者角色中释放出来（Burton，1978）。受此启发，在 Hewitt（1983）、Blaikie 等（2014）和Cutter（1996）等学者的推动下，脆弱性研究开始超越早期对自然致灾因子的关注，转而强调人类在减轻冲击和应对持续性威胁方面的能力。这一研究范式的转变极大拓展了脆弱性分析的视野，学者们尝试将自然环境和社会经济条件因素结合起来，综合衡量人们在面对自然灾害时的脆弱程度。从工程学到经济学、人类学、心理学，许多学科都使用脆弱性的概念，并将其用于可持续发展、土地利用、生态环境、公共健康、气候变化等多个领域（见表3-3）。

表3-3　脆弱性研究的缘起与后续发展

时间	事件
1960—1970 年	从饥荒研究转向发展研究
1970—1980 年	灾害脆弱性研究的出现
1980—1990 年	脆弱性分析的框架化
1990—2000 年	气候变化影响研究的兴起
2000—2010 年	气候脆弱性和适应的多维研究

资料来源：Adger（2006）。

今天，虽然不同学科对脆弱性的理解与使用方法存在差异，但理论界的共识是：环境变化的脆弱性并不是孤立存在的，而是与资源利用中所涉及的深层次政治经济结构密切相关的。脆弱性不仅受到物理和生态系统相互作用的影响，还受到无意或有意的人类行为驱动，这些行为强化了个人利益和权力分配。例如，罗伯特·钱伯斯在探讨饥荒灾害的脆弱性时，将其视为由经济、社会和政治力量造成的影响人们应对灾害的能力的状态（Robert Chambers，1989）。奥马尔·卡多纳认为脆弱性是个人或群体暴露在可能引发灾难的物理事件中的特征和情况，包括感受性和适应能力

（Omar-Dario Cardona，2013）。联合国减少灾害风险办公室（United Nations Office for Disaster Risk Reduction，UNDRR）定义脆弱性是指由物理、经济、社会和环境因素决定，使社区更易受灾害影响的条件。IPCC（2001）把脆弱性定义为一个系统容易受到或无法应对气候变化的不利影响的程度，包括气候变率和极端情况。脆弱性是一个系统所暴露的气候变化的特征、幅度和速率、敏感性和适应能力的函数。

　　基于此，脆弱性分析通常细化为一些关键问题（见表3-4），以便全方位地识别影响"人-自然"耦合系统脆弱性的一系列风险因素。其中，代表性的问题包括：①在当前的人文和环境条件下，哪些群体、地区具有较高脆弱性？②他们在哪些方面最脆弱？③为什么他们会如此脆弱？④如何建立更具韧性和适应性的社区或社会？显然，与收入、消费等传统贫困分析方法相比，脆弱性分析更注重系统内外部条件的影响，具有跨尺度动态性。通过厘清上述脆弱性相关问题，我们可以更好地理解在自然和社会因素交互影响下，人们生活、生计、财产和其他资产面临风险的程度及差异，从而减少或避免气候变化风险影响下的适应失当。

表 3-4　不同脆弱性方法提出的关键问题

方法	关键问题
风险/危害	什么是危害？ 何地、何时？ 影响是什么
政治经济学 / 政治生态学	人和地方受到的影响有何不同？ 什么解释了应对和适应能力的差异？ 差异敏感性的原因和结果是什么
生态弹性	系统如何以及为什么会发生变化？ 应对变化的能力是什么？ 控制应对和适应能力的潜在过程是什么

资料来源：根据 Eakin 和 Luers（2006）、Wisner（2016）的文献整理得到。

　　进一步具体到本书中，在分析气候贫困高发地区农户的生计问题时，脆弱性代表了个人或家庭在未来某个时期的福祉低于社会可接受基准的可能性（Gallardo，2018）。对于非贫困户而言，气候贫困脆弱性意味着陷入气候贫困的可能性；对于贫困户而言，则意味着有可能陷入更深程度的气候贫困。由于 2020 年年底中国已实现现行标准下农村贫困人口全部脱贫，在此背景下，开展脆弱性分析的意义体现在两个方面：一是能更好识别哪些农户和地区在面临气候变化冲击时容易陷入贫困，捕捉贫困的动态变化过程，从而克服传统贫困在测度未来家庭福祉方面的不足；二是有力描述气候变化冲击在不同社会、经济和环境背景下的具体表现，评估这些冲击对农户生计未来可能产生的风险及影响，为巩固拓展脱贫攻坚成果，提升脱贫人群生计可持续发展能力提供一定决策参考。

3.3.2.2 社会脆弱性评估

因为脆弱性表现形式多样，所以脆弱性分析涵盖了定性和定量方法，涉及地区、社区、家庭、人口等不同分析对象，囊括物理、社会、基础设施和经济等各方面的脆弱性。总体来看，现有的脆弱性分析在物理危害识别（如洪水区、地震区）和风险（事件发生的概率）方面非常有效，但仍缺乏足够的社会脆弱性量化维度，故在理解环境威胁对不同地区的差异化影响时存在一定局限性（Cutter，2024）。这是因为，当灾害相关事件与社区（或社会）中的脆弱性和暴露度相互作用，一旦破坏基础设施、公共服务等基本功能，超出社区应对能力，并导致重大社会影响和损失，灾害就会演变成为灾难（Tierney，2014）。鉴于特定事件通常具有地方性或基于地点的背景，结合当地经济、社会、政治、文化特征开展社会脆弱性评估（social vulnerability assessments，SVA）就显得尤为必要。

事实上，任何干预措施必须在明确各类受益者社会脆弱性特征的基础上，才能进行规划、设计和定位，所以社会脆弱性评估成为当前气候变化适应和风险管理干预战略的关键工具，在减少国家灾害风险、促进可持续发展中扮演着重要角色（Birkmann et al.，2013）。《2015—2030 年仙台减少灾害风险框架》（以下简称《仙台框架》）呼吁，灾害严重影响受灾人群的健康、生命、生计和可持续发展，迫切需要采取更执着的行动，重点解决产生灾害风险的潜在因素，如贫穷和不平等现象、气候变化和气候多变性、无序快速城市化等造成的后果，从而打破贫困和灾害的循环[①]。在《仙台框架》中，联合国成员共同制定了一个全球愿景，即通过国际社会合作，在风险形成冲击或灾害之前，识别、预防和减少风险并提高韧性，从而探索出一条通向 2030 年及以后的可持续发展之路。基于将灾害风险管理与可持续发展、消除贫困政策相结合的政策理念，许多国家和国际组织

---

① 联合国. 必须打破灾害和不平等的恶性循环[EB/OL]. (2023-10-13) [2023-10-15]. https://news.un.org/zh/story/2023/10/1122957.

采用社会脆弱性评估的方法来识别气候变化和灾害对弱势群体的影响[①]。例如，美国利用关于社会脆弱性的信息，有针对性地对灾难幸存者提供援助支持。欧盟在其适应气候变化的战略中强调，要关注"最容易受到气候变化影响且已经处于不利地位的社会群体和地区。"这一主张随后在"全球气候与能源市长盟约"（Global Covenant of Mayors for Climate & Energy）中得到进一步落实，成为城市适应支持工具的一部分（Breil et al., 2018）。

　　从理论角度看，社会脆弱性评估源自地点危害（hazards of place, HOP）理论模型。该模型起源于风险-危害范式，同时深受政治经济学和政治生态学观点的影响，强调物理系统和社会系统在特定空间和时间背景下的动态相互作用。该模型的重要贡献在于，它不仅关注物理系统特性，如地理位置、海拔和邻近度等，还考虑社会系统因素，如社会经济条件、治理结构和基础设施状况。这种综合视角使研究者能将自然环境和社会经济条件结合起来，更加全面地理解不同地区在面临灾害时的脆弱性特征及其成因（Blaikie et al., 2014）。此后，随着其他脆弱性框架和评估方法涌现，社会脆弱性的内涵及测量也日渐丰富（Bankoff et al., 2004；Eakin & Luers, 2006；Turner et al., 2003）。为了帮助应急响应规划者识别危害事件发生之前、期间和之后最有可能需要支持的脆弱社区，各种社会脆弱性分析模型应运而生。其中，最流行的是基于因素分析的社会脆弱性模型（Cutter et al., 2012；Flanagan et al., 2011）。该模型采用综合指数、潜变量分析等方法，通过构建社会脆弱性指数（social vulnerability index, SoVI），全面识别在特定情境中可能的脆弱性来源，进而揭示经济、社会、文化、政治和制度因素的组合如何影响备灾、应对灾难和从灾难中恢复的能力。

　　综上可见，社会脆弱性分析采用自下而上的方法，将人与社会置于核心位置，强调降低脆弱性和增强适应能力的重要性。秉承这一理念，本书在剖析我国农村地区气候贫困问题时，拟引入社会脆弱性评估方法，侧重从气候灾害风险高发农村地区的微观个体、人群、社区及组织出发，将外部扰动因素和社会内部结构因素一并纳入社会脆弱性评估框架中。通过探讨社会贫困因素与自然气候致灾因子之间的复杂相互作用，更深入地了解

[①]　联合国减少灾害风险办公室.《2015—2030年仙台减少灾害风险框架》执行情况中期审查报告[EB/OL].（2023-01-31）［2023-02-01］. https://documents.un.org/doc/undoc/gen/n22/764/28/pdf/n2276428.pdf.

个体、群体或社区组织应对和抵御气候贫困的能力，在此基础上提出更具针对性的适应性生计策略。

3.3.2.3　生计资本分析

如前所述，贫困具有多维属性，理解贫困需要一个更宽泛、多元的框架，不仅要关注贫困群体的收入、消费等物质需求，还须关注权利、尊严、安全感等非物质层面的剥夺。生计是贫困人口为了生存和发展而采取的行动选择，反映了他们在面对资源有限和环境不确定性条件下的应对策略。这些策略可能包括多样化的收入来源、精打细算的消费习惯、社会网络的利用及对教育、健康的投资等（Rakodi，1999）。由此，采用家庭生计策略框架有助于拓展对贫困问题的理解。

多年来，世界各国的减贫实践已充分表明，贫困和脆弱人群在面对极端天气和气候事件影响时，生计资本平衡被打破，又往往缺乏足够的应对资本，从而导致气候贫困（刘长松，2019）。所以生计本匮乏既是诱发气候贫困的重要因素，也是气候冲击的不利结果。例如，气候风险引发的生态系统退化和生物多样性消失，会降低穷人的自然资本，甚至迫使他们迁移并改变传统的生计方式。对于生活在裸露和边缘化地区（如洪泛区、裸露的山坡、干旱或半干旱地区）的人们而言，其生计禀赋主要来自自然资源。一旦遭遇极端天气事件，就会面临粮食减产、农业收入减少、家庭储蓄降低等诸多问题，从而陷入难以拥有足够生计资本去应对冲击的恶性循环（Carney，1998；FAO，2024；IPCC，2014）。基于此，分析家庭或个人的生计资产状况，是理解家庭或个人拥有的选择机会、采用的生计策略和所处风险环境的基础，也是农村贫困地区扶贫和发展项目设计和实施、政策制定的切入点。

对广大农户而言，农业作为一个经济部门的独特性在于，涉及自然资本、社会资本、人力资本、实物资本和金融资本（DFID，1999）。其中，不同类型的生计资产之间可以相互关联、互补或替代（Moser，1998）。具体到"气候贫困风险-生计资本-适应能力"的链条中，不同类型生计资本对农户的生计策略和适应能力有着深远影响（Pretty，2008；Zhang & Zhao，2024）。例如，自然资本（如土地和水资源）的可用性直接影响农业生产和食物安全；物质资本（如基础设施和生产设备）决定生产效率和市场接入；人力资本（如健康状况和技能水平）影响劳动能力和创新能力；社会资本（如社会网络和支持系统）提供信息和资源共享的平台；金融资本

（如收入和储蓄）提供应对突发事件和投资生计改善的经济保障。在对生计资本的具体分析中，通常以"自下而上"的视角，把研究重点放在微观农户层面，揭示不同群体在面对相同气候冲击时的不同应对方式。例如，拥有较高社会资本的农户可能通过社区网络获得更多支持和资源，而缺乏这种支持的农户则更易陷入困境。此外，通过系统分析不同类型的生计资本对适应能力的贡献及其差异，可以为制定更有针对性的适应政策提供依据。

在本书中，由于农户是中国农村经济活动的主体和最基本的决策单位，仅从宏观尺度进行社会脆弱性评估，难以充分揭示微观尺度（农户家庭及个体）生计资本及策略的变化。尤其在我国气候贫困高发地区，农户生计相关数据较为匮乏，在制定适应性生计政策时尚缺乏丰富充足的事实依据。基于此，本书拟将研究重点放在微观农户层面，以"自下而上"的视角对农户生计资本进行考察，尝试在一定程度上弥补宏观尺度和数据缺乏的不足。此外，考虑到生计资本评估强调农户的主动性和能动性，本书还将采取个案分析的方法来进行数据补充，以期更充分地探讨在不同环境和社会条件下农户生计资本的运用策略和适应路径，为气候贫困高发地区农村的可持续发展提供一定政策制定参考。

3.3.3 综合分析框架说明

结合研究目的和上述理论考虑，本书构建了一个综合分析框架，以气候变化压力和气候灾害风险冲击为分析起点，从暴露度、敏感性、适应能力三个维度系统评估气候贫困高发地区农户的社会脆弱性，同时从人力、自然、金融、社会、物质五类资本考察农户生计发展的要素禀赋及当前约束，旨在揭示农户生计过程和生计结果的不同脆弱性，在此基础上寻求气候适应性生计的社会建构策略。需要说明的是，该框架作为一种思维工具和启发式方法，力求概述气候贫困高发地区农户所处"人-环境"耦合系统中的多种脆弱性和生计压力源。框架的三个核心内容是：观察区农户暴露于气候贫困风险的状况、农户对气候变化及自然灾害致贫因子的敏感性、农户生计的气候适应能力。现对综合框架的主要内容做进一步说明（见图3-5）。

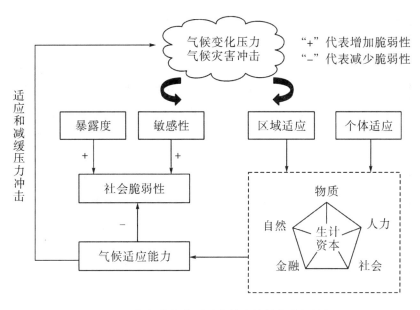

图 3-5 气候贫困人群适应性生计整合分析框架

（注："+"代表增加脆弱性，"−"代表减少脆弱性。资料来源：由笔者自行绘制）

本书首先引入 DFID 的可持续生计方法，用以考察人们生计所处的外部环境并识别可能存在的脆弱性，这也是可持续生计分析的背景。然而，仅将脆弱性作为背景考察，可能会限制我们对目标群体应对外界变化动态性、敏感度和适应能力的理解。由于脆弱性有多种来源和生成路径，本书关注的是农户气候适应性生计的社会建构策略，所以我们选取社会脆弱性展开分析，同时将其作为生计分析的重要组成内容而非背景。为此，在借鉴 IPCC 脆弱性评估参数基础上，本书将脆弱性视为暴露、敏感、适应的函数，并从暴露度、敏感度和适应能力开展社会脆弱性评估。这样做的原因在于：无论是生计资本使用还是生计策略选择，气候贫困高发地区农户更容易暴露在气候变化风险中。这些风险既包括突发性的外部事件，如气候变暖、地震、洪水、经济危机等，也包括周期性的变化因素，如就业机会波动、农产品价格涨跌、健康状况变化等。从风险来源看，这些风险有可能来自宏观国家或地区层面，也可能来自微观社区或家庭层面。当气候变化及气候相关灾害事件冲击时，这些地区农户固有的敏感度和适应能力将直接决定他们是否能够有效应对压力，以及能否通过改变环境来减轻这些压力。这也直接关系到在气候风险冲击下，是否会陷入气候贫困的恶性循环。所以，从暴露度、敏感度和适应能力展开分析，是理解气候变化及灾害风险对农户生计过程造成社会脆弱性和不平等现象的关键。

在社会脆弱性分析过程中，本书将着重评估气候贫困高发地区农户拥有的生计资本禀赋，并着重探析两个问题：第一，气候贫困地区农户如何维持生计？第二，他们为何选择当前生计策略来谋生？为回答这两个问题，本书将细致考察气候贫困高发地区农户生计发展的微观要素，特别是生计资本禀赋和生计资本组合特征。这是因为，农户生计的气候适应性和防范气候贫困风险的能力，在很大程度上取决于生计资产要素禀赋。要想有效应对气候变化及气候灾害风险，并取得积极的生计结果，多样化的生计资产组合策略必不可少。通常而言，农户的生计资本禀赋水平越高，他们的生计资产种类越丰富和多样化，其生计策略的选择和组合空间就越大。这种多样性使得农户能够更灵活地转换生计策略，以应对气候变化情景下的各种不确定性和致贫风险，从而更好地保护并增强自身生计适应能力。需要说明的是，对生计资本的讨论必然是概括性的，因为我们难以建立通用标准来直接比较各类资产的价值，但这并不意味着我们无法建立具体量化指标来衡量气候事件对气候贫困高发地区农户的影响。事实上，通过构建多维度的生计资本适应性指数，我们可以更全面地理解气候变化对农户不同类型生计资本的具体影响。

基于社会脆弱性评估和生计资本评估，本书将进一步探讨如何开展以脆弱农户为重点的气候变化灾害适应方案。通过分析气候贫困高发地区内不同类别农户生计模式的差异，探讨生计适应能力的差异及成因，进而探讨更有针对性的气候适应性生计方案，以促进当地农户实现期望的生计成果。在生计策略中，人们生计相关的制度、组织、政策、立法、权利等，同脆弱性环境一样重要，两者共同作用于农户生计活动的各个环节，既影响农户生计资本的获取、分配、交换和组合，也影响农户应对脆弱性环境的能力，最终直接影响生计的气候适应结果。理想的情况下，组织和制度的良好运作会促进气候贫困高发地区经济社会朝向高质量方向发展，为农户提供收入保障、信贷支持、就业、医疗和教育等生计发展机会。然而，在大多数情况下，暴露于气候风险中的农户往往面临组织结构和制度的限制，这些限制可能成为他们生计发展与气候适应的主要障碍。在这种情况下，农户的生计策略选择变得消极而被动。因此，深入剖析不同生计策略的差异，是支持气候适应性生计发展的组织制度的基础。

4 欠发达地区乡村
气候贫困的现状与挑战

在全球范围内，气候变化正加剧经济社会业已存在的脆弱性和不平等（Chancel et al., 2023）。相较于发达国家，发展中国家受气候变化的不利影响更为严重。在这些国家内部，收入较低、资源匮乏以及社会地位边缘化的脆弱群体和社区，尤其容易遭受气候灾害冲击，从而陷入气候贫困（Birkmann et al., 2022）。在中国，尽管许多欠发达地区农村已实现脱贫，但仍然面临生态空间内人口规模偏大、农业空间内人口密度偏高、相对贫困持续存在等多重挑战（周侃 等，2020），极易受气候变化影响出现大规模返贫现象①。本章将分析气候变化对中国欠发达地区农村生计带来的风险，重点考察以原连片特困地区为代表的欠发达地区乡村气候贫困现状及挑战。

4.1 气候变化对中国农业经济的影响

科学认识和把握气候变化规律，降低气候变化风险，是应对气候贫困和采取适应行动的前提。中国幅员辽阔，跨纬度较广，不同地区距海远近差距较大，加之地势高低不同，地貌类型及山脉走向多样，因而气温、降水的组合差别很大，形成了各地多种多样的气候。

从气候类型上看，东部属季风气候（又可分为亚热带季风气候、温带季风气候和热带季风气候），西北部属温带大陆性气候，青藏高原属高寒

---

① 根据《"十四五"特殊类型地区振兴发展规划》，特殊类型地区包括以脱贫地区为重点的欠发达地区和革命老区、边境地区、生态退化地区、资源型地区、老工业地区等，是我国城乡区域协调发展中的短板地区、生态文明建设中的脆弱地区、促进边疆巩固的重点地区。

气候。从温度带划分，有热带、亚热带、暖温带、中温带、寒温带和青藏高原区①。相应地，贫困和自然气候因素之间相互强化形成的气候贫困也具有显著的地域和群体特征②。未来一段时间内，全球变暖的趋势仍将持续，中国极端天气气候事件发生频次和强度预计将进一步增加，气候变化影响和风险的广度、深度也会进一步扩大。作为重要的非传统安全因素，气候变化所带来的长期不利影响和突发极端事件，已经成为中国基本实现社会主义现代化和建设美丽中国进程中面临的重要风险③。

4.1.1　气候变化敏感和影响显著区域

中国是全球气候变化敏感区和影响显著区，气候类型复杂，气候变化及其不利影响呈现显著的区域差异。因此，综合气候变化风险区划是开展适应气候变化工作的科学基础之一（吴绍洪 等，2017）。作为世界上生态脆弱区分布面积最大、脆弱生态类型最多、生态脆弱性表现最明显的国家之一，中国生态脆弱区大多位于生态过渡区和植被交错区，是目前生态问题突出、经济相对落后和人民生活贫困区④。由于中国生态脆弱区具有系统抗干扰能力弱、对全球气候变化敏感、边缘效应显著等特点，且与贫困高发区在地理空间上高度重叠（刘长松，2019；王晓毅，2018），因此本书将这些区域视为气候贫困高风险区加以重点分析。

参考《全国生态脆弱区保护规划纲要》和尹德震 等（2022）的研究，结合中国相对贫困人口的地理分布，本书将中国生态脆弱区细分为六个典型区域，这些区域亦是气候贫困高发地带，具体包括：北方农牧林草脆弱区、黄土高原脆弱区、干旱半干旱脆弱区、南方农牧脆弱区、西南岩溶山地石漠化脆弱区和青藏高原脆弱区。为方便叙述，我们将前三个脆弱区统称为北方生态脆弱区，气候脆弱性主要表现为干旱、水资源短缺、资源环境矛盾突出；后三个脆弱区统称为南方生态脆弱区，气候脆弱性主要表现

---

① 中华人民共和国中央人民政府. 气候的特征［EB/OL］.（2005-06-24）［2018-6-20］https://www.gov.cn/test/2005-06/24/content_9223. htm.

② 中国社科院可持续发展研究中心. 气候变化对农村贫困的影响、认知与启示［EB/OL］.（2019-12-05）［2019-12-20］.https://oxfam.org.cn/uploads/2019/12/051444352680. pdf.

③ 中华人民共和国中央人民政府. 国家适应气候变化战略 2035［EB/OL］.（2022-05-10）［2022-05-15］. https://www.gov.cn/zhengce/zhengceku/2022-06/14/content_5695555. htm.

④ 《国家"八七"扶贫攻坚计划》中国家重点扶持的贫困县共592个，中西部地区占52%，其中80%以上地处生态脆弱区。2005年全国绝对贫困人口2 365万，其中，95%以上分布在生态环境极度脆弱的老少边穷地区。

为森林过伐、土地过垦、植被退化、水土流失严重。

总体来看，中国各生态脆弱区的气候制约关键要素存在显著差异。北方生态脆弱区位于从暖温带到中温带，从半湿润区到干旱区，从季风性气候到大陆性气候的过渡区，主要气候特征是降水偏少、年变率大，冬季温度低，季节变化显著。相对而言，南方生态脆弱区的地形和气候条件更为复杂。其中，南方农牧脆弱区由亚热带向高原垂直温度带过渡，由季风性气候向山地性气候过渡，气温低、降水少、太阳辐射强，生态系统较为脆弱；西南岩溶山地石漠化脆弱区全年降水量大，融水侵蚀严重，导致严重的水土流失和石漠化现象，生态环境脆弱；青藏高原脆弱区则因地势高寒和气候条件恶劣，植被退化明显，加之风蚀、水蚀、冻蚀以及重力侵蚀影响，水土流失严重，使当地农牧业活动极易受到气候变化影响①。

4.1.2 气温变化

气温是衡量气候状况的一个重要指标（Hansen et al.，2006）。1901—2022 年，中国地表年平均气温呈显著上升趋势，平均每 10 年升高0.16 ℃（见图 4-1）；2022 年，中国地表平均气温较常年值偏高 0.92 ℃。1901—2022 年的 10 个最暖年份中，有 9 个出现在 21 世纪。2013—2022 年，中国地表平均气温较常年值高出 0.81 ℃。1961—2022 年，中国各区域年平均气温呈一致性的上升趋势，且升温速率区域差异明显，北方地区升温速率明显大于南方地区，西部大于东部。青藏地区升温速率最大，平均每 10 年升高 0.37 ℃。华南和西南地区升温速率相对较缓，平均每 10 年分别升高0.18 ℃和 0.17 ℃。

气温上升不仅影响整体气候状况，还会显著改变降水模式，从而导致极端高温事件频发、干旱强度增大和持续时间延长（Trenberth，2011）。1961—2022 年，中国极端高温事件发生频次呈显著增加趋势。2023 年，全国平均气温 10.71 ℃，较常年偏高 0.82 ℃，为 1951—2023 年的最高水平。全国平均高温日数较常年偏多 4.4 天，为 1961—2023 年第二多，仅少于2022 年，极端高温事件数量为第四多，127 个国家站日最高气温突破或持平历史纪录，其中山东、辽宁、新疆、贵州、云南、天津、湖南、河北、四川、北京、河南、内蒙古、广西为 1961—2023 年最高，浙江、宁夏、江

① 中国生态环境部. 全国生态脆弱区保护规划纲要［EB/OL］.（2008-09-27）［2019-06-21］https://www.mee.gov.cn/gkml/hbb/bwj/200910/W020230202541194228270.pdf.

西、湖北为次高[①]。未来几十年，中国平均气温还会继续上升，总体来看，增幅从东南向西北逐渐变大，北方增温幅度大于南方，青藏高原、新疆北部及东北部分地区增温较为明显[②]。下面进一步考察对气候变化最为敏感的生态脆弱区气候变化情况。20世纪80年代以来，中国生态脆弱区日平均气温均呈现上升趋势。其中，干旱半干旱脆弱区东北部升温幅度最大，最大升温可超过6℃/100 a；其次是干旱半干旱脆弱区东部、黄土高原脆弱区的大部分地区和青藏高原脆弱区北部，气温增幅约为5℃/100 a；而升温最小的区域是北方农牧林草脆弱区的东南部，升温幅度不足0.5℃/100 a[③]（孙康慧 等，2021）。

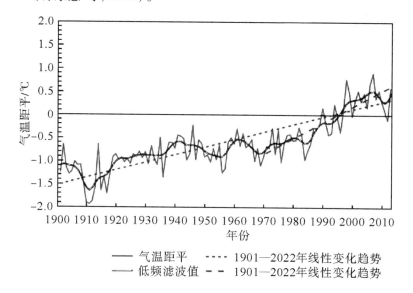

图4-1　1901—2022年中国地表年平均气温变化趋势

（资料来源：中国气象局《中国气候变化蓝皮书（2023）》）

4.1.3　降水变化

水与气候系统的所有组成部分（大气圈、水圈、冰冻圈、地表和生物

---

①　中国气象局. 2023年中国气候公报［EB/OL］.（2024-02-07）［2024-03-01］. https://www.cma.gov.cn/zfxxgk/gknr/qxbg/202402/t20240223_6084527.html.

②　中国社会科学院，中国气象局. 气候变化绿皮书：应对气候变化报告（2023）［R/OL］.（2024-01-15）［2024-05-01］.https://www.pishu.cn/psgd/604191.shtml.

③　日平均气温距平的Sen趋势，单位为摄氏度/100 a（℃/100 a）。

圈）都有着紧密联系。正因如此，气候变化能够通过各种机制影响水资源
（Bates et al.，2008）。中国降水呈现出很大的空间差异和明显的季节性。

20 世纪初以来，中国年降水量并未出现明显的变化，但 1961—2020
年略有增加，近 10 年降水量明显偏多[①]。根据中国气象局发布的《中国气
候变化蓝皮书（2023）》，1961—2022 年，中国平均年降水量每 10 年增加
0.8%，但这种降水变化在区域间存在显著的空间异质性。青藏地区的平均
年降水量显著增多，每 10 年增加 9.4 毫米；而西南地区的平均年降水量总
体呈减少趋势，每 10 年减少 9.6 毫米。同时，中国极端强降水事件发生频
次和强度均明显增加（见图 4-2）。1961—2022 年，中国极端日降水事件
出现频次每 10 年增加 18 站日，年累计暴雨（日降水量大于或等于 50 毫
米）站日数每 10 年增加 4.2%。2023 年，全国极端日降水事件数较常年偏
多，共 47 个国家气象站连续降水量突破历史极值，主要分布在黑龙江、内
蒙古、北京、河北、陕西、福建、新疆等地，广西北海连续降水量达
769.7 毫米[②]。

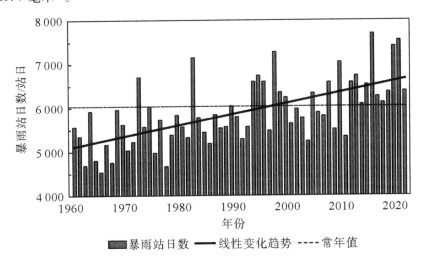

图 4-2　1961—2022 年中国年累计暴雨站日数

（资料来源：中国气象局《中国气候变化蓝皮书（2023）》）

---

　　① 生态环境部. 气候变化第四次国家信息通报［EB/OL］.（2023-12-29）［2024-01-05］. ht-
tps://www.mee.gov.cn/ywdt/hjywnews/202312/t20231229_1060290.shtml.

　　② 中国气象局. 2023 年中国气候公报［EB/OL］.（2024-02-07）［2024-05-06］. https://www.
cma.gov.cn/zfxxgk/gknr/qxbg/202303/t20230324_5396394.html.

从极端降水的空间分布看，中国西部地区、长江中下游地区以及华南沿海等地区的极端降水事件趋于增多①。预计在未来全球变暖大背景下，中国出现强降水的可能性还会增加（Chen et al., 2024）。在中国的生态脆弱地区，降水同样表现出明显的时空分化特征。北方生态脆弱区的降水距平百分率多趋于增长，而南方生态脆弱区多趋于减少。其中，干旱半干旱脆弱区中部和西部、黄土高原脆弱区大部、青藏高原和南方农牧脆弱区北部以及西南岩溶山地石漠化脆弱区东部和西部降水呈增长趋势；干旱半干旱脆弱区东部、黄土高原脆弱区南缘、北方农牧林草脆弱区大部、青藏高原和南方农牧脆弱区大部以及西南岩溶山地石漠化脆弱区东北—西南一带降水呈减少趋势（孙康慧 等，2021）。

表4-1描述了1980—2014年中国生态脆弱区降水量的变化趋势。总体来看，全区降水距平百分率变化趋势并不明显，春季和夏季均为0，秋季微降-0.1%，冬季微升0.2%，显示降水量变化总体平稳，未出现显著增长或减少趋势。从各分区看，北方农牧脆弱区的冬季降水距平百分率显著增加1.2%，通过了0.01的信度检验，冬季降水趋于增加对缓解冬季干旱有积极作用，但夏季降水减少可能对农业产生不利影响。黄土高原脆弱区春、夏两季降水变化不大，但秋季和冬季降水增加对植被恢复和土壤保持有积极影响。干旱半干旱脆弱区冬季降水距平百分率显著增加1.3%，通过了0.01的信度检验，春季和秋季也分别增加了0.2%和0.4%。全年总体增加了0.2%，有助于提升该区域的水资源可利用性，缓解干旱问题。青藏高原脆弱区的降水变化较为复杂，表现为春季增加、秋冬两季减少；南方农牧脆弱区年降水呈减少趋势，全年减少了0.1%，其中秋季和冬季均减少0.3%，对农业生产和生态系统的稳定性产生了不利影响。西南岩溶山地石漠化脆弱区全年各季节降水均趋于减少，对石漠化治理和生态恢复构成严峻挑战。

表4-1 1980—2014年中国生态脆弱区降水距平百分率的 Sen 趋势

单位:%

区域	春季	夏季	秋季	冬季	全年
全区	0	0	-0.1	0.2	0

① 中国气象局. 研究气候变暖背景下我国降水特征变化[EB/OL]. (2020-12-09) [2020-12-21]. https://www.cma.gov.cn/kppd/kppdmsgd/202012/t20201210_568251.html.

表4-1(续)

区域	春季	夏季	秋季	冬季	全年
北方农牧脆弱区	0.8	-0.4	0	1.2**	-0.1
黄土高原北部脆弱区	0.2	-0.1	1.7**	1.0	0.3
黄土高原南部脆弱区	0.1	0.1	0.9*	1.2*	0.2
干旱半干旱脆弱区	0.2	0	0.4	1.3**	0.2
青藏高原脆弱区	0.3	0	-0.2	-0.3	0
南方农牧脆弱区	0.3	0	-0.3	-0.3	-0.1
西南岩溶山地石漠化脆弱区	-0.1	-0.2	-0.3	-0.2	-0.2

注:** 表示通过 0.01 的信度检验,* 表示通过 0.05 的信度检验。
资料来源:孙康慧等(2019)。

4.1.4 气候灾害风险

气候变化诱发天气极端事件,会加大经济社会系统的灾害风险。中国是世界上自然灾害最为严重的国家之一,灾害种类多、分布地域广、发生频率高、造成损失大。尤其是近年来,受全球气候变化和人类活动影响,全国极端天气事件呈多发态势,自然灾害的突发性、极端性和反常性越来越明显,气候治理形势日趋复杂严峻。2000—2019 年,全球共记录 7 348 起自然灾害,造成 123 万人死亡,受灾人口总数高达 40 亿人,给全球造成经济损失高达 2.97 万亿美元。其中,气候灾害十个受灾最多的国家中有八个位于亚洲,中国受灾数量居全球之首,共发生 577 起灾害事件,其后是美国(467 起)、印度(321 起)、菲律宾(304 起)和印度尼西亚(278起)①。

由于中国国土辽阔,各地区受气候灾害影响差异较大。在自然与人文因素的综合作用下,全国气候灾害风险整体呈现明显的"以东西分异为主、南北分异为辅",且在高灾害风险区域镶嵌着低灾害风险片,低灾害风险区域镶嵌着高灾害风险片的分布格局(史培军 等,2017)。根据国务院普查办、应急管理部发布的《第一次全国自然灾害综合风险普查公报》,全国自然灾害高、中高综合风险区面积约占全国陆地面积的 11.5%,主要

① 联合国. 灾害的代价 2000—2019[EB/OL].(2020-10-12)[2020-11-01]. https://news.un.org/zh/story/2020/10/1068912.

分布在华北平原、东南沿海、长江中游地区、黄土高原西部、云贵高原以及东北平原①。

从灾害类型看，中国的自然灾害包括气象灾害、地质地震灾害、海洋灾害、生物灾害以及森林和草原火灾，共计超过100种。在过去数十年中，除火山喷发外，几乎所有类型的自然灾害都在中国发生过，包括地震、台风、洪水、干旱和沙尘暴、风暴潮、滑坡和泥石流、冰雹、寒潮、高温热浪、病虫鼠害、森林和草原火灾以及赤潮②。其中，洪水、干旱和地震是影响全国自然灾害综合风险的主要灾种。北方以旱灾居多，南方则旱涝灾害均有发生。

从灾害风险分布看，著名地理学家张兰生等学者依据自然环境、自然致灾因子及人类活动的地区差异，制定了中国自然灾害区划。一级区划由6个自然灾害带组成，二级区划包括26个自然灾害区，三级区划涵盖93个自然灾害小区（张兰生 等，1995）。2024年5月，依据地形地貌、地质环境和气候带等孕灾环境的区域差异，《第一次全国自然灾害综合风险普查公报》将全国划分为6个自然灾害综合风险大区、30个综合风险区和90个风险防治亚区（见表4-2）。其中，6个综合风险大区分别为：沿海海洋-气象灾害大区（以下简称"沿海大区"），东北森林草原火灾-水旱-气象灾害大区（东北大区），东部水旱-气象-地质灾害大区（东部大区），中部水旱-地震-地质灾害大区（中部大区），西北气象-水旱-地震灾害大区（西北大区），青藏气象-地震-地质灾害大区（青藏大区）③。

---

① 第一次全国自然灾害综合风险评估遵循"危险性-脆弱性-暴露度"三维度准则，基于6大类23种灾害的危险性评估和风险评估结果，以及承灾体调查数据、历史灾情调查数据等开展。评估结果表达了灾害综合风险水平的相对高低，分为高、中高、中、中低、低5个等级。

② 世界银行.灾害风险管理的中国经验［EB/OL］.（2021-09-19）［2023-12-21］. https://www.gddat.cn/newGlobalWeb/#/home.

③ 应急管理部.第一次全国自然灾害综合风险普查公报汇编［EB/OL］.（2024-05-07）［2024-05-10］. https://www.mem.gov.cn/xw/yjglbgzdt/202405/t20240507_487067.shtml.

表 4-2　全国自然灾害综合风险区划

风险大区	综合风险区
沿海大区	环渤海-黄海海岸带洪涝-台风-海冰灾害中风险区 沿黄海海岸带洪涝-台风-风暴潮灾害中高风险区 沿东海海岸带台风-洪涝-风暴潮灾害高风险 沿南海海岸带台风-洪涝-海浪灾害高风险区
东北大区	三江平原-长白山区洪涝-台风-林草火灾中低风险区 松辽平原洪涝-干旱-雪灾中风险区 大兴安岭-呼伦贝尔高原林草火灾-洪涝-干旱中低风险区
东部大区	燕山-太行山-辽西山区洪涝-地质-台风灾害中高风险区 华北平原洪涝-台风-干旱灾害高风险区 长江中下游平原洪涝-台风-地质灾害中高风险区 浙闽-武夷山区洪涝-台风-地质灾害中低风险区 江南丘陵区洪涝-台风-地质灾害中高风险区 华南山地丘陵区洪涝-台风-地质灾害中高风险区
中部大区	内蒙古北部高原干旱-洪涝-雪灾中低风险区 鄂尔多斯高原-河套平原洪涝-干旱-沙尘暴灾害中低风险区 黄土高原洪涝-地质-地震灾害中高风险区 秦岭-大巴山区洪涝-地质-地震灾害中高风险区 四川盆地及周缘山区洪涝-地震-地质灾害中风险区 横断山区地震-洪涝-地质灾害中风险区 云贵高原洪涝-地质-林草火灾灾害中风险区 滇西南岭谷区洪涝-地质-地震灾害中低风险区
西北大区	蒙西高原-河西走廊洪涝-干旱-沙尘暴灾害中低风险区 天山-阿尔泰山-准噶尔盆地洪涝-地质-林草火灾中风险区 塔里木盆地洪涝-地震-雪灾中低风险区
青藏大区	祁连山区洪涝-地质-雪灾中低风险区 昆仑山-柴达木盆地地震-洪涝-地质灾害低风险区 藏北高原-青海高原—唐古拉山区地震-洪涝-地质灾害中低风险区 藏东南高山峡谷区地震-地质-洪涝灾害中风险区 喜马拉雅山区地震-洪涝-雪灾中低风险区 喀喇昆仑-西昆仑山区洪涝-地震-雪灾中低风险区

资料来源：国务院普查办、应急管理部《第一次全国自然灾害综合风险普查公报》。

　　表 4-2 分区反映出全国自然灾害类型和综合风险方面的显著区域差异，凸显了气候灾害风险防控的复杂性和重要性。总体来看，根据未来气候变化趋势以及不同区域的脆弱性和暴露度差异，中国东部从东北到华南是极端降雨的高危险区，这一带又是人口和经济的聚集区，东部发达地区将承受更高的气候风险；中部从华北到华南，以及西北部是高温热浪的高危险区；华北、黄土高原、青藏高原东部、西北和西南地区是干旱的高危险地区；西

南、华南、黄土高原农牧交错带、松嫩平原为自然生态系统承受高风险的区域；华南西南、长江中下游、西北绿洲是粮食生产承受高风险的区域①。

从应对气候灾害的能力看，2000—2021 年中国自然灾害损失在全球排名仍位于前列，极端天气气候事件频次、直接经济损失全球排名均位列第 2 位（见表 4-3）。但分区域看，全国综合减灾能力总体上呈现出"东强西弱"的格局，区域综合减灾能力与当地经济社会发展水平密切相关。其中，东部地区综合减灾能力为强、较强的县级行政区数量占本地区县级行政区总数量的比例分别为 30.8%、30.7%，弱等级比例为 0.7%；中部地区强、较强和弱等级比例分别为 3.1%、21.2% 和 0.7%；西部地区强、较强和弱等级比例分别为 2.2%、16.1% 和 10.2%；东北地区强、较强和弱等级比例分别为 0.7%、2.9% 和 7.5%②。

表 4-3　2000—2021 年全球极端天气气候事件频次、
死亡人口和直接经济损失排前十的国家

排名	国家	频次/次	排名	国家	死亡人口/人	排名	国家	直接经济损失/亿美元
1	印度	80	1	缅甸	139 017	1	美国	2 035.55
2	中国	47	2	俄罗斯	57 638	2	中国	1 270.28
3	巴基斯坦	24	3	印度	40 747	3	泰国	487.36
4	菲律宾	22	4	法国	27 512	4	印度	272.83
5	孟加拉国	22	5	索马里	20 162	5	巴基斯坦	173.53
6	美国	15	6	意大利	20 089	6	韩国	129.55
7	印度尼西亚	14	7	菲律宾	17 793	7	孟加拉国	92.56
8	阿富汗	13	8	西班牙	15 090	8	法国	64.81
9	尼泊尔	12	9	中国	10 982	9	意大利	64.81
10	日本	12	10	德国	9 552	10	缅甸	51.35

注：直接经济损失为 2021 年价格水平。

资料来源：应急管理部-教育部减灾与应急管理研究院等《2022 年全球自然灾害评估报告》。

---

① 中国气象局. 全球气候变暖给我国带来显著影响[N/OL]. 人民日报. (2021-08-20)[2021-12-10]. http://env.people.com.cn/n1/2021/0820/c1010-32201750.html.

② 应急管理部. 第一次全国自然灾害综合风险普查公报（第二号）. (2024-05-07)[2024-05-10]. https://www.mem.gov.cn/xw/yjglbgzdt/202405/t20240507_487067.shtml.

4.1.5 气候变化综合风险对农业经济的影响

农业是一项重要的经济、社会和文化活动，提供了多种生态系统服务。农业尤其是粮食生产是以作物生长为基础，直接依赖于水热土等自然要素，对气候变化非常敏感（Howden et al.，2007）。气候变化通过温度与降水变化的综合作用，使光、温、水、气等要素时空格局发生变化，从而对农业气候资源、农作物生长发育和产量、农业种植制度、品种布局、作物气候生产潜力和气候资源利用率等形成全方位、多层次的影响（郭建平，2015）。

中国是一个农业大国和人口大国，尽管农业在国内生产总值中的占比并不高，但农业直接关系人民美好生活需要和国家总体安全，是支撑高质量发展的基础①。由于地区、作物、发生时段不同，气候变化对中国农业的影响利弊共存。已有研究表明，气候变暖带来的一些有利影响主要有农业生产热量资源改善，热量和水分的组合导致产量增加，具体表现为：农作物生长季节延长、适宜种植区的扩展以及种植结构的优化调整等（方梓行 等，2020；许吟隆 等，2023）。例如，1991—2020 年与 1961—1990 年相比，内蒙古大豆种植带北界向北平均移动了 101 千米。因气候变暖，辽宁的玉米、花生可以早播，江西的早稻早播早育，黄淮海地区的冬小麦则推迟播种，这些旨在应对气候变化风险的种植方式改变，使一些地区实现了作物增产的效果。

尽管气候变暖具有潜在有利影响，但大量研究表明，气候变化对中国农业发展的总体影响以负面效应为主，且存在明显的区域差异，未来的风险也将进一步加剧（Chen & Gong，2021；Qin et al.，2023）。这是因为，气候变化不仅使气温、降水等气象要素的平均状况发生变化，还导致极端天气气候事件发生时间、覆盖范围、程度有所变化。这两方面的综合作用改变了农业气象灾害的时空规律，进而对农业生产的适宜性、农业空间布局、农业经济等产生负面影响（陈帅 等，2016）。在全球气候变暖的大背景下，中国未来农业经济发展面临三个突出挑战，这些挑战将对乡村气候贫困人群的生计产生深远影响：

---

① 根据北京大学中国农业政策研究中心预测，农业部门占国内生产总值的比重到 2035 年将降至 5%，到 2050 年降至 3.6%，而工业和服务业的占比预计到 2035 年将达到 95%，到 2050 年达到 96.4%。

一是农业生产的不稳定性增加，产量波动加大。气候变化对农业生产的影响最终体现在产量上。农作物产量波动不仅制约国民经济的稳定发展，也给作物生产者和消费者带来极为不利的影响。在一些热量原本充足的地区，气温升高会加快作物生长速度，缩短发育周期，减少其通过光合作用积累物质的时间，从而导致作物产量和品质下降（赵彦茜 等，2019）。研究显示，温度每增加 1 ℃，中国主要粮食作物的单产将下降约 2.6%。预计在 RCP4.5 情景下，到 2100 年中国主要粮食作物单产将会下降约 4.6%，在 RCP8.5 情景下，中国主要粮食作物的单产将会下降约 9.8%[①]。考虑水土资源、劳动力成本等制约因素之后，气候变化对未来中国主要粮食生产将带来更大威胁（解伟 等，2019）。一旦作物产量短期内出现波动，粮食价格上行压力会明显加大，整个粮食系统的稳定性将在气候变化下受到威胁，进而加剧目前易受影响地区的粮食不安全程度（见图 4-3）。同时，气候变化还将通过影响家庭和个人的经济收入，间接影响食物的获取和利用，引发营养不良和健康问题（Wheeler & Von Braun，2013）。

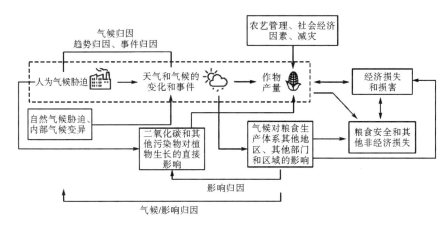

图 4-3　气候对农业粮食体系的影响以及相关归因

（资料来源：联合国粮食及农业组织《气候变化与农业生产损失的关联》，2023 年）

二是极端天气事件和气象灾害增多，加剧农业经济损失。气候变化导致气候波动性加大，极端最高和最低气温出现频率增加，干旱、洪涝和高

---

① 气候变化预估依赖气候模式和未来排放情景。RCP（典型浓度路径）是 Representative Concentration Pathway 的缩写，包括 RCP2.6、RCP4.5、RCP6.0、RCP8.5 四种情景，分别代表从低到高的温室气体排放。

温等气象灾害发生的频次和强度也随之上升，直接造成农作物损害和牲畜死亡，使农业生产蒙受经济损失。分灾种看，1961—2014 年，中国农业干旱灾害损失的范围和程度均明显增加，风险显著加大，综合损失率平均每10 年增加 0.5%。极端降水事件导致的农业洪涝成灾率为南方增强、北方减弱、总体呈上升的趋势。高温对夏玉米的影响最显著，对其他作物的影响也逐渐加重。气候变化导致干热风的频次和强度增加，发生区域扩大，对小麦灌浆和产量的危害加重（第四次气候变化国家评估报告编写编委会，2022）。根据联合国粮食及农业组织统计，2008—2018 年，全球农业部门因气候灾害造成的作物和家畜生产损失达到 2 800 亿美元。其中，大部分损失集中在最不发达国家和中低收入国家。中国农业部门因气候灾害遭受的损失超过 1 530 亿美元，占全球农业损失的 55.0%[①]。

三是由于农业生产条件改变，农业成本和投资大幅度增加。极端天气事件不仅直接造成产出损失，还会影响土地利用、资本存量、劳动力数量和效率，从而增加农业生产的边际成本，对农业经济发展带来不利影响（丁宇刚、孙祁祥，2022），主要体现在以下方面：

首先，气候变化会引发新的虫害和疾病，造成作物减产和耕地面积减少[②]。1970—2021 年，中国病虫害发生率呈现显著上升趋势。气候变化导致的病虫害发生率每年上升约 3.0%，贡献了总上升趋势的五分之一（Wang et al.，2022）。农业虫害对作物储存的侵扰加剧，加上虫害的地理分布发生变化，对农药投入和田间管理提出了更高要求。为控制虫害，农业经营者需要投入更多资金和劳动力。与此同时，温度升高和降水的增多会加速一些农药成分挥发和降解，促使农户加大农药使用量，由此推高农业投入成本。预计到 2040 年，气候变化将使中国农药使用量上升 1.1%~2.5%，到2070 年上升 2.4%~9.1%，到 2100 年上升 2.6%~18.3%（Zhang et al.，2018）。

其次，气候变化将显著影响自然植被、土壤特性和土地利用方式。全球变暖和干旱的加剧导致土壤生物的新陈代谢加速，肥力减弱，土地沙漠

---

① 联合国粮食及农业组织. 灾害和危机对农业和粮食安全的影响［EB/OL］.（2022-03-31）［2023-01-15］. https://openknowledge.fao.org/server/api/core/bitstreams/30c0d98d-1c21-48ef-b5d9-8d988e6fa6f2/content.

② 联合国. 我们都可以帮助减少粮食损失和浪费［EB/OL］.（2022-09-28）［2022-11-01］. https://www.un.org/sw/node/190442.

化和盐碱化面积扩大，水土流失现象更加严重。一些地区将更容易遭受灾难性干旱和洪水的影响（Jansson & Hofmockel, 2020）。为了提高土地生产力，不可避免地需要增加对受损土地的恢复和改造投资，同时增加灌溉需求，这将增加农业生产的投入成本（Okur & Örçen, 2020）。

最后，气候变化导致农村劳动力重新分配，对农业经济发展产生不利影响。按照库兹涅茨的观点，劳动力从农业部门向非农业部门的结构性转移是国民经济发展过程中的一个典型特征，这种转移通常伴随着生产力提高和收入水平上升（Kuznets, 1955）。然而，气候变化引发的劳动力分配变化不同于经济发展引发的劳动力分配，其主要原因是环境压力和资源匮乏。通常而言，气候变化对农业部门的不利影响大于非农业部门（Mendelsohn et al., 1994），这种不成比例的损害导致部门间劳动力的边际回报存在差距，使农村居民家庭收入减少，形成气候贫困（张辰 等，2023）。为寻求更高的收入，大量农村劳动力会转移到非农业部门，这种劳动力的重新分配不仅加剧了农业部门的劳动力短缺，也进一步加剧了农村贫困和经济不平等。预计在 RCP4.5 中期气候变化情景下，气候变化将使中国农业劳动力供应减少 4 000 万人，非农劳动力供应增加 4 410 万人（Huang et al., 2020）。

4.2 欠发达地区乡村气候贫困分布状况

4.2.1 欠发达地区界定

"欠发达"是一个具有历史性和相对性的概念，指的是发展程度低、发展不充分的状态（杨伟民，1997）。随着时代变迁，有关欠发达的内涵和评判标准在不断更新。目前，评估中国欠发地区大致有三种方法：地域划分法、单一经济划分法和综合划分法。尽管这三种方法在界定中国欠发达地区时各有侧重，但共同揭示了欠发达地区具有的一些典型特征，即相较其他地区，欠发达地区的社会经济发展潜力尚未充分发掘，公共基础设施与服务供给相对不足，经济社会发展水平整体相对落后。从地理空间分布看，中国的欠发达地区主要集中在中西部地区（见表 4-4）。

表4-4　中国发达地区和欠发达地区的划分

划分主体	划分单元	分类方法	发达地区	欠发达地区
国家（"七五"时期）	省（区、市）	地域划分法	东部地区：北京、天津、河北、上海、江苏、浙江、福建、山东、广东和海南等11个省份	中西部地区，其中：中部地区包括山西、内蒙古、吉林、黑龙江、安徽、江西、河南、湖北、湖南、广西10个省（区）；西部地区包括四川、贵州、云南、西藏、陕西、甘肃、青海、宁夏、新疆9个省（区）
胡鞍钢（1994）	省（区、市）	单一指标法（人均国内生产总值）	辽宁、广东、天津、北京、上海	贵州、安徽、广西、甘肃、河南、云南、四川、内蒙古、湖南、陕西、江西、青海、海南和吉林
杨伟民（1997）	省（区、市）	发展程度指数	北京、上海、天津、浙江、江苏、广东	四川、贵州、宁夏、新疆、青海、甘肃、云南、贵州和西藏共808个县，涵盖2000年贫困县的95%
杨晓光等（2006）	县（县级市）	单一指标法	上海、北京、天津、浙江、广东、江苏、山东、辽宁、福建	陕西、重庆、宁夏、青海、河南、湖南、江西、广西、四川、安徽、贵州、甘肃、广西、海南、云南
林勇、张宗益等（2007）	省（区、市）	综合指数法	上海、北京、天津、浙江、广东、江苏、山东、辽宁、福建	陕西、重庆、宁夏、青海、河南、湖南、江西、广西、四川、安徽、贵州、甘肃、广西、海南、云南
谷树忠、张新华等（2011）	地市州盟	综合指标法	—	137个欠发达地区，70个欠发达资源富集区

资料来源：刘上洋（2017）。

　　结合表4-4中的划分方法，本书依据《"十四五"特殊类型地区振兴发展规划》对欠发达地区的定义表述，按照2011年中共中央、国务院发布的《中国农村扶贫开发纲要（2011—2020年）》，将全国14个已经脱贫的集中连片特困地区（以下简称"原连片特困地区"）① 作为研究欠发达地区的对象区，具体范围包括：六盘山区、秦巴山区、武陵山区、乌蒙山区、滇桂黔石漠化区、滇西边境山区、大兴安岭南麓、燕山-太行山区、吕梁山区、大别山区、罗霄山区，以及已经实施特殊扶持政策的西藏、四省（四川、云南、甘肃、青海）藏族聚居区和新疆南疆三地州②。14 个原连片特困地区覆盖了全国 21 个省（区、市）、126 个地级行政区、680 个县及县级单位（简称"片区县"），面积 392 万平方千米，占全国的 40.8%，覆盖范围广、涉及人口多、贫困程度高（见表 4-5）。

表 4-5　14 个原连片特困地区划分情况③

编号	片区	涉及省（区、市）	县级单位/个
1	六盘山区	陕、甘、青、宁	61
2	秦巴山区	豫、渝、川、陕、鄂、甘	75
3	武陵山区	鄂、湘、渝、黔	64
4	乌蒙山区	川、滇、黔	38
5	滇桂黔石漠化区	滇、桂、黔	80
6	滇西边境山区	滇	56
7	大兴安岭南麓山区	蒙、吉、黑	19
8	燕山-太行山区	冀、晋、蒙	33
9	吕梁山区	晋、陕	20
10	大别山区	鄂、豫、皖	36
11	罗霄山区	赣、湘	23

---

① 脱贫地区与欠发达地区既有区别又有联系。欠发达地区是相对于发达地区、中等发达地区而言，目前大部分脱贫地区仍属于欠发达地区，其标准和范围尚无明确（参见全国人大代表魏后凯的专访，https://www.21jingji.com/article/20240308/herald/28631fe1761c72d08ced9697508abdf9.html）。本书中，如无特别说明，欠发达地区仅限于 14 个原连片特困地区。

② 2010 年，国家西部大开发工作会议正式提出"连片特困地区"概念，将六盘山区等 11 个集中连片特殊困难地区和国家已经明确实施特殊政策的西藏、四省藏族聚居区、新疆南疆三地州［新疆和田地区、喀什地区、克孜勒苏柯尔克孜自治州（以下简称"克州"）］作为中国脱贫攻坚的主战场。

③ 2011 年，按照集中连片、突出重点、全国统筹、区划完整的原则，全国共划出 11 个连片特困地区，加上已经实施特殊扶贫政策的西藏、四省藏族聚居区、新疆南疆三地州，共 14 个片区 680 个县。自 2016 年起，新疆阿克苏地区 1 市 6 县享受片区政策。新疆地区的脱贫地区由南疆三地州扩展为南疆四地州，分别是和田地区、喀什地区、克州、阿克苏地区。

表4-5（续）

编号	片区	涉及省（区、市）	县级单位/个
12	西藏	藏	74
13	四省藏族聚居区	滇、川、甘、青	77
14	新疆南疆三地州	疆	24
合计	14 个片区	21 省（区、市）	680

资料来源：国家统计局《中国农村贫困监测报告》。

需要特别说明的是，本书对欠发达地区研究范围的选取，除依据国家政策文件外，还有以下三点现实考虑：

首先，尽管全国性贫困格局基本消除，但相对贫困发生率较高的区域仍然分布于中国的中西部地区。这些区域相对贫困的空间分布集中、空间结构稳定的基本格局并未发生显著变化。尤其是脱贫后返贫风险最高的县域均分布在 14 个原连片特困地区范围内（樊杰 等，2020），是新时代巩固拓展脱贫攻坚成果的重点区域。

其次，14 个原连片特困地区大多位于生存条件恶劣、自然灾害频发区或边远的少数民族聚居区，其中一半以上属于"重点生态功能区"，基本覆盖了全国绝大部分贫困地区和深度贫困群体。这些地区是气候变化和贫困相互作用的典型气候贫困地区，既面临来自气候、生态环境和地质地貌等自然条件的严峻挑战，又肩负着生态保护、发展经济、保障民生的艰巨任务。多重压力使得这些地区的气候贫困问题尤为复杂，贫困治理难度显著增加，成为防止因气候变化致贫返贫的重点区域。

最后，14 个原连片特困地区普遍人口稀少、土地面积广大且地貌复杂，基础设施建设和维护成本高，受益面相对较小，致使其后续发展存在不少刚性约束（孙久文 等，2019），脱贫农户生计的可持续性面临较大挑战，进一步削弱了他们应对气候变化的能力，需要更加精细化和长期性的政策支持和投入，才能确保脱贫成果稳固和农户生计持续改善。

鉴于此，本书选取 14 个原连片特困地区开展分析，旨在更好地揭示气候变化对欠发达地区乡村农业生产生活和经济社会发展的具体影响，以及农户在适应气候变化过程中可能遇到的实际困难，探讨气候变化诱发中国欠发达地区乡村的气候贫困的机理，并发掘农户适应气候变化的生计发展潜能，为国家和各级地方政府在气候变化背景下制定有效的农村发展策略提供一定参考。

4.2.2　欠发达地区乡村气候贫困的区域分布

如前所述，气候贫困是气候变化和贫困相互影响叠加的结果。中国 14 个原连片特困地区与生态环境脆弱区、自然灾害高发区高度重合，面临气候变化与贫困问题的双重制约。与非连片特困地区相比，原连片特困地区气候暴露度高、敏感性强、适应能力弱（乐施会，2015），经济发展韧性相对不足（丁建军 等，2020），气候贫困的区域分布呈现出两个典型特征：

一是原连片特困地区和气候脆弱地区在地理空间上高度重叠。这一特征决定了中国气候贫困高发区域主要分布在中西部生态环境脆弱、人地关系矛盾突出的边界地区、偏远高原和交通闭塞的山地、草原、沙漠等。从地形地貌看，这些地区与青藏高原生态屏障、北方防沙带、黄土高原—川滇生态屏障和南方丘陵山地带在空间上高度重合，以山地丘陵地貌为主（周侃 等，2020）。由于人类活动和气候变化的双重压力，区域内生态系统组成结构的稳定性较差，抵抗外在干扰和维持自身稳定的能力较弱，气候变化脆弱性和灾害风险突出，人地矛盾和资源环境压力持续累积，致使贫困在很大程度上与气候和环境问题密切相关（王晓毅，2018）。已有大量研究表明，随着这些区域内各县市生态环境脆弱性增加，经济贫困程度也会相应加大（曹诗颂 等，2016；佟玉权，2003）。同时，经济贫困造成的资源匮乏和自身发展能力不足，又会反过来加剧资源过度依赖和粗放利用，致使滑坡、崩塌、泥石流等自然灾害频发，从而形成"环境-灾害-贫困"的恶性循环（程欣 等，2018；周侃、樊杰，2015）。

二是相比非特困地区，原连片特困地区在气候适应能力方面明显不足。乐施会《气候变化与精准扶贫》研究报告指出，中国原连片特困地区的气候适应能力不仅明显低于全国平均水平，而且各片区内部不同地区的气候适应能力也存在差距①。从区域层面看，形成这一现象的主要原因包括：首先，原连片特困地区大多较为偏僻，远离经济中心地区，地理位置十分不利，在交通、通信和市场通达度方面存在明显劣势，限制了资源流动和经济发展（王武林 等，2015）；其次，这些地区自然资源相对匮乏，基础设施普遍薄弱，既不利于农户提高农业产量、从事非农就业，还推高了当地农村的生产生活成本，影响居民生计安全（Wong et al.，2013）；再

①　乐施会. 气候变化与精准扶贫［EB/OL］.（2015 - 08 - 03）［2019 - 12 - 08］. https://www.oxfam.org.cn/uploads/2019/12/051504328992.pdf.

次，区域人口增加较快，加剧了资源供给压力和环境恶化程度，导致更频繁的自然灾害；最后，教育、卫生和医疗等基本公共服务供给相对不足，限制了居民获取应对气候变化的必要信息、知识和技能。

4.2.3 欠发达地区乡村气候贫困的人口分布

党的十八大以来，中国发展进入新时代，中国减贫进入脱贫攻坚历史新阶段。《中国农村贫困监测报告》的调查结果显示，按照现行农村贫困标准测算（每人每年 2 300 元，2010 年不变价），这一时期全国贫困地区①农村贫困人口从 2012 年年末的 6 039 万人减少到 2019 年年末的 362 万人，年均减少近 811 万人；2019 年年末贫困地区农村贫困人口占全国农村贫困人口的比重为 65.7%，比 2012 年年末提高 4.7 个百分点；农村贫困发生率从 2012 年年末的 23.2%下降到 2019 年的 1.4%，下降了 21.8 个百分点。

从乡村气候贫困高发的原连片特困地区看，农村贫困人口从 2012 年年末的 5 067 万人减少至 2019 年年末的 313 万人，累计减少了 4 754 万人，平均每年减少 679 万人，贫困人口减少规模占同期全国农村贫困人口减少规模的 50.9%；农村贫困发生率从 2012 年的 24.4%下降到 2019 年的 15.0%，累计下降了 9.4 个百分点。其中，农村减贫人口规模在 600 万人以上的原连片特困地区有 4 个，分别是秦巴山区减少 657 万人，滇黔桂石漠化区 649 万人，乌蒙山区 623 万人，武陵山区 622 万人；减贫规模在 300万~600 万人的原连片特困地区有 3 个，分别是大别山区 534 万人，六盘山区 487 万人，滇西边境山区 307 万人（见表 4-6）②。

表 4-6　2012—2019 年原连片特困地区农村贫困人口规模

单位：万人

片区名称	2012 年	2013 年	2014 年	2015 年	2016 年	2017 年	2018 年	2019 年
全部片区	5 067	4 141	3 518	2 875	2 182	1 540	935	313
（1）六盘山区	532	439	349	280	215	152	96	45
（2）秦巴山区	684	559	444	346	256	172	101	27

① 贫困地区包括集中连片特困地区和片区外的国家扶贫开发工作重点县，共832 个县。
② 四省藏族聚居区包括四川、云南、甘肃、青海藏族聚居区，南疆三地州包括新疆和田地区、喀什地区、克州，但在实践中扩展为南疆四地州，包括和田地区、喀什地区、克州、阿克苏地区。

表4-6（续）

片区名称	2012 年	2013 年	2014 年	2015 年	2016 年	2017 年	2018 年	2019 年
（3）武陵山区	671	543	475	379	285	188	111	49
（4）乌蒙山区	664	507	442	373	272	199	124	41
（5）滇黔桂石漠化区	685	574	488	398	312	221	140	36
（6）滇西边境山区	335	274	240	192	152	115	72	28
（7）大兴安岭南麓山区	108	85	74	59	46	35	19	4
（8）燕山-太行山区	192	165	150	122	99	71	40	11
（9）吕梁山区	87	76	67	57	47	29	16	5
（10）大别山区	566	477	392	341	252	173	99	32
（11）罗霄山区	175	149	134	102	73	49	31	9
（12）西藏	85	72	61	48	34	20	13	4
（13）四省藏族聚居区	161	117	103	88	68	51	30	10
（14）南疆四地州	122	104	99	90	73	64	42	12

注：自2017年起国家将享受片区政策的新疆阿克苏地区1市6县纳入了贫困监测范围，又称南疆四地州，下同。

资料来源：国家统计局住户调查办公室《中国农村贫困监测报告（2013—2020）》。

进一步考察贫困发生广度可知，原连片特困地区农村贫困的发生率呈现整体持续下降的趋势，从2012年的24.4%降至2019年的1.5%，体现出明显的减贫成效。在所有片区中，西藏和四省藏族聚居区州县的起始贫困发生率最高，分别为35.2%和38.6%；在同一时期内，有4个片区农村贫困发生率下降了30个百分点以上，分别是四省藏族聚居区州县下降36.8个百分点，西藏下降33.8个百分点，南疆四地州下降31.9个百分点，乌蒙山区下降31.0个百分点（见表4-7）。

表4-7 2012—2019年原连片特困地区农村贫困发生率

单位：万人

片区名称	2012 年	2013 年	2014 年	2015 年	2016 年	2017 年	2018 年	2019 年
全部片区	24.4	20.0	17.1	13.9	10.5	7.4	4.5	1.5
（1）六盘山区	28.9	24.1	19.2	16.2	12.4	8.8	5.6	2.6
（2）秦巴山区	23.1	19.5	16.4	12.3	9.1	6.1	3.6	1.0
（3）武陵山区	22.3	18.0	16.9	12.9	9.7	7.7	3.8	1.7
（4）乌蒙山区	33.0	25.2	21.5	18.5	13.5	9.9	6.2	2.0

表4-7(续)

片区名称	2012 年	2013 年	2014 年	2015 年	2016 年	2017 年	2018 年	2019 年
(5) 滇黔桂石漠化区	26.3	21.9	18.5	15.1	11.9	8.4	5.3	1.4
(6) 滇西边境山区	24.8	20.5	19.1	15.5	12.2	9.3	5.8	2.3
(7) 大兴安岭南麓山区	21.1	16.6	14.0	11.1	8.7	6.6	3.5	0.7
(8) 燕山-太行山区	20.9	17.9	16.8	13.5	11.0	7.9	4.5	1.2
(9) 吕梁山区	24.9	21.7	19.5	16.4	13.4	8.4	4.6	1.4
(10) 大别山区	18.2	15.2	12.0	10.4	7.6	5.3	3.0	1.0
(11) 罗霄山区	18.8	15.6	14.3	10.4	7.6	5.0	3.2	1.0
(12) 西藏	35.2	28.8	23.7	18.6	13.2	7.9	5.1	1.4
(13) 四省藏族聚居区	38.6	27.6	24.2	16.5	12.7	9.9	5.6	1.8
(14) 南疆四地州	33.6	20.0	18.8	15.7	12.7	9.1	5.9	1.7

数据来源：国家统计局住户调查办公室《中国农村贫困监测报告（2013—2020 年）》。

原连片特困地区农村贫困人口规模及贫困发生率的上述变化，不仅充分展现了中国农村减贫工作多年来的卓越成效，也客观地揭示了乡村气候贫困人口仍主要集聚在中西部原连片特困地区，并向深石山区、高寒地带、民族地区以及边境地区等特殊区域集中的特点（罗翔 等，2020）。应当看到，尽管 14 个原连片特困地区在 2020 年均已摆脱绝对贫困，但由于地理位置偏远和资源禀赋的劣势，大多数片区县与生态安全屏障区、生态脆弱区、资源环境敏感区高度重叠。从相对贫困视角来考量，这些地区与全国其他地区相比，在发展水平上尚存在较大差距，区域发展不平衡的短板难以在短期内补齐，仍然面临较重的发展和扶贫问题。

因此，这些地区作为 2020 年后的相对贫困和气候脆弱地区，仍须以欠发达片区为单元，持续实施倾斜性的资源投入策略（汪三贵、曾小溪，2018；叶兴庆、殷浩栋，2019）。特别是在气候变化风险持续加大的背景下，这种投入策略不仅应继续聚焦于基础设施建设、公共服务提升和产业扶持，还应更加注重提高脱贫的原连片特困地区的气候变化适应能力。通过将适应气候变化工作与粮食安全、耕地保护、农业绿色发展等现代农业建设的核心议题有机融合，增强这些欠发达地区的内生发展动力和抵御风险能力，从而确保实现长期稳定的脱贫和可持续发展。

4.3 欠发达地区乡村气候贫困农户的生计环境

受制于地理位置、自然条件、历史背景、经济水平和社会环境等多重因素，欠发达地区气候贫困农户的生计发展环境是中国自然地理中的高地和经济社会版图上的凹地。因此，有必要从自然地理环境和经济社会环境两个方面，进一步考察并厘清约束欠发达地区乡村气候贫困农户生计发展的关键因素。

4.3.1 自然地理环境

4.3.1.1 整体特征

从自然地理特征看，气候贫困农户集中分布的 14 个原连片特困地区，位于"胡焕庸线"（Hu line）沿线山地丘陵区①，地貌以山地为主，山地、丘陵、高原、台地交错分布，大致呈现三种地域类型：①东部平原山丘环境及革命根据地孤岛型贫困区，包括我国东北与朝鲜、俄罗斯、蒙古国接壤地区；冀鲁豫皖的黑龙港流域和鲁北冀东滨海地区及淮河中上游地区，主要集中在沂蒙山、大别山、井冈山、闽赣接壤山区等岛状分布的丘陵山区；②中部山地高原环境脆弱贫困带，包括胡焕庸线两侧，从中国东北延伸至西南、四川盆地和汉中盆地，呈带状分布的山地高原区；③西部沙漠、高寒山地环境恶劣贫困区，包括新疆、青海、西藏三省（区）的沙漠地区，帕米尔高原、青藏高原及云贵高原区。

在自然条件方面，气候贫困农户居住地区多为高原、山地、丘陵和沟壑等海拔高、落差大，且存在严重的沙漠化、石漠化和盐碱化问题。这些地区地势西高东低，地理条件恶劣，资源环境承载能力弱，自然灾害频发。在 14 个原连片特困地区的 680 个片区县中，有 504 个山区县和 86 个丘陵县，分别占全国山区县（896 个）和丘陵县（534 个）总数的比重为

---

① 胡焕庸线是由我国地理学家胡焕庸在 1935 年提出的划分我国人口密度的对比线，最初称"瑷珲-腾冲一线"，后因地名变迁，先后改称"爱辉-腾冲一线""黑河-腾冲一线"。该线首次揭示了中国人口分布规律。即自黑龙江瑷珲至云南腾冲画一条直线（约为 45°），该线东南半壁 36% 的土地供养了全国 96% 的人口；西北半壁 64% 的土地仅供养 4% 的人口。二者平均人口密度比为 42.6∶1。

56.3%和16.1%。山区县占片区县总数的74.1%，其中448个县属于地质灾害重点防治县，占片区县总数的65.9%。全国25个国家重点生态功能区中，有20个涉及原连片特困地区①。

从地形看，14个原连片特困地区地形复杂多样，其中缓陡坡（坡度介于15~25度）和陡坡（坡度大于25度）的面积比例分别高达20.8%和17.1%。这一地形特征显著加速了土壤退化和土地生产力下降。在海拔分布上，全部片区中海拔500米以下地区仅占国土总面积的22.01%，而海拔500米以上地区占国土总面积的77.99%，其中海拔1 000米以上的中山和高原地区占比高达53.53%（刘彦随 等，2016）。

在自然资源禀赋方面，原14个连片特困地区旱地比例大，人地矛盾突出。2010年，除西藏、四省藏族聚居区和新疆南疆三地州外的11个片区，人均耕地面积为1.44亩，其中罗霄山区、乌蒙山区和武陵山区等片区人均耕地不足1亩。此外，11个片区中旱地占耕地面积比重为73.42%，比全国平均水平高15个百分点。如果综合考虑耕地质量因素，原连片特困地区人均耕地资源规模远低于全国平均水平。

4.3.1.2 分片区气候风险及生态环境特征

表4-8揭示了14个原连片特困地区的生态环境脆弱性和复杂的气候风险特征。这些区域不仅面临恶劣的气候条件和高频的自然灾害挑战，还各自具有独特的地理环境特征②。

表4-8 中国原连片特困地区气候风险要素及区域特征

编号	片区	气候风险要素及区域特点
1	六盘山区	干旱缺水、植被稀疏、水土流失严重、地质灾害高发区
2	秦巴山区	生态环境复杂、生物多样性保护与经济发展矛盾突出、革命老区
3	武陵山区	典型喀斯特地貌、地质灾害频发、民族地区、革命老区

---

① 陆汉文. 连片特困地区区域发展与扶贫攻坚（2011—2020年）[EB/OL]. (2016-12-01) [2017-02-08]. https://yearbook.iprcc.org.cn/zggjfpzxnj/zgfp/401711.shtml.

② 自然地理特征由笔者根据11个片区《脱贫攻坚区域发展与脱贫攻坚规划（2011—2020年）》整理得到。

表4-8（续）

编号	片区	气候风险要素及区域特点
4	乌蒙山区	自然环境恶劣、自然灾害频繁、土地贫瘠、地方病高发、民族聚居、革命老区
5	滇桂黔石漠化区	典型石漠化地区、生态环境脆弱、自然灾害频发、民族地区、革命老区
6	滇西边境山区	重要生态功能区、地质灾害严重、较少民族聚居区
7	大兴安岭南麓山区	气候寒冷、地广人稀、重要生态功能区
8	燕山-太行山区	地貌破碎、生态环境脆弱、自然条件差、农牧交错分布、革命老区
9	吕梁山区	地形起伏大、土壤贫瘠、干旱和水土流失严重、重要生态功能区、革命老区
10	大别山区	水系发达、森林覆盖率低、水土流失严重、革命老区
11	罗霄山区	南方红壤区、暴雨频繁、洪涝灾害和水土流失严重、革命老区
12	西藏	地形复杂、气温偏低、日温差大、气候类型复杂、垂直变化大
13	四省藏族聚居区	遍布高山峡谷、立体气候显著、地灾多发、交通不便、重要生态功能区
14	南疆三地州	干旱少雨、自然灾害频繁、生态极其脆弱、少边穷地区

资料来源：整理自国家统计局住户调查办公室历年《中国农村贫困监测报告》。

（1）六盘山区。基本包括了中国西北主要干旱地区，人均占有水资源367.6立方米，仅为全国平均水平的16.7%，干旱、冰雹、霜冻、沙尘暴、泥石流等自然灾害频发。生态环境脆弱、恢复难度大，是中国水土流失最为严重的地区之一，区域内水土流失面积达12.9万平方千米，占总面积的77.7%，有64个县属于全国严重水土流失县。

（2）秦巴山区。气候类型多样，集革命老区、大型水库（三峡）库区和自然灾害（大型地震）频发区于一体，致贫因素极为复杂，是原连片特困区中涉及省份最多、面积最大的片区。由于大山阻隔，片区相对封闭，地形复杂，易发洪涝、干旱、山体滑坡等灾害，其是中国六大泥石流高发区之一。在汶川51个地震极重灾县和重灾县中，有20个在片区，因灾致贫返贫现象严重。片区内东部与西部之间、城市与农村之间、平坝与山区之间发展差距大，农村特别是深山、高山区发展困难，保护生物多样性与发展地区经济的矛盾比较突出。

（3）武陵山区。中国跨省交界面积最大、人口最多的少数民族聚居区，地貌呈岩溶发育状态。片区平均海拔 1 000 米，气候恶劣，旱涝灾害并存，泥石流、风灾、雨雪冰冻等灾害易发。部分地区水土流失、石漠化现象严重，人均耕地面积仅为 0.81 亩，相当于全国平均水平的 60.0%，产业结构调整受到生态环境的严重制约。

（4）乌蒙山区。典型的高原山地构造地形，降水时空分布不均。人均耕地少，适农适牧土地产出低，频发干旱、洪涝、风雹、凝冻、低温冷害、滑坡、泥石流等自然灾害。石漠化面积占国土面积 16.0%，25 度以上坡耕地占耕地总面积比重大。水土流失严重，土壤极其瘠薄，人地矛盾尖锐。

（5）滇桂黔石漠化区。14 个片区中扶贫对象最多、少数民族人口多、所辖县数最多、民族自治县最多的片区。片区属典型的高原山地构造地形，碳酸盐类岩石分布广，石漠化面积大，是世界上喀斯特地貌发育最典型的地区之一。岩溶面积为 11.1 万平方千米，占总面积的 48.7%，其中石漠化面积为 4.9 万平方千米，中度以上石漠化面积达 3.3 万平方千米，是全国石漠化问题最严重的地区，有 80 个县属于国家石漠化综合治理重点县。人均耕地面积仅为 0.99 亩。土壤贫瘠，资源环境承载力低，干旱洪涝等灾害频发。

（6）滇西边境山区。中国重要的生态功能区、少数民族主要聚居区和边境地区。区域内山高谷深，海拔相差悬殊，最高海拔 6 740 米，最低海拔 76.4 米，地质灾害严重。有 9 个县属于川滇森林生态及生物多样性生态功能区，有 2 处世界文化自然遗产、6 处国家级风景名胜区、11 个国家级自然保护区、11 个国家森林公园，与越南、老挝等多国接壤，多数边境地段无天然屏障，生态环境保护任务艰巨。水利设施薄弱，因灾返贫现象突出。

（7）大兴安岭南麓山区。其是全国 14 个集中连片特殊困难地区之一，以低山丘陵和平原为主。人均耕地面积较多，但积温不足，无霜期短，降雨量偏少，土地生产力不高，水土流失比较严重，土壤沙化退化。土地沙化面积达 20 383.7 平方千米，占区域总面积的 14.1%。耕地盐碱化面积达

8 610 平方千米，占耕地总面积的 19.1%。旱灾、风灾突出，雪灾、冰雹、霜冻、洪涝和沙尘暴等多发。

（8）燕山-太行山区。其地处中国地势第二阶梯向第一阶过渡地，承担着京津风沙源治理、三北防护林、太行山绿化、退耕还林、退牧还草、防沙治沙、湿地保护与恢复等重点生态建设任务。片区为海河、滦河重要水源涵养区，是京津地区重要水源地，有 25 个县是京津风沙源治理区，6 个县属于限制开发的国家重点生态功能区，6 处国家级自然保护区、3 处国家级风景名胜区、12 个国家森林公园、5 个国家地质公园，生态建设与环境保护任务重。

（9）吕梁山区。片区 20 个县全部为国家扶贫开发工作重点县和革命老区县，其中有 17 个黄土高原丘陵沟壑水土保持生态功能区县。片区黄土堆积深厚，土质疏松，植被稀少，降水少而集中，土壤瘠薄，水土流失面积达 27 720 平方千米，占国土面积的 76.5%。片区内 20 个县均属于全国严重水土流失县，其中 17 个县被纳入限制开发的黄土高原丘陵沟壑水土保持生态功能区，农业规模化生产受限。

（10）大别山区。其集革命老区、粮食主产区和沿淮低洼易涝区于一体，是国家新一轮扶贫开发攻坚战主战场中人口规模和密度最大的片区。片区人地矛盾突出，每平方千米有户籍人口 548 人，人均耕地和人均林地面积仅为全国平均水平的 79.6% 和 22.5%。片区洪涝与干旱等自然灾害频发且破坏性强，是我国洪涝灾害最为严重的地区之一，有 10 个淮河流域蓄滞洪区。水利基础设施不足、老化严重，河道、沟渠淤堵突出，平原地区行洪排涝和灌溉能力不足；山区水库、渠系等设施缺乏，工程性缺水突出。

（11）罗霄山区。片区大部分县属于原井冈山革命根据地和中央苏区范围，地貌类型以山地、丘陵为主，山洪、滑坡、塌方、泥石流等自然灾害多发。部分地区水土流失、石漠化潜在风险大。该区域是赣江、东江和湘江等流域重要生态安全屏障，水源涵养、水土保持和环境污染防治任务重。

（12）西藏、四省藏族聚居区、新疆南疆三地州。作为原连片特困地区已明确实施特殊政策的深度贫困地区，西藏、四省藏族聚居区、新疆南疆三地州地跨六个省级行政区，总面积约为 275.4 万平方千米，占中国陆地面积的 28.7%。其中，西藏、四省藏族聚居区地处青藏高原，自然条件艰苦，生态安全阈值幅度窄，环境人口容量低，是中国最易受气候变化不利影响的脆弱地区之一。由于海拔高，气候条件较恶劣，植被、高原冻土等高原生态系统独特的组成部分一旦被破坏很难恢复。青藏高原气候变暖的速度几乎是全球平均水平的 3 倍，泥石流、雪灾、滑坡、水土流失等灾害的发生风险和破坏程度预计还将增加（付琳 等，2017）。新疆南疆三地州则位于中国最大的内陆盆地塔里木盆地和最大的沙漠塔克拉玛干沙漠，集边境地区、民族地区、高原荒漠地区、贫困地区于一体，国土面积占新疆总面积的 27.6%，有陆地边境线 2 200 多千米，但戈壁、沙漠占据了片区 90.0% 以上的面积，平原绿洲面积仅占 9.2%，水资源极其匮乏，沙尘暴、大风、干旱、山洪等自然灾害频发，盐碱化、沙化、荒漠化严重（张安虎，2018）。

4.3.2 经济社会环境

集中连片特困地区特殊而复杂的自然地理条件，一定程度上制约了这些地区经济社会发展，使其发展速度相对落后于全国其他地区。党的十八大以来，为缩小连片特困地区与全国平均水平的差距，国家有关部委尤其是片区联系单位积极行动，陆续出台了针对连片特困地区的特殊扶持政策。各级政府不断加大对连片特困地区建设和投入力度。片区经济社会发展总体水平显著提升，贫困农户生计条件明显改善，享有的公共服务水平不断提高。本节将主要从农户基本生产生活条件、收入、消费、基础设施和公共服务四个方面，分析特困地区农户生计发展的经济社会环境，揭示其气候适应性生计能力建设的基础条件。

4.3.2.1 生产生活条件

从片区整体经济实力看，据国家统计局县（市）社会经济基本情况统计，2018 年全国 14 个连片特困地区生产总值 53 480 亿元，其中，第一产业增加值 10 879 亿元，占 20.3%，第二产业增加值 20 019 亿元，占 37.4%，第三产业增加值 22 582 亿元，占 42.3%，一、二、三产业融合发展格局初步形成。从经济增速看，2013—2018 年，连片特困地区年人均 GDP 增速为 8.6%，快于同期全国年人均 GDP 增速 0.4 个百分点（孙久文等，2019）。但从人均 GDP 的绝对数值看，连片特困地区人均地区生产总值仍远低于全国平均水平。2018 年，连片特困地区人均 GDP 为 2.2 万元，仅为全国人均 GDP 的 33.3%，与全国人均 GDP 的差距从 2014 年的 3.1 万元扩大到 4.4 万元①。

在生产生活方面，随着原连片特困地区农村基础设施建设不断提档升级，居住低质量住房的农户占比明显下降，供水设施、饮用水质量、卫生设施和清洁能源使用等生产生活配套条件全面提升。特别是党的十九大提出乡村振兴战略以来，特困地区饮用水不安全和能源贫困的问题得到了明显改善。其中，使用清洁水农户的比重从 2017 年的 41.8%上升至 2019 年的 58.2%，增加 16.4 个百分点，同期炊用柴草的农户比重从 50.3%降至 35.7%，减少 14.6 个百分点（见表 4-9）。

表 4-9 2013—2019 年原连片特困地区农户生产生活条件 单位:%

年份	居住竹草土坯房的农户比重	使用管道供水的农户比重	使用经过净化处理自来水的农户比重	独用厕所的农户比重	炊用柴草的农户比重
2013	7.5	53.6	29.3	92.0	59.6
2014	7.0	55.9	31.7	92.5	58.8
2015	6.1	61.2	34.7	93.0	55.5
2016	4.8	67.4	38.5	93.9	52.0
2017	4.4	70.5	41.8	94.1	50.3
2018	2.0	80.4	53.5	95.5	40.7
2019	1.3	90.0	58.2	96.5	35.7

资料来源：国家统计局住户调查办公室《中国农村贫困监测报告（2020）》。

4.3.2.2 收入

从整体趋势来看，原连片特困地区农村居民人均可支配收入呈现持续增长态势，由 2013 年的 5 956 元增至 2019 年的 11 443 元，七年间累计增幅达 92.1%，高于同期全国农村居民人均可支配收入增幅 22.2 个百分点。片区农村居民人均可支配收入占全国农村平均水平的比重由 2013 年的 63.2%上升到 2019 年的 71.4%，但与全国农村平均水平的绝对差距由 2013 年的 3 474 扩大到 2019 年的 4 578 元。

---

① 限于原连片特困地区人口规模数据的可得性，本书这里采用户籍人口规模作为人均 GDP 的计算基础，故与各政府部门统计公报发布的数据有出入。户籍人口及 GDP 数据均来自《中国农村贫困监测报告（2020）》，全国农村人均 GDP 数据来自中经网统计数据库（CEI）。

分片区来看，农村居民人均可支配收入累计增幅超过100%的片区包括：南疆四地州（111.0%）、四省藏族聚居区（110.8%）、乌蒙山区（104.0%）。累计增幅小于90%的片区包括：武陵山区（89.7%）、滇西边境山区（89.3%）、大别山区（85.3%）（见表4-10）。在收入水平方面，截至2019年年底，所有片区中六盘山区农村人均可支配收入最低，低于片区平均水平2 073元，仅为全国农村人均可支配收入平均水平的58.5%。相比之下，大别山区农村人均可支配收入最高，高于片区平均水平1 898元，但仍低于全国农村平均水平2 680元。这两个片区之间农村居民收入相差达到3 971元，凸显了片区农村经济发展的非平衡特征。

表4-10　2013—2019年原连片特困地区农村常住居民人均可支配收入

片区名称	人均可支配收入/元							累计增幅/%
	2013年	2014年	2015年	2016年	2017年	2018年	2019年	
六盘山区	4 930	5 616	6 371	6 915	7 593	8 429	9 370	90.1
秦巴山区	6 219	7 055	7 967	8 769	9 721	10 751	11 934	91.9
武陵山区	6 084	6 743	7 579	8 504	9 384	10 397	11 544	89.7
乌蒙山区	5 238	6 114	6 992	7 994	8 776	9 650	10 684	104.0
滇桂黔石漠化区	5 907	6 640	7 485	8 212	9 109	10 073	11 262	90.7
滇西边境山区	5 775	6 471	6 943	7 754	8 629	9 560	10 931	89.3
大兴安岭南麓山区	6 244	6 801	7 484	8 399	9 346	10 721	11 876	90.2
燕山-太行山区	5 680	6 260	7 164	7 906	8 593	9 701	10 797	90.1
吕梁山区	5 259	5 589	6 317	6 884	7 782	8 890	10 229	94.5
大别山区	7 201	8 241	9 029	9 804	10 776	11 974	13 341	85.3
罗霄山区	5 987	6 776	7 700	8 579	9 598	10 637	11 746	96.2
西藏	6 553	7 359	8 244	9 094	10 330	11 450	12 951	97.6
四省藏族聚居区	4 962	5 726	6 457	7 288	8 018	9 160	10 458	110.8
南疆四地州	5 692	6 403	7 053	7 868	9 845	10 672	12 009	111.0
全部片区	5 956	6 724	7 525	8 348	9 264	10 260	11 443	92.1
全国农村	9 430	10 489	11 422	12 363	13 432	14 617	16 021	69.9

资料来源：片区数据整理自《中国农村贫困监测报告（2013—2019年）》，全国农村数据来自国家统计局2013—2019年统计公报。

4.3.2.3　消费

在一系列精准扶贫政策推动下，连片特困地区农村居民消费能力不断增强，生活水平稳步改善。片区农村居民人均消费支出由 2013 年的 5 327 元增至 2019 年的 9 898 元，七年累计增加 4 571 元，增幅达 85.8%，高于同期全国农村居民人均消费支出增长 7.7 个百分点① （见表 4-11）。同时，其占全国农村居民人均消费支出的比重由 2013 年的 71.2% 增至 2019 年的 74.3%。

表 4-11　2013—2019 年原连片特困地区农村常住居民人均消费支出和累计增幅

片区名称	人均消费支出/元							累计增幅/%
	2013 年	2014 年	2015 年	2016 年	2017 年	2018 年	2019 年	
六盘山区	4 677	5 362	5 875	6 395	6 884	7 623	8 446	80.6
秦巴山区	5 737	6 229	7 057	7 678	8 450	9 421	10 568	84.2
武陵山区	5 701	6 353	6 994	7 832	8 721	10 192	11 079	94.3
乌蒙山区	4 718	5 298	6 077	6 795	7 659	8 053	8 987	90.5
滇桂黔石漠化区	5 186	5 788	6 508	7 284	7 730	8 712	9 657	86.2
滇西边境山区	4 547	5 131	5 848	6 385	6 706	7 844	8 936	96.5
大兴安岭南麓山区	5 191	5 958	6 373	7 208	7 492	8 396	10 096	94.5
燕山-太行山区	5 895	6 181	6 538	6 875	7 572	8 540	9 676	64.1
吕梁山区	5 537	5 315	5 800	6 178	6 637	7 528	8 401	51.7
大别山区	6 107	6 799	7 631	8 518	9 309	10 169	11 393	86.6
罗霄山区	5 510	6 140	6 909	7 642	8 470	9 087	10 123	83.7
西藏	4 102	4 822	5 580	6 070	6 691	7 452	8 418	105.2
四省藏族聚居区	4 691	5 010	5 437	6 186	6 586	8 246	9 309	98.4
南疆四地州	4 803	5 033	5 207	5 512	5 999	6 942	8 138	69.4
全部片区	5 327	5 898	6 573	7 273	7 915	8 854	9 898	85.8
全国农村	7 485	8 383	9 223	10 130	10 955	12 124	13 328	78.1

资料来源：片区数据整理自 2013—2019 年《中国农村贫困监测报告》，全国农村数据来自国家统计局 2013—2019 年统计公报。

但从消费倾向来看，14 个片区农村居民平均消费倾向整体呈下降趋势，由 2013 年的 89.4% 降至 2019 年的 86.4%；同期全国农村居民消费倾

---

① 2012 年国家统计局实施了城乡住户调查一体化改革，2013 年起连片特困地区开始使用农村居民人均消费支出。2013—2014 年老口径人均生活消费支出根据新口径人均消费支出和增速推算得出。

向则由 2013 年的 79.4% 上升至 2019 年的 83.2%，两者之间出现明显背离特征①。这一现象表明，一方面，尽管原连片特困地区农村居民收入和消费生活条件明显改善，但由于经济基础相对薄弱、生计可持续发展能力不足，居民更倾向于将新增收入用于储蓄而非消费；另一方面，在原连片特困地区农村内部，不同片区之间收入差距在逐步扩大。2019 年，仅有 5 个片区（秦巴山区、武陵山区、大兴安岭南麓山区、大别山区和罗霄山区）农村居民的人均消费支出高于片区平均水平，其余片区消费需求增长相对乏力，制约整个片区消费倾向提升。由此提示，需要采取更加有针对性的措施提升区域协调发展水平，增强片区内农户整体的增收能力，以巩固欠发达地区脱贫攻坚成果。

进一步从消费结构看，原连片特困地区农村居民人均消费支出中，生存型消费支出占比较高，而发展型和享受型消费支出占比较低（见表 4-12）。在八大类消费支出中，截至 2019 年年底，食品烟酒、衣着、居住作为基本生存型消费，仍占据片区农村居民家庭消费支出的主导地位，这三项合计在人均消费支出中的占比为 56.9%，较 2014 年下降 7.3 个百分点，显示消费结构有所优化②。但需注意的是，2019 年原连片特困地区农村居民在食品烟酒方面的支出占比（恩格尔系数）为 31.2%，略高于全国农村恩格尔系数 1.2 个百分点，距离全国居民恩格尔系数（28.2%）还有较大差距③。同时，由于基础设施和公共服务的完善程度相对落后于其他地区，原连片特困地区农村居民在相关消费项支出上表现出"一低一高"特征。具体而言，因基础设施滞后，片区农村居民在交通通信方面的人均消费支出占比为 12.2%，低于全国农村平均水平 1.6 个百分点。然而，在教育文化娱乐支出方面，尽管片区农村经济基础相对薄弱，但居民在该项上的人均消费支出仍达到 1 160 元，占消费支出的比重为 11.7%，不仅高于全国

---

① 平均消费倾向是居民将可支配收入用于消费支出的比例。本书中的数据由笔者基于《中国农村贫困监测报告（2013—2019 年）》和国家统计局 2013—2019 年统计公报数据计算得到。

② 国家统计局将居民消费支出划分为八类：食品烟酒类、衣着类、居住类、生活用品及服务类、交通和通信类、教育文化和娱乐类、医疗保健类、其他用品及服务类。八类消费支出在居民全部消费中占比的变化通常反映居民消费结构升级趋势。

③ 恩格尔系数是指食品支出占全部消费支出的比重，是反映居民生活水平的重要指标，由德国著名统计学家恩格尔于 1857 年首先提出。根据联合国粮食及农业组织提出的标准，恩格尔系数在 59% 以上为贫困，50%～59% 之间为温饱，40%～50% 之间为小康，30%～40% 之间为富裕，低于 30% 为最富裕。

农村平均水平0.6个百分点，而且与同期全国整体水平保持一致。这一现象既显示出特困地区农村家庭对教育文化娱乐的需求升级及相关投入增加，还表明其在教育方面可能承受着较重的经济负担，从而挤占了医疗保健等其他发展和享受型消费的支出。

表4-12　2019年原连片特困地区农村与全国农村消费水平和结构对比

指标	消费支出		消费构成占比	
	连片特困农村/元	全国农村/元	连片特困农村/%	全国农村/%
人均消费支出	9 898	13 328	100.0	100.0
（1）食品烟酒	3 089	3 998	31.2	30.0
（2）衣着	532	713	5.4	5.4
（3）居住	2 163	2 871	21.9	21.5
（4）生活用品及服务	579	764	5.8	5.7
（5）交通通信	1 210	1 837	12.2	13.8
（6）教育文化娱乐	1 160	1 482	11.7	11.1
（7）医疗保健	1 002	1 421	10.1	10.7
（8）其他用品和服务	163	241	1.6	1.8

资料来源：国家统计局农村贫困监测调查、全国住户收支与生活状况调查。

4.3.2.4　基础设施和公共服务

良好的基础设施和公共服务是农户应对气候贫困的必要条件。通过多年脱贫攻坚，原连片特困地区的道路通达性和通信设施得到了显著改善。与2013年相比，2019年原连片特困地区自然村通公路的农户比重增加了2.0个百分点，主干道路硬化率增加了11.0个百分点，能够方便乘坐公共汽车的农户比例提高了22.2个百分点；在通信设施方面，所在自然村通电话和接收有线电视信号的农户比重分别提高了1.9个百分点和22.2个百分点。此外，医疗卫生和子女教育等公共服务在原连片特困地区农村的覆盖广度得到全面增强。2019年，所在自然村设有卫生站的农户比重较2013年提高了12.5个百分点，上幼儿园便利的农户比重提高了19.3个百分点，所在自然村上小学便利的农户比重增加了12.8个百分点（见表4-13）。

表 4-13　2013 年和 2019 年原连片特困地区农村基础设施和公共服务状况

单位:%

基础设施和公共服务	2013 年	2019 年
所在自然村通公路的农户比重	98.0	100.0
所在自然村通电话的农户比重	98.1	100.0
所在自然村能接收有线电视信号的农户比重	76.8	99.0
所在自然村进村主干道硬化的农户比重	88.4	99.4
所在自然村能便利乘坐公共汽车的农户比重	53.5	75.7
所在自然村通宽带的农户比重	—	97.2
所在自然村垃圾能集中处理的农户比重	30.3	85.1
所在自然村有卫生站的农户比重	83.6	96.1
所在自然村上幼儿园便利的农户比重	70.8	90.1
所在自然村上小学便利的农户比重	79.5	92.3

资料来源：根据《中国农村贫困监测报告》数据整理。

　　尽管基础设施及公共服务的整体覆盖面明显提高，但在片区内部一些气候变化最为敏感的地区，这些服务的普及率仍有待进一步提升。例如，2019 年西藏、四省藏族聚居区所在自然村通宽带的农户比重分别为 78.9%和 75.2%，所在自然村能乘坐公共汽车的农户比重分别为 72.5%和 51.7%，明显低于片区平均水平。此外，尽管大部分地区的农村居民已能较为便利地获取基础医疗和教育服务，但这些资源服务的分布并不均衡。例如，2019 年吕梁山片区所在自然村，农户感知上幼儿园和小学便利的比例分别为 71.4%和 72.2%，在所有片区中比重最低。由此可见，要提升欠发达地区农户应对气候贫困的能力，还需持续加强公共服务的均衡发展，特别是着力提高偏远地区农村公共服务的覆盖率，并优化资源配置。

5 气候变化下欠发达地区乡村生计安全：基于社会脆弱性分析

在气候适应领域，无论是评估还是实际应用，对适应性的分析必然涉及脆弱性，因为适应的本质在于降低脆弱性。本章将通过对 14 个原集中连片特困地区开展基于县域尺度的社会脆弱性评估，从宏观层面把握气候变化影响下欠发达地区乡村农户生计环境的安全状况，识别可能存在的气候贫困脆弱性，为"十五五"时期中国适应气候变化的行动策略制定提供参考依据。

5.1 气候变化下县域乡村社会脆弱性分析框架

5.1.1 社会脆弱性内涵界定

如前所述，脆弱性是一个丰富的概念，最初源于传统风险评估，主要研究对象是自然灾害。早期的脆弱性研究主要通过分析自然环境因子来预测灾害发生，借以识别特定区域内易受冲击的群体。然而，随着研究的深入，人们认识到自然灾害的影响必须通过社会因素和过程来理解（Watts & Bohle，1993；White & Haas，1975）。贫穷、不公平和边缘化等经济社会因素在很大程度上影响了社会群体面对灾害时的应对和恢复能力。因此，对脆弱性的归因逐渐从单纯的自然物理因素扩展到人文社会因素（Blaikie et al.，2014；Cutter et al.，2009）。

在发展领域，脆弱性经常与贫困紧密联系，甚至被视为"贫困"和"穷人"的代名词。然而，两者本质上是不同的概念。由于脆弱性具有高度的跨学科特性，其定义丰富多样。在气候变化研究中，政府间气候变化专门委员会第五次评估报告将脆弱性定义为"易受不利影响的倾向，包含对伤害的敏感性以及缺乏适应能力"（IPCC，2014）。由此可见，气候变化情景中的脆弱性并非简单地指代缺乏或需要，而是包含两个层面的意涵：一是个体或家庭可能面临的外部风险、冲击和压力；二是内部防御能力不足，即缺乏充分的应对方法以避免破坏性损失（Cutter，2003；Turner et al.，2003；Cutter et al.，2009；Adger，2006）。由此，脆弱性可以通过一系列外部风险和防御能力的要素加以识别。

从这个角度看，脆弱性和贫困的主要区别在于事前和事后，即脆弱性可以视作对个体或家庭遭遇冲击事件前的福利评估，它反映了未来可能陷入贫困的风险；贫困则是对冲击事件之后的福利评估，它反映了当前被剥夺、缺乏资源满足需要的状态。正因为气候变化及相关灾害风险具有未来性、不利性和不确定性，在分析气候贫困问题时引入脆弱性评估尤为必要。这是因为，脆弱性分析的重点在于关注气候贫困的潜在发生，即识别出哪些人最有可能陷入气候贫困，以及他们陷入气候贫困的可能性有多大。这种分析不仅有助于提前识别气候变化扰动下的脆弱群体，还可以为政策制定者提前采取预防和缓解措施提供科学依据，从而更有效地应对气候变化带来的挑战。

社会脆弱性作为脆弱性概念的延伸和发展，强调关注社会群体对自然灾害的敏感性及其应对并从灾害中恢复的能力（Cutter & Finch，2008）。Füssel（2012）将社会脆弱性定义为个人、群体或社区在面对生计和福祉的外部压力时，缺乏应对和适应能力。这种脆弱性涵盖了生计的破坏和安全感丧失，不只限于灾害发生时的直接冲击，还包括灾后恢复过程中的长期影响（Adger，2000；Pelling et al.，2015）。本质上，社会脆弱性是社会不平等的产物，反映了人们在争夺稀缺资源以减轻、应对和从灾害中恢复时的分层条件（Boyce，2000）。由于风险嵌入社会制度、过程和政策以及难以改变的社会关系中，即使灾害发生在同一地点，不同个体或社会群体在面对气候应激源时，也可能遭受不同程度的负面影响。这是因为，当人们置身于各类气候事件中时，可能会遭遇由社会、经济和政治等外部因素带来的脆弱性，而这些因素往往超出他们的控制能力。

由此可见，社会脆弱性是一种根植于性别、阶层、文化、国籍、年龄和其他权力关系中的社会现象（Enarson et al.，2018），受多种因素影响，这些因素既有来自个体和家庭层面应对外部冲击时的物质资源匮乏，还有社会网络、社会支持、教育水平、经济地位以及政治权力等非物质因素的缺失（Gaillard et al.，2017；Martin et al.，2022）。作为一个概念，它勾勒出社会、文化、经济、政治和制度的组合过程，以及这些过程塑造气候灾害经历和恢复能力的社会经济差异。因此，社会脆弱性涵盖了个体和社区在面对气候变化和相关灾害时的整体能力，以及社会结构和制度对其脆弱性的影响。理解和分析社会脆弱性，对制定有效的减灾政策和增强社区气候韧性具有重要意义（Painter et al.，2024；Wisner et al.，2015）。

基于社会脆弱性范式来看，气候贫困现象并非完全由"自然力"引起的，极端天气事件背后的经济社会不平衡发展过程往往是气候贫困的诱因，故有必要同时探究气候灾害事件的物理影响及导致不同结果的社会条件。因为本书聚焦于人文社会因素如何在气候贫困高风险地区对农户生计产生影响、塑造其形态或削弱其韧性，所以将社会脆弱性定义为：在气候变化扰动下，社会系统（包括经济、社会、文化、基础设施等）面对气候变化直接和间接影响时，所表现出的敏感性、暴露度和适应能力不足的状态。这种状态源于经济、社会、环境、人口等因素的相互作用，导致社会系统容易受到气候变化损害，进而影响其正常运行和发展。进一步地，本书从生计安全角度将社会脆弱性定义为：个体或系统在面临经济、社会、环境风险冲击时，生计容易陷入贫困或难以摆脱贫困的可能性。这种脆弱性反映了生计对外部风险的敏感性、暴露度和适应能力的不足，源于多种经济、社会、环境因素的相互作用，致使生计系统在风险冲击下容易受到损害，影响其可持续性和稳定性。

5.1.2 县域尺度测度框架构建

自社会脆弱性概念提出以来，众多政策制定者已认识到社会因素对气候变化风险管理和灾害恢复的重要作用，从而致力于探索将其融入规划工作的有效途径（Cutter，2003；Otto et al.，2017）。在这一进程中，社会脆弱性指数（social vulnerability index，SoVI）作为最常用的量化工具之一（Schellnhuber et al.，2013），通过数据量化不同人群和地区的脆弱性，逐渐成为广泛应用和认可的方式。然而，由于脆弱性具有时空差异性和动态变化性，人们至今仍难以找到能准确反映脆弱性动态变化的通行评价指标（Birkmann，2006；Füssel & Klein，2006；Smit & Pilifosova，2003）。正因为如此，社会脆弱性的评估框架及在实践中的应用特别强调，必须结合研究目的和具体情况进行设计，以确保评估结果的参考价值（Cutter，2024；Fekete，2019）。

鉴于有力的生计适应行动必须基于对脆弱性成因的深入理解，本书借鉴 Ribot（2017）和 Watts、Bohle（1993）的思想，侧重从"环境-社会"界面互动角度构建社会脆弱性指数（SoVI），以探寻气候变化扰动下中国欠发达地区乡村农户生计所处经济社会环境的安全程度。考虑到社会脆弱性客体包含国家、城市、社区、农户等多个层次，为更好地识别气候变化扰动下驱动社会脆弱性的人文社会因素，本书首先将分析尺度聚焦于县域尺度，其原因如下：

首先，乡村本身是一个复杂的巨系统，其发展过程、格局和空间形态均呈现多样化的特征。尤其在广袤的乡土中国，乡村发展水平差异是资源禀赋、功能定位、区位条件、政策文化等因子交互作用的综合体现（周扬等，2019）。尽管国内已有不少研究尝试将社会脆弱性指数评估应用于多种灾害情景和特定地点（何艳冰 等，2016；黄晓军 等，2020；张倩，2011），但基于县域乡村的评估总体较为匮乏，一定程度限制了对气候变化扰动下中国乡村社会脆弱性程度及其分异特征的总体把握。

其次，县域作为中国乡村社会的基本单元，由各种村落、乡镇和城镇等子体系构成。从国家层面看，中国的气候贫困体现为以县为单元的区域性整体贫困。因此，县域既是最具挑战性的社会治理单元，又是筑牢生态屏障、实现共同富裕目标的重要实践场域，在应对气候变化和城乡融合发展中起着关键作用。基于县域尺度的评估，有助于丰富对乡村社会脆弱性水平分布状况的理解，为国家适应气候变化的政策干预提供优先次序参考。

最后，从脆弱性角度看，贫困是家庭面临的最极端经济风险，多由金融风险和背景风险诱发（何兴强、史卫，2014；臧旭恒、项泽兵，2023）。其中，金融风险（如收支、债务、投资的不确定性）是家庭可以通过资产组合的优化来分散的风险，背景风险（如健康、教育、就业等领域改革的不确定性）则属于外生且独立分布的风险，家庭难以分散（Baptista，2008）。基于对背景风险识别和测度的社会脆弱性评估，有利于识别气候变化扰动下农户生计环境面临的致贫返贫因子。

综上可见，有必要基于县域层面展开分析，从宏观角度初步把握中国欠发达地区乡村气候贫困风险下社会脆弱性的基本特征。进一步地，本章以 IPCC 脆弱性评估框架为理论基础，将社会脆弱性视为暴露度（exposure）、敏感性（sensitivity）和适应能力（adaptive capacity）的函数，侧重从经济社会视角展开社会脆弱性评估。下面就评估框架中三个维度的内涵界定如下：

5.1.2.1 暴露度

暴露度是人口、生计、环境、基础设施等对气候变化及其引发的自然灾害的暴露程度，代表了气候背景条件及系统在这种背景条件下运行和遭受刺激的变化。它体现了气候因素给脆弱群体带来的压力、影响程度及影响持续时间。暴露的种类多样，包括干旱与洪灾、气候变化带来的升温与海平面升高、水污染、土地利用变化等。暴露的程度深浅与经济社会发展方式和发展水平密切相关，如在洪漫地带建房、大量移居到沿海三角地带人口密集的城市、破坏对风暴有缓冲作用的树林和湿地、建筑规划不合理、土地过度开发利用等行为，都会加大暴露水平。

5.1.2.2 敏感性

敏感性是个体、社区或组织对气候变化影响或扰动的响应程度，这种敏感性可能有利，也可能不利，它反映了系统对气候影响的响应能力以及气候变化以当前形势影响系统的程度。因此，一个敏感的系统对气候变化有很高的响应能力，即使很小的气候变化都可能受到严重影响。例如，患有重大疾病的人、年幼的儿童、缺乏劳动技能的妇女、处于相对贫困的家庭等都是气候变化的高敏感人群。需要说明的是，一个系统可能高度暴露在气候风险中或者对气候变化高度敏感，但这并不代表系统一定很脆弱，因为暴露和敏感并不能体现系统适应气候变化的能力。如果个体或系统对暴露于某种风险不具备敏感性，只代表其不受风险影响或风险对其不重要。

5.1.2.3 适应能力

适应能力是个体、社区或组织面对实际发生或预期发生的风险时，能处理和应对风险影响的能力。适应能力不仅包括个人和家庭合作的能力，还包括与邻居、社区领导人合作的能力，以及利益相关方在决策中的参与能力。例如，当社区位于气候变化冲突地带，或者被强迫搬迁时，其适应性能力可能会受到极大挑战。因为适应能力通常依赖于获取贷款、医疗、农业服务等资源对威胁和暴露做出回应，所以它被视为行为、资源和技术的调整，而这些调整往往受到经济社会因素的相互影响。比如，教育、经济资源有助于获得培训机会，提高气候变化适应能力，而贫困会制约资源禀赋，导致低下的气候适应能力。适应能力越强，系统能够调整的灵活性就越强，气候变化带来的脆弱性就越弱。

上述三个核心维度中，暴露度、敏感性和适应能力共同决定了特定群体或社区在气候风险中的社会脆弱性。其中，暴露度和敏感度描述了气候变化对特定群体和社区产生的潜在影响，但经济社会系统最终的社会脆弱性取决于对特定群体和社区如何通过适应和调节，减少风险暴露水平和风险敏感度，所以脆弱性是暴露度、敏感度和适应能力的函数。但是，社会脆弱性是一个动态的概念，会随风险的暴露度、敏感度和适应能力因素的变化而变，也会随时空和气候风险刺激的类型而变。

5.1.3　指标体系

对社会脆弱性理解的多元化，使得不同研究在构建社会脆弱性评价指标体系时存在较大差异（黄晓军 等，2014）。基于前文社会脆弱性的内涵界定基础上，本书借鉴已有研究成果（Cutter et al.，2012；贺帅 等，2015；黄晓军 等，2020；李花 等，2021），遵循科学性、综合性、可比性、可获得性原则，从暴露度、敏感性、适应能力三个维度出发，构建了包含 17 个指标的欠发达地区县域乡村社会脆弱性评估指标体系，如表 5-1 所示。

具体而言，风险暴露度涵盖自然资源、人口、基础设施等 4 个维度，用于量化农户面临气候风险的直接影响；敏感性包含土地利用、生态环境、贫困程度等 5 个维度，用以评估农户生计对气候变化的响应程度；适应能力包含财政资金、应急医疗救援、应急知识传播等 8 个维度，用以衡量特定系统应对气候变化潜在危害或从气候冲击中调节恢复的能力。此外，所有指标根据对社会脆弱性的影响效应，分为正向指标和负向指标。其中正向指标（+）代表增加社会脆弱性的因素，负向指标（-）代表缓解社会脆弱性的因素。

表 5-1　欠发达地区县域乡村社会脆弱性评价指标

目标层	准则层	指标层	指标属性
暴露度	自然因子	人均耕地面积（亩）	–
		平均海拔（米）	+
	社会因子	人口密度（人·平方千米）	+
		交通密度（公里·每百平方千米）	+
敏感性	生态系统	农作物播种面积（千公顷）	–
		森林覆盖率（%）	–
	社会系统	农村最低保障人数（人）	+
		女性占比（%）	+
		少数民族人口占比（%）	+
适应能力	区域适应	人均 GDP（元·人）	–
		农林牧渔业总产值（亿元）	–
		全社会固定资产投资（万元）	–
		公共财政支出（亿元）	–
		固定电话用户数（户）	–
		医疗机构床位数（张）	–
	个体适应	农村居民人均可支配收入（元）	–
		农村居民储蓄水平（元）	–

5.2　研究区域、数据与方法

5.2.1　研究区域

以严重气象事件对贫困地区及其人群造成的经济社会损失来衡量社会脆弱性，显然是最直接有效的方法。然而，这种方法更适用于城市化程度高、灾害损失报告准确的地区。在中国农村地区，气候变化影响千差万别，气候因素与贫困因素相互交织的现实使评估乡村社会脆弱性极具挑战性。如前文所述，尽管以原集中连片特困地区为代表的欠发达地区农村，成功摆脱了绝对贫困并取得了巨大的经济社会进步，但这些地区与国内其他地区仍存在较大发展差距，依然是相对贫困的集中区域和气候变化相关灾害风险的高发地带。同时，中国农村贫困人口主要分布在原国家级贫困县，这些地区是扶贫政策主要瞄准的地区（徐舒 等，2020）。在极端天气事件频发、经济增长和城镇化加速推进的背景下，这些地区受气候变化及气候灾害冲击而致贫返贫的风险不容忽视，是新时代应对气候贫困的关键区域。

因此，本章以"乡头城尾"的县域为研究尺度，基于数据可得性，选取原11个集中连片特困地区386个贫困县作为社会脆弱性的分析样本。这些样本县具有明显的气候多样性，覆盖了从湿润到干旱，从温带到亚热带等多种气候类型，囊括了国家级贫困县、民族地区县、陆地边境县、沙漠化县、较少民族聚居村所在县，是分析气候变化与贫困叠加影响的典型区域，有助于全面了解气候变化扰动下中国县域乡村的社会脆弱性。

5.2.2 数据来源

本章数据来源主要分为两个部分：一是地理数据。其中海拔源于30米精度高程DEM（Digital Elevation Mode）数据，该数据由美国国家航空航天局（NASA）和日本经济产业省（METI）联合发布，为本书提供了高精度的地形信息支持。二是经济社会统计数据。收集整理了原连片特困地区386个贫困县的相关经济社会指标数据。数据涵盖了2017年《中国县域统计年鉴（县市卷）》、2015—2019年各县（区、市）的统计年鉴、统计公报和政府工作报告。此外，还参考了国家统计局第七次全国人口普查数据以及2010—2022年《中国农村贫困监测报告》。

需要特别指出的是，由于原连片特困地区各县（市、区）的统计情况存在差异，尤其是"三区三州"原深度贫困地区的县域数据缺失较多，限制了对所有县域进行全面的社会脆弱性测算。因此，本书的范围仅限于除"三区三州"之外的原11个连片特困地区①。对于缺失数据，采用了均值插补法或通过相近年份数据进行插值，并参考邻近县域的均值进行填补。虽然样本县初步测算结果可能因数据缺失存在一定偏差，但这些结果仍能大致反映各片区县社会脆弱性的基本特征，为欠发达地区分层、分类采取针对性的气候适应行动提供一定参考。

---

① 本章是项目第一阶段研究工作，于2018年之前展开。为确保研究的连续性和时效性，笔者后续对数据缺失地区在2018年后陆续开展了微观调查研究，具体情况请见后续章节。

5. 2. 3　研究方法

为确保评价结果更加客观，本章采用最常用的综合指数法方法来评估社会脆弱性。该方法的优点是便于对不同地区、不同时间段及特定人群的脆弱程度进行比较，从而揭示社会脆弱性的空间分布情况。综合指数法的思路是在确定一套合理的指标体系基础上，将一组性质和计量单位不同的指标进行无量纲化处理并对各指标权重赋值，最后计算出综合指数值，用以综合评价的一种方法。当然，综合指数只能部分反映特定时间和空间的社会脆弱性表现，不能完全说明社会脆弱性的形成机理及未来变化。为此，本书将通过田野问卷调查来弥补该方法的不足，相关分析在后文中呈现。下面就社会脆弱性指数（SoVI）及相关数据处理方法进行。

首先，采用熵值 TOPSIS 法确定评价指标的权重。然后，按照线性加权方法，测算 11 个片区县乡村社会脆弱性综合水平。熵值法是一种客观的指标赋权方法，其优点是根据指标的变异性来确定客观权重，避免了人为因素造成偏差。具体计算步骤和公式如下：

第一步，对原始数据进行标准化处理，将各个指标的值转化到区间 [0，1]，达到量纲一致性。考虑到指标正负向对社会脆弱性的影响作用的不同，这里采用极差标准化法（min-max scaling）对原始数据进行处理，将增加社会脆弱性的采用正向指标处理，减小脆弱性的采用逆向指标处理。

对于正向指标，标准化处理公式为

$$X'_{ij} = \frac{x_{ij} - \min\,(x_j)}{\max\,(x_j)\,-\min\,(x_j)} \quad (i=1,\ 2,\ \cdots,\ n;\ j=1,\ 2,\ \cdots,\ m;) \quad (5-1)$$

对于负向指标，标准化处理公式为

$$X'_{ij} = \frac{\max\,(x_j)\,-x_{ij}}{\min\,(x_j)\,-\max\,(x_j)} \quad (i=1,\ 2,\ \cdots,\ n;\ j=1,\ 2,\ \cdots,\ m;) \quad (5-2)$$

式中，i 代表第 i 个县，j 代表第 j 个具体评价指标，x_{ij} 表示第 i 个县的第 j 个指标值。X'_{ij} 代表 x_{ij} 经过标准化处理后的值，取值范围为 0~1。其中，值越接近于 0，代表越不脆弱；值越接近于 1，代表越脆弱。

第二步，在完成上述标准化处理后，根据式（5-3）将每个指标转换为一个离散概率分布。计算该概率分布的熵值，可以评估指标的离散程度。指标离散程度越大，其熵值越小，相应的权重也越大，表明该指标对综合评价的贡献更为显著。

$$E_j = -k \sum_{i=1}^{n} P_{ij}\ln(P_{ij}) \qquad (5\text{-}3)$$

其中，p_{ij} 为第 j 个指标在第 i 个样本中的标准化值占该指标总和的比例，k 为常数，通常取 $k = \dfrac{1}{\ln n}$。

第三步，根据计算得到的熵值，进一步确定各指标的权重。权重计算公式如下：

$$w_j = \frac{1 - E_j}{\displaystyle\sum_{j=1}^{m}(1 - E_j)} \qquad (5\text{-}4)$$

其中，w_j 表示第 j 个指标的权重，m 为指标总数，E_j 为第 j 个指标的熵值。基于熵值法计算，各维度权重由高到低依次为：敏感性（0.493）、暴露度（0.382）和适应能力（0.125）。

第四步，在完成指标无量纲化处理和确定指标权重后，计算第 i 个样本的社会脆弱性水平（SoVI_i），并加总得到社会脆弱性总指数。

$$\text{SoVI}_i = \sum_{j=1}^{m} w_j\, p_{ij} \qquad (5\text{-}5)$$

5.3 欠发达地区县域乡村社会脆弱性测度

5.3.1 综合指数特征

社会脆弱性综合指数测度结果显示，11 个原连片特困地区县域乡村社会脆弱性水平介于 0.14~0.36 的综合指数，不同片区县社会脆弱性水平存在差异（见图 5-1）。按照等距原则，大致可以将社会脆弱性程度划分为高、中、低三个层次：高脆弱度（综合指数>0.30）、中脆弱度（综合指数>0.20~≤0.30）、低脆弱度（综合指数≤0.20）。

第一个层次属于社会脆弱性相对高的地区，主要集中在滇桂黔石漠化区、滇西边境山区、武陵山区和乌蒙山区。造成这些片区县社会脆弱性水平较高的原因是多方面的，既有自然地理条件和历史因素，也有现实原因。从自然条件看，这些片区县大多自然条件较为恶劣，地理位置偏远，自然灾害频发，资源匮乏，农户仅能依靠传统农业生产收入维持生计。实施基础设施和基本公共服务的难度远大于全国其他地区，导致经济社会事业发展相对滞后，交通和信息流通不畅。从现实因素看，许多片区县产业基础薄弱、条件不足、项目缺乏，第二、第三产业发展比较滞后，农户很难通过非农产业获得经济收益。即使有产业项目，也存在产业结构单一，对农户的致富增收拉动作用有限，导致其应对气候变化和相关灾害风险的能力明显不足。例如，乌蒙山区横跨云南、贵州、四川三省，全国贫困人口规模最大、贫困发生率最高的县均在这个片区，片区山高坡陡，水土流失严重，资源型缺水、工程性缺水问题十分突出。滇黔桂石漠化区、滇西边境山区和武陵山区同属民族聚居区，低收入农户主要居住在地理位置偏远地区，人均耕地较少、土壤条件差，人多地少的矛盾十分突出，乡村基础设施薄弱，农业机械化普及程度不高，农业生产抗灾害能力较弱。

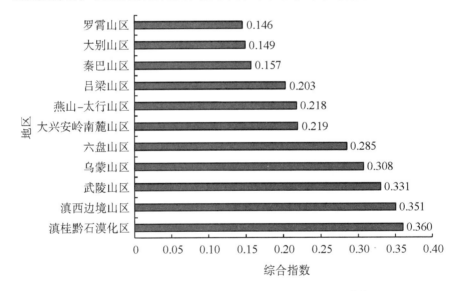

图 5-1 原连片特困地区县域乡村社会脆弱性综合指数

第二个层次属于中等脆弱性水平地区，主要包括吕梁山区、燕山-太行山区、大兴安岭南麓山区和六盘山区。这四个北方片区县的社会脆弱性主要源于农户生产的投入回报率低，产业结构单一，以及对传统种植业或农牧业的过度依赖。这些地区农业生产方式相对落后，生产效率较低，科技含量不高，导致农户收入有限，无法通过多元化的生计手段有效分散气候灾害风险。其中，吕梁山区和六盘山区水资源匮乏，产业发展乏力。吕梁片区原 13 个贫困县中，贫困村占一半以上，95% 以上的农户以种地为生，且种植业以粮食为主。大兴安岭南麓山区草场盐碱化程度高，直接影响了畜牧业的发展。此外，该片区人口结构老化，劳动力生产观念保守，主要依赖政府的救济与扶持；燕山－太行山区紧邻京津特大城市，因生态保护政策压力及虹吸效应，产业和经济结构调整缓慢，经济发展后劲不足。武陵山区少数民族人口比重高，基础设施相对滞后，耕地以零碎分布的坡地为主，农业机械化难以普及，人地矛盾突出。单一的产业结构难以抵御水旱两大灾害，限制了当地经济发展潜力和农户生计的气候适应能力。

第三个层次属于脆弱性水平相对较低地区，主要包括秦巴山区、罗霄山区和大别山区。这些地区经济发展的基础条件相对好于其他片区，社会脆弱性的原因主要在于人力资本和技术水平不足，对自然资源的利用能力不强。在这些片区县中，农村青壮年劳动力大量外流，村中老妇幼居多，农村土地抛荒严重。此外，村民受教育程度普遍偏低，能够获得的针对性技能培训不足，加剧了人力资本的不足。同时，这些地区生态环境退化严重，地质灾害频发，农业基础设施建设不足，难以有效抵御气候灾害冲击。

5.3.2　分项指数特征

由表 5-2 可以看出，11 个原连片特困地区乡村在暴露度、敏感度和适应能力三个维度上显示出明显的区域差异：首先，暴露度反映了各地区面临的气候变化风险强度。研究结果显示，滇西边境山区（0.065）、六盘山区（0.066）和乌蒙山区（0.066）暴露度指数较高，表明这些地区面临较大的气候变化风险，而大兴安岭南麓山区地广人稀，暴露度指数（0.019）较低，显示出相对较低的气候风险。其次，敏感性衡量了各地区在面对气候变化时的响应程度，反映出气候变化对社会、经济和生态系统的影响。在所有片区县中，滇桂黔石漠化区（0.236）和武陵山区（0.210）的敏感性最高，可能与这些地区主要农业生产条件差、社会系统负担较重有关，而罗霄山区的敏感度最低（0.036）。最后，适应能力侧重从宏观角度反映了各地区主动适应气候变化的能力建设情况，涉及资金、基础设施、社会保障等关键要素。其中，吕梁山区、六盘山区、滇西边境山区和滇桂黔石漠化区的适应能力指数值较高，这可能得益于精准扶贫期间国家对深度贫困地区的大力支持和大量气候适应性资源投入。

表 5-2　原连片特困地区县域乡村社会脆弱性分项指数

片区	暴露度	敏感性	适应能力
六盘山区	0.066	0.129	0.090
秦巴山区	0.043	0.039	0.075
武陵山区	0.046	0.210	0.074
乌蒙山区	0.066	0.159	0.083
滇桂黔石漠化区	0.039	0.236	0.087
滇西边境山区	0.065	0.197	0.089
大兴安岭南麓山区	0.019	0.111	0.081
燕山-太行山区	0.050	0.088	0.084
吕梁山区	0.043	0.063	0.097
大别山区	0.038	0.052	0.060
罗霄山区	0.032	0.036	0.077

数据来源：笔者测算。

综上可见，各片区在社会脆弱性的三个维度上表现出明显的分化特征，表明在应对气候变化和减缓社会脆弱性时，需要根据各地区具体情况因地制宜地制定差异化的生计适应策略。各维度的具体特征将在后续章节中展开分析。

5.4　欠发达地区县域乡村气候暴露度分析

欠发达地区县域乡村暴露在气候风险中的因子来源多样，但从气候脆弱性的成因来看，这些因子大致可分为自然因子和人为因子两大类。其中，自然因子由地理、气候、地形等自然特征决定，人为因子则由人类活动和社会经济结构决定。参考已有研究（Diffenbaugh et al., 2007; Winsemius et al., 2018）并结合数据可得性，本书选取人均耕地面积、海拔作为自然因子，选取人口密度和交通密度作为人为因子，分别对欠发达地区县域乡村暴露于气候灾害风险的程度进行初步考察。

5.4.1 自然因子暴露度

5.4.1.1 海拔

海拔作为自然条件中至关重要的地形因子，对一个地区的气候变化暴露度具有深远影响。海拔不仅决定了气温、水分和光照等农业生产的关键条件，还对区域的交通便捷性、市场接入、居民的膳食营养以及健康状况产生多重影响，进而影响气候贫困的发生率。

总体来看，原连片特困地区地势呈现"西高东低"的特点，海拔自东向西逐渐升高，海拔大致分为四个梯度：第一梯度包括位于青藏高原的四省藏族聚居区、西藏；第二梯度主要包括以中山、低山为主的六盘山区、滇西边境山区和乌蒙山区，样本县平均海拔约1 900米；第三梯度则以低山、丘陵为主，包含吕梁山区、燕山-太行山区、秦巴山区、滇桂黔石漠化区、武陵山区，样本县平均海拔约1 000米；第四梯队则包括大兴安岭南麓、罗霄山区、大别山区和南疆三地州，前三个片区样本县海拔在400米以下（见图5-2）。此外，即使在同一片区内，不同县海拔跨度也很大，有些县海拔落差甚至达到上千米。以南疆三地州的贫困县洛浦县为例，该县地形南高北低，呈条状分布，拥有四个地貌单元：①南部中山带，海拔在3 300米以上；②山腰起伏带，海拔1 500~3 300米；③山前冲积扇和冲积平原，海拔1 200~1 500米；④北部沙漠区，海拔1 200米以下。

海拔跨度大不仅增加了环境敏感性，导致农业生产不稳定，还使混合灾害的发生更频繁，进一步加剧了气候贫困人群的暴露度和脆弱性。在高海拔地区，气候条件恶劣、耕地贫瘠且机械化农业难以推广，这些因素共同导致农业生产力低下，农户难以获得足够收入，增加了气候贫困发生风险。此外，随着海拔增高，基础设施建设难度也相应增加，交通不便和公共服务不足进一步限制了多样化经济活动的发展，增加了农户的生计难度，导致农户生计方式单一，难以获取市场信息和技术资源，并通过非农产业分散气候变化带来的风险。此外，高海拔地区农户的膳食结构相对单一，在缺氧环境影响下更容易遭受健康问题，劳动生产率低，健康支出高，加剧了贫困脆弱性。

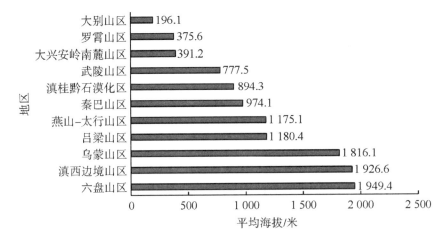

图 5-2　2016 年部分连片特困地区县平均海拔

（数据来源：笔者根据高程数据测算得到）

5.4.1.2　耕地

在气候变化背景下，耕地资源充足能更好地保障粮食生产和生计稳定，还能通过多样化收入、灵活的土地管理和更强的社会资本来增强农户适应气候变化的能力。由此，耕地资源充足是农户抵御气候变化风险、维持经济生活稳定的重要基础。

中国是一个典型的"大国小农"国家，虽然陆地总面积约 960 万平方千米，位居世界第三，占全球陆地总面积的 1/15，但人均耕地资源相对稀少，区域分布极不均衡。第三次全国农业普查的数据显示，全国小农户数量约有 2.03 亿，占各类农业经营户总数的 98.1%，经营耕地面积约占耕地总面积的 70%，其中户均耕地 10 亩以下的农户数约占农户总数的 85.2%。从耕地资源分布情况看，各片区县耕地与所在地区资源禀赋、经济社会发展水平、人口分布及城镇化进程等因素相关，表现出较强空间集聚性。分片区看，由于大兴安岭南麓山区、燕山-太行山区和大别山区样本县大多位于东北和华北地区，这些地区所在的黑龙江、吉林、内蒙古、河南等省（自治区）先天耕地资源丰度高，区域土地资源禀赋优越。笔者初步测算，这三个片区样本县耕地面积分别为 214 100 公顷、73 900 公顷和 77 100 公顷（见表 5-3）。相比之下，秦巴山区、武陵山区和罗霄山区样本县主要分布在陕西、重庆、贵州、湖南，耕地资源禀赋明显不及东北和华北地区。

表 5-3 2016 年连片特困地区样本县耕地情况

原连片特困地区	耕地面积/公顷	人均耕地面积/亩
六盘山区	60 700	2.8
秦巴山区	31 700	1.6
武陵山区	41 300	1.6
乌蒙山区	64 400	2.3
滇桂黔石漠化区	34 500	1.9
滇西边境山区	27 300	2.2
大兴安岭南麓山区	214 100	10.2
燕山-太行山区	73 900	3.8
吕梁山区	40 000	3.9
大别山区	77 100	1.7
罗霄山区	35 000	1.1

注：人均耕地面积按常住人口计算，户籍人口计算结果低于常住人口。

资料来源：根据各片区县（市、区）统计年鉴和统计公报数据整理得到，如无特别说明，以下同。

进一步考察人均耕地面积可以发现，原连片特困地区大多属于生态功能区或生态脆弱区，人均耕地资源普遍有限。随着经济社会快速发展，片区内人地矛盾进一步凸显。在所有片区县中，大兴安岭南麓山区人均耕地面积最多，其次是吕梁山区和燕山-太行山区，这些县域位于"胡焕庸线"西北半部，人口密度较低，并且近年来人口持续外流。笔者初步测算显示，大兴安岭南麓山区样本县人均耕地面积达到 10.2 亩，明显高于全国及其他片区平均水平[1]，但积温不足，无霜期短，降雨量偏少，土地生产力不高。罗霄山区、大别山区、秦巴山区和武陵山区样本县则多分布于"胡焕庸线"西南半壁，靠近东部和东南沿海地区，城镇化进程快于西北半壁省区，人口密度较高，人均耕地少，耕地后备资源不足，限制了农业经济的多样化和增收空间。

5.4.1.3 农业受灾情况

农业是受气候变化影响最敏感和脆弱的领域之一，也是国民经济的关键组成部分。新中国成立至今，中国以世界 7% 的耕地养活了全球 20% 的人口，农业生产一直承受着巨大压力。同时，由于中国地处地球环境变化

---

① 2016 年全国人均耕地面积为 1.47 亩，2019 年年底全国人均耕地面积只有 1.36 亩，不足世界平均水平的 40%。

速率最大的季风气候区，年际的天气和气候条件变化大，且地形复杂多样，极端天气事件的发生率远高于其他国家。特别是在过去的十年里，受全球气候变暖影响，中国极端天气事件发生的频率和强度显著上升，进一步恶化了农业生产的基础条件，对农村经济社会发展带来前所未有的挑战。

近十年来，中国每年农作物因干旱、洪涝等受灾 3.3 亿亩，因灾损失粮食产量 600 亿斤左右（刘布春 等，2024）。虽然气候灾害导致的农业受灾面积每年都在波动，各片区受自然灾害的影响却存在明显差异。例如，在原连片特困地区样本县中，大兴安岭南麓山区人均耕地面积相对较大，但长期受风沙侵蚀，土地沙化问题严重，耕地质量明显下降，导致农业受灾面积明显高于其他片区。吕梁山区海拔多在 800 米以下，地形以丘陵和山丘为主，虽然农业耕种基础条件好于其他片区，但农业基础设施薄弱，抵御自然灾害能力弱，农业受灾形势也不容乐观。此外，未纳入本次社会脆弱性计算的"三区三州"地区，西藏和四省藏族聚居区同属高原地区，宜农耕地较少，农业生产是以牧草地为主的畜牧业，经常遭受雪灾、干旱、大风、雷电、冰雹和洪涝等气象灾害。南疆三地州所在的新疆境内，山地面积约占全疆面积的 50%，沙漠和戈壁约占 22%，平地面积仅占 28%。南疆三地州处于塔里木盆地周围，紧靠塔克拉玛干大沙漠，贫困县与沙化县高度重合。一些城镇村落位于沙漠内部，片区内气候干旱，植被稀少，风沙频繁，水资源匮乏，土壤盐碱化程度高，春旱、夏洪、风沙等自然灾害交替发生，加剧了农业生产的不稳定性。

5.4.2 人为因子暴露度

人口密度和交通密度是评估气候变化风险暴露度的重要指标。高人口密度意味着在气候灾害发生时，更多的人口和社区将直接暴露于灾害风险之中，从而增加社会脆弱性。同时，人口稠密地区往往面临更高的人员伤亡率和经济损失，基础设施损毁的范围也更广泛。此外，交通密度反映了区域内交通基础设施的集中程度和通达性。高交通密度地区互联互通情况更好，一定程度上可以增强区域应对极端天气事件和从灾害中恢复的能力。但高交通密度意味着更高的暴露度，在极端天气事件中受灾范围可能更广泛，交通网络中断对社会经济活动的冲击也更严重。

从人口密度看，原连片特困地区人口分布整体呈现东密西疏的基本格局，人口仍集中在平原和丘陵地区片区县。原 11 个连片特困地区中，人口密度最高的是大别山区，其次较高的是罗霄山区、乌蒙山区和武陵山区，这些片区县人均耕地面积少，人地关系较为紧张。同时，在各片区内部，人口密度差异也较大。例如，2020 年大别山区的柘城县人口密度达 767.7 人/平方千米，而安徽岳西县人口密度为 136.7 人/平方千米。此外，滇西边境山区和吕梁山区人口密度相对较低，每平方千米分别为 92.5 人和 92.9 人。由此可见，原连片特困地区中，大别山区人口密度最高，而四省藏族聚居区则最低。

从交通密度看，原连片特困地区交通基础条件持续改善，所有片区中大别山区交通网络最为完善。该片区跨越安徽、河南、湖北三省 36 个县（市），辖区包括 27 个革命老区县和 23 个国家粮食生产核心区重点县。京九、京广、大广、济广、京港澳高速公路等南北大动脉纵贯片区，片区县交通密度位居 11 个片区首位。大兴安岭南麓山区由于地广人稀，交通密度最小。吕梁山区、滇桂黔石漠化区和六盘山区交通密度均低于 100 千米/百平方千米，交通互联互动有待进一步提升（见表 5-4）。

表 5-4　2016 年原连片特困地区人口密度和交通密度

原连片贫困地区	人口密度 /（人·平方千米）	交通密度 /（千米·百平方千米）
六盘山区	159.3	82.0
秦巴山区	147.0	106.2
武陵山区	155.9	126.1
乌蒙山区	169.7	106.7
滇桂黔石漠化区	133.1	79.9
滇西边境山区	92.5	125.6
大兴安岭南麓山区	68.9	40.4
燕山-太行山区	130.8	86.7
吕梁山区	92.9	82.0
大别山区	436.7	138.3
罗霄山区	204.6	136.1

5.5　欠发达地区县域乡村气候敏感性分析

敏感性反映了某个系统对其内部或外部因素变化的响应程度。这种响应通常通过对自然–社会–经济复合系统的影响来体现。农村地区的气候敏感性体现在农业生态系统、村庄经济状况、家庭健康等诸多方面。基于数据可得性和指标代表性，本书重点选取了农作物播种面积、森林覆盖率作为样本县农业生态系统气候敏感性的表征指标（Kumar & Parikh, 2001），选取贫困人数、卫生机构数量来表征样本县社会经济系统的敏感性（Paavola, 2017; Van Aalst et al., 2008）。需要说明的是，虽然这些代表性指标为理解欠发达地区县域乡村的气候敏感性提供了一定参考，但未来研究仍需结合更细化的数据，进一步分析气候变化对县域乡村复合系统的深远影响。

5.5.1　生态系统敏感性

以自然资源为基础的农业种植业是气候变化最敏感的部门之一。研究表明，气候变化会改变作物间的比较优势，进而对不同作物种植面积产生差异化影响（Cui & Zhong, 2024），从而影响农业经济的可持续性和区域发展模式。作为实际播种或移植有农作物的土地面积，农作物播种面积不仅直接反映农业生态系统对气候变化的依赖性和脆弱性，也能间接揭示气候变化对区域经济和社会稳定的潜在影响①。

笔者初步测算显示，大兴安岭南麓山区和大别山区样本县农作物播种面积分别达到 182 900 公顷和 117 000 公顷。这些地区土地资源相对丰富，但也意味着农业生态系统对气候变化的敏感性较高。为减轻气候变化带来的不利影响，亟须在种植制度、作物布局和品种选择方面采取适应性策略，增强农业生产韧性，以确保粮食安全和农村生计可持续；滇西边境山区、滇桂黔石漠化山区和吕梁山区因地形复杂、土壤贫瘠，样本县农作物播种面积基本保持在 40 000~50 000 公顷，其余片区县农作物播种面积基本在 56 000~65 000 公顷。

---

① 凡是实际种植有农作物的面积，不论种植在耕地上还是种植在非耕地上，均包括在农作物播种面积中。在播种季节基本结束后，因遭灾而重新改种和补种农作物的面积，也包括在内。

此外，森林生态系统对气候变化具有较低的脆弱性和敏感性，增加森林覆盖率是低成本减缓气候变化的高效解决方案。从原连片特困地区森林覆盖率看（见表5-5），由于自然条件、人口结构及经济社会发展水平不同，罗霄山区和滇西边境山区域森林资源最为丰富，森林覆盖率分别达到73.0%和63.3%，反映出较强生态系统韧性。受草原退化、水土流失和土地沙化影响，加上北方降水量偏少，大兴安岭南麓山区森林覆盖率为23.9%，表明该地区在应对气候变化和土地利用方面需采取更加综合审慎的管理策略。六盘山区和吕梁山区森林覆盖率分别为23.8%和22.7%，表明在"退耕还林"政策下森林生态系统得以持续修复。

表5-5　2016年原连片特困地区森林覆盖率　　　　单位:%

原连片贫困地区	森林覆盖率
六盘山区	23.8
秦巴山区	62.2
武陵山区	56.6
乌蒙山区	43.7
滇桂黔石漠化区	60.0
滇西边境山区	63.3
大兴安岭南麓山区	23.9
燕山-太行山区	31.3
吕梁山区	22.7
大别山区	39.5
罗霄山区	73.0

5.5.2　社会系统敏感性

当面对极端气候事件与自然灾害时，不同人群因其地理位置、社会经济条件及资源获取能力的差异，展现出截然不同的脆弱性与受影响程度。通常而言，低收入群体、妇女、老人、儿童和少数民族往往位于风险的前沿，是暴露于气候风险中最为敏感和脆弱的人群。

在原连片特困地区中，滇桂黔石漠化区横跨广西、贵州、云南三省区，所辖县数量最多，少数民族人口密集，是贫困程度最严重的地区之一。据笔者初步估算，2016 年该片区纳入农村最低生活保障的人数超过250 万人，在 11 个片区中最多，农户对政府提供的转移性收入依赖度较高①。国家统计局数据同样显示，2016 年滇桂黔石漠化区贫困人口规模高达 312 万人，居 14 个连片特困地区（含"三区三州"）之首②。大量研究表明，农村低收入家庭相比其他群体在面临自然灾害或突发事故冲击时，应对能力更弱，更易陷入贫困（沈冰清、郭忠兴，2018）。经济上的贫困又会进一步导致其难以应对气候灾害风险，从而陷入灾后长期贫困的恶性循环（Cutter，2003）。为此，必须加强对这些脆弱群体的支持，尤其有必要通过改善基础设施、提供技术培训和拓展收入来源，帮助他们提高抗风险能力，打破贫困与气候灾害之间的恶性循环。

下面进一步从人口视角考察社会脆弱性。女性在气候变化中通常被认为是更脆弱的群体，这种脆弱性源于她们在家庭和社区中承担着照顾者角色，并且在资源获取和决策过程中处于不利地位。这种不利地位限制了她们对极端天气事件的应对和适应能力，使其在灾害面前更易受到冲击③。2016 年，所有片区县人口中女性占比为 47.0%。其中，大兴安岭南麓山区县女性占比为 49.8%，略高于其他片区。女性占比接近一半，提示在制定区域适应气候变化的策略时，须充分考虑性别差异，通过增强女性资源获取能力和决策参与度，提高其在气候灾害中的适应能力，从而提升整个社会系统的韧性。

此外，所有片区县中，滇桂黔石漠化区、武陵山区和滇西边境山区少数民族人口占比较高，分别为 70.2%、61.1% 和 56.7%（见表 5-6）。这些少数民族群体多聚居于地理位置偏远、经济条件相对落后的地区，其生计方式高度依赖自然资源，因而更容易受到气候变化冲击。同时，文化差异与语言障碍构成了他们在获取救援资源、理解应急信息时的额外障碍，进一步加剧了其脆弱性。因此，在设计与实施气候变化应对策略时，必须充

① 农村低保人群主要包括因病残、年老体弱、丧失劳动能力以及生存条件恶劣等原因造成生活常年困难的农村居民。2020 年后所有符合条件的剩余贫困人口、脱贫不稳的贫困人口、建档立卡之外的边缘人口以及其他困难群众全部纳入低保保障范围。

② 数据来自国家统计局住户调查办公室《中国农村贫困监测报告（2013—2020）》。由于本书第 4 章已对相关内容进行了详细分析，此处不再赘述。

③ 联合国粮食及农业组织. 气候危机对农村女性的影响尤为严重[EB/OL].（2024-05-03）[2024-05-07]. https://www.fao.org/newsroom/detail/the-climate-crisis-is-unjust-for-rural-women-fao-gender-expert/zh.

分尊重并考虑不同文化背景人群的特殊需求，确保政策的有效性与包容性。

表5-6　2016年原连片特困地区人口性别和民族结构情况　单位:%

片区名称	女性占比	少数民族人口占比
六盘山区	45.4	23.2
秦巴山区	46.4	0.9
武陵山区	46.3	61.1
乌蒙山区	45.6	36.1
滇桂黔石漠化区	46.4	70.2
滇西边境山区	47.9	56.7
大兴安岭南麓山区	49.8	20.0
燕山-太行山区	47.3	11.1
吕梁山区	47.1	0.2
大别山区	46.4	0.8
罗霄山区	47.9	1.5

5.6　欠发达地区县域乡村气候适应能力分析

纵观历史，人类社会一直都在适应和应对气候、气候变率和极端事件。因为脆弱性可以通过提高适应能力来调整并减缓，所以未来的气候影响不仅取决于不断变化的气候危害，而且从根本上取决于适应水平。然而，气候适应具有地域特性，其适应程度取决于所在地区经济社会发展水平、基础设施建设状况和应急管理能力等多个方面。因此，适应的规划和实施需要综合各个层面，从个人到地区开展互补性行动。

5.6.1　区域适应能力

5.6.1.1　经济社会发展

适应能力与经济社会因素密切相关。经济社会发展不仅为适应气候变化直接提供必要的物质基础，还能通过促进科技进步、改善基础设施和增强社会资本等多种方式间接提升适应能力。参考《中华人民共和国气候变化第四次国家信息通报》，下面主要通过农林牧渔业总产值、人均国内生产总值（GDP）和社会固定资产投资指标，分析区域经济基础与气候适应能力（见表5-7）。

表5-7 2016年原连片特困地区经济发展综合状况

片区名称	农林牧渔业总产值 /亿元	人均国内生产总值 （GDP）/万元	社会固定资产投资 /亿元
六盘山区	21.29	1.80	88.61
秦巴山区	27.52	2.68	130.61
武陵山区	34.18	2.50	126.05
乌蒙山区	27.15	1.74	84.78
滇桂黔石漠化区	22.37	2.24	62.31
滇西边境山区	23.29	1.94	54.04
大兴安岭南麓山区	39.79	2.64	75.44
燕山-太行山区	27.47	2.26	85.24
吕梁山区	9.86	2.03	43.45
大别山区	54.91	2.46	183.49
罗霄山区	30.46	2.25	169.03

注：人均GDP按当年价计算。

农林牧渔业总产值是衡量一个地区农业经济活力的重要指标。在气候变化背景下，农业作为对气候条件高度敏感的行业，其产值越高，表明该地区对农业依赖越强，社会脆弱性风险也相应增加。所有片区县中，大别山区农业资源丰富，超过一半的耕地为旱地，农林牧渔业产值最高，片区县平均产值达到54.9亿元。其次是大兴安岭南麓山区、武陵山区、罗霄山区，片区县平均产值超过30亿元。总体来看，这四个片区海拔较低，农业发展的地理条件较好，农业资源丰富，故加快智慧农业建设、提高农业韧性是降低气候脆弱性的关键。

在经济富裕程度方面，各片区县人均GDP为1.7万~2.7万元。其中，秦巴山区、大兴安岭南麓山区、武陵山区和大别山区人均GDP高于2.4万元，而乌蒙山区、六盘山区和滇西边境山区县人均GDP均低于2万元。同时，各片区间和片区内部各县经济发展呈现分化态势。例如，2016年秦巴山区太白县人均

GDP 达到 4.4 万元，而礼县只有 7 080 元，两者相差 3.69 万元。

固定资产投资规模是影响区域基础设施建设和气候适应能力的关键因素。各片区县投资规模整体呈现"中部大，西部小"的特点。大别山区、罗霄山区、秦巴山区和武陵山区投资规模相对领先，各片区平均投资额均超过 120 亿元，吕梁山区和滇西边境山区投资规模明显不足，平均投资规模仅达到所有片区平均水平的一半，显示基础设施建设相对滞后，未来还需加大必要投入改善基础设施，提升气候适应能力。

5.6.1.2 关键基础设施

在气候变化背景下，社会适应能力在很大程度上依赖于社会的应急响应和恢复能力，而交通通信、公共卫生等关键基础设施的建设与运行在其中发挥着核心作用。其不仅保障日常民生，更在极端气候事件中承担着应急物资储存运输、人员疏散、应急信息传播和紧急医疗救援等重要功能。

在交通条件方面，大别山区、罗霄山区、武陵山区跨越安徽、河南、湖北和湖南等中部省份，城镇化水平相对较高，公路交通基础设施较为完善。滇西边境山区靠近国境线，因其丰富的旅游资源，公路交通条件加速改善。总体而言，这四个片区交通基础设施好于其他区域，前文对此已有分析，此处不再赘述。

同时，尽管大多数片区的农村广播和电视覆盖率已基本实现，但一些边远地区如凉山彝族自治州的普格县、湘西土家族和苗族聚居区、青海藏族聚居区部分县，电视和广播的覆盖率仍有提升空间。在通信基础设施方面，固定电话用户数显示，2016 年大别山区（49 314 户）和武陵山区（43 263 户）的固定电话用户数显著高于其他片区，表明这些地区通信设施相对完善，居民的生活条件和公共服务较为发达。相比之下，滇桂黔石漠化区（11 042 户）、滇西边境山区（11 915 户）和吕梁山区（6 949 户）的固定电话用户数明显较少，片区居民获取信息和紧急援助的能力仍需加强（见表 5-8）。

表 5-8　2016 年原连片特困地区通信和卫生设施情况

原连片特困地区	固定电话用户数/户	医疗卫生机构床位数/张
六盘山区	25 918	1 261
秦巴山区	36 308	1 974
武陵山区	43 263	2 261

表5-8（续）

原连片特困地区	固定电话用户数/户	医疗卫生机构床位数/张
乌蒙山区	22 050	2 196
滇桂黔石漠化区	11 042	1 252
滇西边境山区	11 915	927
大兴安岭南麓山区	22 763	1 502
燕山-太行山区	25 320	1 138
吕梁山区	6 949	724
大别山区	49 314	2 931
罗霄山区	38 683	1 835

此外，从各片区医疗卫生机构床位数的分布来看，大别山区、武陵山区和乌蒙山区的医疗卫生资源相对充足，各县平均拥有的医疗机构床位数处于较高水平，而吕梁山区和滇西边境山区基层卫生服务能力不足，卫生机构数量较少，亟须提高医疗条件建设。

5.6.2　个体适应能力

气候风险中的脆弱人群具有高敏感度、低适应力、弱抵抗性等特点。在面对气候灾害冲击时不仅易遭受风险，其遭受风险后的自身恢复能力较弱，对政府救援依附力较强。收入、储蓄和社会保障是脆弱人群必要的经济支撑，能有效改善其风险应对能力。

由表5-9中数据可见，各片区农民居民人均可支配收入、人均消费和储蓄水平均低于全国农村平均水平。其中，人均可支配收入高于8 000元的片区有5个，分别是大别山区、大兴安岭南麓山区、秦巴山区、武陵山区、滇桂黔石漠化区，其余6个片区中的吕梁山区和六盘山区农村居民人均可支配收入不足7 000元。储蓄在一定程度上反映了农户在满足日常生活支出后的结余水平，对应对突发事件具有缓冲作用。根据储蓄率测算结果，居民储蓄水平相对较高的包括滇西边境山区（17.7%）、乌蒙山区（15.0%）和大兴安岭南麓山区（14.2%）。其中，滇西边境山区居民虽然人均可支配收入水平较低，但居民消费水平偏低，积累的储蓄相对更多。相比之下，六盘山区（7.5%）和武陵山区（7.9%）的储蓄率相对较低。虽然这些片区居民人均可支配收入水平相对其他片区更高，但消费水平偏

118

高，居民结余较少，表明通过自我储蓄应对生计冲击的能力相对更弱。因此，这些地区通过优化社会保障措施，能够有效提升农户应对气候变化风险的适应能力。

表 5-9　2016 年原连片特困地区居民收支及储蓄水平情况

片区名称	人均可支配收入/元	消费/元	储蓄率/%
六盘山区	6 915	6 395	7.5
秦巴山区	8 769	7 678	12.4
武陵山区	8 504	7 832	7.9
乌蒙山区	7 994	6 795	15.0
滇桂黔石漠化区	8 212	7 284	11.3
滇西边境山区	7 754	6 385	17.7
大兴安岭南麓山区	8 399	7 208	14.2
燕山-太行山区	7 906	6 875	13.0
吕梁山区	6 884	6 178	10.3
大别山区	9 804	8 518	13.1
全国农村	12 363	10 130	18.1

数据来源：根据国家统计局《中国农村贫困监测报告（2017）》和《中国统计年鉴（2017）》的数据计算。

此外，党的十八大以来，各片区县积极贯彻落实国家医疗保障扶贫政策，积极推进农村居民医疗保险和养老保险的覆盖范围，不断提升参保人数，扩大保障面，贫困人口的参保率稳定在 99.9% 以上。尤其在边远和经济发展滞后地区，医疗和养老保险的广泛覆盖有效增强了居民的抵抗力和恢复力。然而，要进一步提升农户的气候适应能力，还需在完善社会保障体系基础上，结合区域实际情况，探索更加精准有效的支持措施，如加强气候灾害预警与应急响应机制建设、推广适应性农业技术、提高农户的风险管理技能等，以形成多维度、立体化的气候适应策略体系。

6 欠发达地区农户生计的
气候适应能力分析

对欠发达地区县域乡村的社会脆弱性评估,从整体层面揭示了社会脆弱性水平的区域差异,初步勾勒了不同经济、社会、环境系统中农户暴露于气候风险的外部压力,为制定气候适应策略提供了宏观基础。然而,仅了解农户生计所处环境的社会脆弱性程度,并不足以全面刻画气候贫困风险,还需进一步从微观层面深入分析农户抵御气候贫困风险的能力,这就涉及对农户生计适应气候变化的能力进行评估。本章将通过田野实地调查,了解气候贫困高发地区农户的生计适应能力,以弥补宏观评估在揭示微观农户生计适应气候变化能力方面的不足,为优化气候适应性行动提供决策参考。

6.1 研究问题

全球范围内,气候变化的不利影响和风险日益加剧,极端天气事件的发生频率和强度不断上升,显著加剧了贫困社区和贫困人群生计的脆弱性。预计到 2030 年,气候变化将导致 6 800 万至 1.35 亿人陷入贫困(World Bank,2020)。因此,将气候适应纳入可持续发展战略,是实现最大限度减少气候变化脆弱性并保护贫困人群生计的双赢解决方案。

2020 年中国虽已全面消除了农村绝对贫困,但这并不意味着已彻底消除了贫困。不仅防止已脱贫人口再次返贫的工作正在推进,而且相对贫困将在较长一段时期内持续存在,并成为新时代减贫工作的重点(杨帆,2023)。在全球气候变暖、极端天气事件频发的大背景下,要实现可持续减贫,必然需要帮助脆弱群体获取并增加生计资本,使其有能力更好应对气候冲击，或从受灾害影响较小的活动中获得更多收入①。这是因为，气候灾害的空间和时间扩张，会侵蚀人们发展适应能力的资本，进一步加剧贫困陷阱，从而削弱发展成效（IPCC，2022）。

中国是世界上自然灾害严重的国家之一（Wang et al.，2020），其许多欠发达地区乡村地理条件复杂且生态环境脆弱，"社会-生态"系统的不稳定性和脆弱性问题尤为突出（Liu et al.，2017；Wang et al.，2020；朱晏君等，2022）。在这些地区，农户生计资本组合不优、农村产业发展不充分、市场发育程度低、组织化程度不高等问题普遍存在②。尤其是在"三区三州"等原深度贫困地区，由于自然条件、经济基础和历史遗留问题，农户生计高度依赖农业，生计脆弱性较高，脱贫质量较低，返贫风险极大。尽管自精准扶贫以来，广大农户受益于大量外部支持，在生计发展方面取得了积极进展。但随着扶贫战略从脱贫攻坚转向乡村振兴，外部援助重点逐渐从直接经济支持转向更注重长期效益的综合性可持续发展举措，一些依赖外部援助的脆弱农户在面临自然灾害等外部冲击时，由于缺乏足够应对能力，易出现"生计断裂"，从而陷入气候贫困。

在此背景下，提升农户生计的气候适应能力尤显迫切。这是因为，农户是生计系统中的关键行动主体，也是气候扰动的直接承受者。长远来看，增强农户生计的气候适应能力，有助于其在面对气候变化和极端天气事件时，通过有效优化资源利用、调整生计策略，减少因气候冲击导致的生计中断，确保生计可持续发展。鉴于生计资本是农户适应气候变化的资源基础，直接影响农户适应能力的强弱，本章选取典型欠发达地区乡村（原深度贫困地区乡村）为研究样本，通过实地调查探析气候贫困高发地区农户生计适应气候变化的能力，从生计资本优化角度识别制约农户气候适应能力提升的因素，为政策制定者更有效地将资金投向气候适应型发展提供现实依据。

---

① 世界银行. 气候行动为什么对减贫至关重要及其对政策权衡的意义[EB/OL]. (2023-07-11)[2024-01-15]. https://blogs.worldbank.org/zh/opendata/why-climate-action-critical-reducing-poverty-and-what-it-means-policy-tradeoffs.

② 刘旭友. 欠发达地区乡村振兴应着力于提高五种能力[EB/OL]. (2018-02-02)[2019-03-06]. https://theory.gmw.cn/2018-02/02/content_27562923.htm.

6.2 理论框架

为回答上述问题，当前学界可供借鉴的研究成果与理论基础主要来自"可持续生计理论"和"农户气候变化适应"两个方面。

6.2.1 可持续生计理论

如前文所述，在可持续生计理论方面，以钱伯斯和康威为代表的学者在继承森的赋权思想基础上，将"以末为先"的发展思考、减贫与可持续发展等议题集合起来，开创性地提出农村可持续生计观点，并将生计定义为"包含人们为谋生所需的能力、资产及所从事的活动"（Chambers & Conway，1992；Sen，1982）。此后，学界在汲取 20 世纪 70 年代综合农村发展项目、20 世纪 80 年代粮食安全分析、参与式贫困评估、赋权、脆弱性等思想精要基础上，对生计的内涵、框架和方法不断完善，诸多发展机构（如世界银行、联合国粮食及农业组织、乐施会等）亦运用生计思想来设计农村发展项目。

作为一种分析工具，可持续生计方法（Sustainable Livelihood Approach，SLA）提供了一种将社会经济问题与环境问题联系起来的有效方式（Brocklesby & Fisher，2003），用于识别改善生计和消除贫困的因素，已被广泛应用于农村发展、自然资源管理、气候变化、灾害管理等诸多领域。近年来，针对原有 SLA 框架在理解权利、资源获取过程、贫困动态性、气候变化等方面的不足，学界和国际机构从资本、能力、生计环境等不同角度对框架进行了优化（Biggs et al.，2015；IPCC，2022；Quandt，2018；Scoones，2009）。总体来看，虽然可持续生计分析框架在不断变化，但其分析范式的核心始终是理解人们如何利用一系列生计资产来实现他们的生计目标，即将农户视为生活在脆弱环境中（如自然灾害等），将脆弱性归因于不平衡生计资产组合的结果，通过概念化农户的资产、能力、活动与生计环境、组织制度之间的关系来理解生计活动。所有分析均强调以人为本、赋权、宏微观联系的重要性和实际运用的灵活性，区别仅在于对可持续性的理解、农户生计资产、能力等方面的关注度不同。

6.2.2 农户气候变化适应

在农户气候变化适应方面，现有研究表明，气候因素导致的农业产量损失正成为一个严峻的问题，然而，如果能够实施恰当的适应措施，农业部门则可能从未来的气候变化中受益（Alam et al., 2017）。具有更强适应能力的群体，更有可能减少脆弱性，并有效规避气候变化带来的潜在灾难性影响（Huq et al., 2004；Smit & Pilifosova, 2003）。因此，农户作为气候行动的主体，建立并提升其生计的气候适应能力，是实施有效适应战略的核心任务。

然而，在实践中，适应概念缺乏一个明确的定义（IPCC, 2014）。IPCC 将气候适应定义为生态、社会或经济系统对实际或预期的气候刺激及其影响做出的调整，这既涵盖了适应过程，也指向了适应结果。适应措施则可以依据不同标准进行分类，这些标准包括规划期（短期或长期）、时机（响应性或预期性）、形式（技术、制度、法律、行为或教育）和所涉及参与者（私人或公共）（Füssel, 2007）①。鉴于气候适应的复杂性，气候适应能力在很大程度上是一个受到经济、社会、技术、制度、环境等因素广泛影响的过程（Leichenko & O'brien, 2002）。由此，评估一个系统的总体气候适应能力及其决定因素面临诸多挑战（Owen, 2020）。特别是当气候适应能力被定义为一个系统、区域或社区适应气候变化（包括气候多变性和极端情况）影响的潜力或未来行动能力时，由于其具有不确定性且涉及众多变量，通常难以做到精确衡量。

尽管评估气候适应能力存在挑战，但这些挑战并非无法克服。当前，多数研究集中于识别决定特定对象适应能力的特征与条件，即探究适应能力的特定背景因素（Berkhout et al., 2014）。在全球、国家和地方层面，采用定性或定量方法评估未来脆弱性风险及生计挑战，成为普遍的做法（Birkmann et al., 2021；Kuang et al., 2019）。其中，生计资本分析作为一种全面的分析工具，有助于理解气候风险对农户带来的生计挑战，进而评估农户面对挑战时的适应能力。其原因如下：

首先，从适应能力角度看，生计资本是微观农户家庭发展能力的资源（李永萍，2022），直接构成了气候适应性生计的基础。生计资本分为自然、

---

① 气候适应有两种形式：一种是响应性适应，另一种是预期性适应。响应性适应发生在严重气候变化影响期间及之后，预期性适应发生在气候威胁之前。

社会、经济、人力和物质五类资本（Ellis & Biggs, 2001），这些多样化的资本共同塑造了家庭生计策略，以及家庭面对气候风险冲击时更新或重组生计的能力（Osbahr et al., 2008）。生计资本较少或单一的家庭，通常生计适应能力较弱（肖轶、尹珂, 2023）。其次，从风险管理角度看，生计资本的调整和转换本身就是一种重要的气候适应方式，既反映出家庭吸收外部压力的临界点，又体现了生计适应策略的灵活性和韧性（Ahmed et al., 2019）。最后，从政策制定角度看，气候变化背景下的适应和减少风险政策必须与利益相关者匹配。生计资本客观体现出家庭拥有的社会权利和基本福祉，能指导政策制定者和发展机构实施更具针对性的适应支持举措。

6.2.3 研究框架

结合欠发达地区农户生计情况，本书遵循生计可持续原则，在借鉴英国国际发展署（DFID）框架基础上，试图构建"气候风险冲击-生计资本适应能力-生计适应策略选择"的气候适应能力理论分析框架，旨在系统评估欠发达地区农户生计适应气候变化的能力，如图6-1所示。进一步地，本书还探讨了不同类型生计策略（生计资本组合策略）的气候适应能力，以期发现提升微观农户气候适应能力的有效策略。下面对框架进一步说明如下：

此框架中，气候风险（climate risks）是不利气候事件发生的可能性及其后果的组合，涉及自然、社会、经济、政治和生活等多个方面，并由大量具体的风险构成。根据联合国环境规划署金融倡议（UNEP FI）的评估方法，气候风险可以分为物理风险（physical risks）和转型风险（transitional risks）①。其中，物理风险是极端或异常天气事件给生命财产和环境带来的风险，包括急性风险（如洪水、热浪或飓风）和慢性风险（如海平面上升、气温升高或降水变化）。急性风险对人类生命和累计资产具有高强度威胁、形成极大破坏力。慢性风险虽不会立即危及人类生命，但其广泛性影响仍会造成大面积环境危害，影响农户身心健康和生计发展；转型风险是指应对气候变化而发生的政策改变、技术创新，以及市场情绪和消费者偏好等改变，最终影响企业和资产估值的风险（Carney, 1998; Semieniuk

---

① 联合国环境规划署金融倡议. 气候风险概览：气候风险评估方法综述［EB/OL］. (2021-02-11)［2024-01-15］. https://www.unepfi.org/wordpress/wp-content/uploads/2021/02/TCFD-Landscape-Chinese.pdf.

et al., 2021）。所有这些风险最终会通过对生态系统和人类住区的影响，改变原有系统中生计要素的稳定性和多样性，进一步影响人们生计适应能力，或使脆弱家庭在贫困因素的影响下重新陷入贫困（IPCC，2007）。尽管转型风险和物理风险相互关联，但鉴于本书重点关注气候贫困问题，故仅探讨气候变化的物理风险及其对农户生计适应能力的影响。

当遭遇气候风险冲击时，农户将利用生计资本减轻冲击带来的损害。在本书中，生计资本是农户生计气候适应策略得以实现的资源（或投入），也是赋予人们气候适应能力的资产，还是使气候适应生计策略可行的产出。生计资本分为五类：物质资本（physical capital）、自然资本（natural capital）、人力资本（human capital）、金融资本（financial capital）和社会资本（social capital）。各类生计资本的关系如图 6-1 中资产五边形所示。

作为适应生计分析的核心内容，资产五边形的形状会伴随生计资产禀赋状况的变化而变，资产禀赋状况受资产多样性构成、资产数量和不同类型资产之间平衡程度等因素影响。通常情况下，不同生计结果需要不同类型资产，而不同类型资产组合反过来会产生多样化的生计结果。农户资产禀赋越多，生计选择范围也越大。生计资产五边形的中心点即各条线的交点代表了各类资产为零的极端情况；五边形的各个顶点代表了各类资产的最大化。总体而言，具有多样化生计资产的家庭在面对风险时更具适应能力（何仁伟 等，2017）。

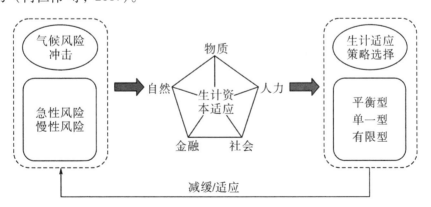

图 6-1　气候风险影响农户生计适应能力的理论框架

6.3 研究区域、数据与方法

6.3.1 研究区域概况

结合前期研究及调研时间、可行性之后，笔者选取位于中国中西部地区新疆、西藏、贵州、四川、湖南五省的原国家级贫困县乡村为调查样本点。样本点的选择考虑了以下几个方面：从气候变化风险来看，这些样本点分布于西藏、新疆南疆三地州、四省藏族聚居区、滇桂黔石漠化区、秦巴山区和武陵山区等连片特困地区，涵盖了不同气候带、海拔和地理区位。这些乡村农业生产条件普遍恶劣，贫困发生率高，属于典型的气候贫困区域。此外，这些乡村大多位于民族地区、革命老区、边疆地区贫困县，是中国气候变化风险的高暴露地区，农业生产条件相对恶劣，乡村气候贫困人群高度集中，减轻农户生计的气候变化风险具有紧迫性。同时，这些样本点处于不同的气候带、海拔和区位，经济社会发展和自然条件存在较大差异，能较好反映农户生计资本的地区和人群异质性，有助于刻画欠发达地区气候贫困户的生计特征，为决策者制定差异化的生计促进策略、提升农户生计的气候适应能力提升策略提供参考。

为确保调研顺利开展，笔者提前采取了措施以应对突发天气事件。然而，由于自然条件限制，个别样本村因道路条件无法到达，最终选取新疆阿克陶县、西藏察雅县、四川甘孜州乡城县等 12 个县的 13 个行政村开展调研，样本数量分布见表 6-1。

表 6-1　调研样本点概况

原连片特困地区	市（州）	县	乡镇（村）	样本量	主要气候灾害
新疆南疆三地州	克州	阿克陶县	塔尔乡阿巴提村	12	干旱、沙暴、洪水
西藏	昌都市 日喀则市	察雅县 萨嘎县	烟多镇聂沃村 夏如村	12 13	泥石流、洪流、雪灾
秦巴山区	巴中市	恩阳区	石梁子村	18	洪水、干旱、泥石流、地震
四省藏族聚居区	甘孜州	乡城县	青打村 越卡村	14 15	洪水、干旱、冰雹、雪灾、地震

表6-1(续)

原连片特困地区	市(州)	县	乡镇(村)	样本量	主要气候灾害
滇桂黔石漠化区	黔东南州	天柱县	注溪乡下寨村	10	洪水、干旱、泥石流
		锦屏县	茅坪乡新建村	10	
		镇远县	清溪镇东门村	10	
		黄平县	谷陇镇山保村	10	
		剑河县	革东镇八郎村	10	
	安顺市	紫云县	火花乡禾弘村	10	
武陵山区	湘西州	花垣县	补抽乡聚福村	15	洪水、干旱、冰雹

注：克孜勒苏柯尔克孜自治州简称克州，甘孜藏族自治州简称甘孜州，黔东南苗族侗族自治州简称黔东南州，湘西土家族苗族自治州简称湘西州。

6.3.2　调查设计和数据收集

本书采用结构化问卷调查法，通过实地访谈和焦点小组讨论，收集农户家庭生计资本的详细数据。整个问卷设计分为三个阶段：首先，笔者根据气候变化适应和农民生计资本的相关文献，设计了初步调查问卷草案，确保问卷内容尽可能覆盖研究所需关键信息；其次，笔者通过与政府官员、驻村社会工作者和当地农民进行焦点小组讨论，选取了三个样本村对12名村民开展预调研，以评估问卷的适用性。然后，对初始问卷中的一些词序、表述和逻辑问题进行调整后，最终形成正式调查问卷。问卷包含农户家庭问卷和村级调查问卷两种。其中，家庭问卷主要聚焦农户家庭的生计资本，包括物质资本、社会资本、人力资本等，旨在全面了解贫困农户的生计现状与需求；村干部问卷则侧重于公共基础设施、社区服务等方面的数据收集，旨在评估当地贫困治理和公共服务水平。

笔者于2017年10—12月开展了实地预调研，正式调查于2018年2—12月进行。调研时间选择在正常月份，不是收获或缺粮季节，也没有大的传统节日，以确保数据的代表性和准确性。入户调查问卷主要由驻村扶贫工作人员完成，被访户平均访谈时间为30~35分钟，调研对象主要为户主或家庭主要劳动力。在调研过程中，对于因文化水平较低无法亲自填写问卷的受访者，调查员（主要是驻村扶贫工作人员）通过解释问卷、提问并帮助被调查者填写问卷的方式完成调查。

在样本选择方面，受制于时间、人员和农村贫困面广人多等诸多因素影响，本次调研主要采取简单随机抽样和分层抽样方法抽取被访样本户。首先，在每个样本县通过简单随机抽取一个行政村作为调查对象；其次，在被抽中的行政村中，根据村干部提供的住户信息，按贫困程度高、中、低分别抽取调查农户家庭，每个行政村抽取 10~15 户开展调研。最后，在抽中的农户家庭中随机选取一名成年人，询问家庭生计资产基本情况。最终笔者选取了新疆阿克陶县、西藏察雅县、四川甘孜州乡城县等 12 个县共计 13 个行政村开展调研，共发放家庭访谈问卷 161 份，收回有效问卷 159 份，有效率为 98.7%；访谈村干部和社会工作人员 20 人，发放村干部问卷 14 份，收回有效问卷 14 份，有效率为 100%。数据录入和分析过程中，进行了多次数据清洗，确保了数据的有效性和准确性。

6.3.3 评估方法

6.3.3.1 基于生计资本的气候适应能力评估指标

本章从微观农户生计层面展开分析，构建了基于生计资本的气候适应力指数（livelihood adaptation index，LAI），以此比较不同农户生计资本和生计策略在气候适应能力方面的差距。生计资本是农户家庭所拥有的客观资源存量，可以帮助农户提高发展能力、条件和机会，以应对不同类型压力（Bebbington，1999）。生计资本范围广泛，涵盖内容丰富，从自然资源到经济社会资源，均是影响农户气候适应能力的关键因素。参考 Scoones（2009）等人的研究，本次调研设计了欠发达地区农户气候适应能力的评估指标体系，包含自然、金融、人力、社会、物质五类生计资本共 5 个一级指标和 26 个二级指标，如表 6-2 所示。

表 6-2　欠发达地区农户生计气候适应能力评估指标体系

一级指标	二级指标	指标解释与说明	参考文献
自然资本（N）	土地使用	家庭是否拥有土地，是为 0，无为 1	Ellis、Biggs（2001）；Fahad、Wang（2018）；Howard 等（2016）
		土地类型（耕地、林地等）总数，以类型数的倒数衡量多样性水平	
	农业生计多样化	家庭从事农林牧渔等多种生计活动种类数，由 1/（生计活动数量+1）计算得到	
	水资源安全性	家庭饮用水来源是自来水为 0，非自来水为 1	
	气候灾害暴露度	过去三年家庭所在社区是否遭遇气候灾害，是为 1，否为 0	

表6-2(续)

一级指标	二级指标	指标解释与说明	参考文献
金融资本（F）	农业收入	过去12个月家庭农业经营性收入（元）	Barrett（2013）；徐爽、胡业翠（2018）
	农业投入	过去12个月家庭从事农业生产的投入（元）	
	非农收入	家庭是否获得各类收入补贴，是为1，否为0，	
	资金短缺	过去12个月家庭是否有债务或借款需求，有为1，无为0	
人力资本（H）	抚养负担	15岁以下及64岁以上人口占家庭总人口的比例（%）	苏芳等（2009）；Thulstrup（2015）
	文盲人口	家庭15岁以上不识字人数	
	少数民族人口	家庭少数民族人口数	
	户主性别	女性户主为1，男性户主为0	
	非农就业	家庭是否有人外出务工，是为0，无为1	
	健康风险	过去五年家庭成员是否遭遇重病或其他意外，遭遇为1，未遭遇为0	
社会资本（S）	社会网络多样性	家庭遇到困难时获得社会支持的来源数量，由1/社会支持来源数量计算得到	何仁伟等（2017）；Putnam（2007）；Zhang等（2012）；Woolcock、Narayan（2000）
	社会关系强度	在紧急情况下能够帮助家庭的人数 过去一月拜访家庭的亲友人数	
	社会信任水平	家庭借贷难易程度，困难为1，容易为0	
	社会参与	是否参与社区重大事项投票，是为0，否为1	
	政治资本	家人或亲戚是否担任村干部，是为0，否为1	

表6-2（续）

一级指标	二级指标	指标解释与说明	参考文献
物质资本（P）	能源供应	家庭烹饪使用清洁能源为0，使用非清洁能源为1	Brooks、Davoudi（2014）；王亚茹等（2017）
	电力供应	所在村是否通电，通电为0，未通电为1	
	家庭设备	家庭拥有的农业运输工具、家用电器和电子产品数量，1/（总件数+1）	
	医疗保障	所在村是否有卫生所，有为0，没有为1	
	住房安全性	居住房屋类型，混凝土房为0，非混凝土房为1	
	交通可达性	所在村距离最近的集镇距离（千米）	
	卫生条件	家庭最常用厕所类型，冲水厕所为0，非冲水厕所为1	
		生活垃圾处理方式，集中处理为0，非集中处理为1	

自然资本包含对生计有益的自然资源和服务。在中国欠发达地区农村，大多数生计活动以自然资源为基础，多样化的农业生产有助于降低农户生计风险，助力农户脱贫增收（Ellis，1998；肖轶、尹珂，2023）。因此，本次调查加入了反映多样性的指标，用以考察微观农户家庭分散气候变化风险的能力。

金融资本是农户追求任何生计策略所必需的资本，包括农业收入、生产支出、补贴和债务情况。本书重点考察农业经营性收入和支出，以及农户获得的补贴及家庭负债情况，评估家庭在气候冲击下的经济韧性。

人力资本包含技能、知识、劳动能力以及良好的健康状况和身体能力。人力资本从数量和质量两个角度进行评估。在本书中，我们加入人口抚养比来考察家庭生计压力，加入户主性别以考察气候风险中性别不平等可能带来的影响。

社会资本是人们在追求需要协调行动的不同生计策略时依赖的资源，包含社会网络、社会权利、社会关系、隶属关系、协会等。

物质资本是指为人们的生活和生产提供便利的基础设施和物资设备等资源。本书重点考察气候变化风险影响较为直接的道路、住房、医疗卫生、家庭能源消费等领域的资本存量。

在指标赋值方面，本章借鉴 Hahn 等（2009）等学者的处理方法，指标赋值较高通常代表家庭或社区面临更高的风险暴露或适应缺口。例如，对于"您家是否通电"等类别变量，将通电的农户家庭赋值为 0，未通电的农户家庭赋值为 1，用未通电农户家庭占比这一指标来体现其适应能力差异。此外，生计多样性能够降低脆弱性、增强适应能力，故对"农业生计"等反映多样性的指标采用倒数法，多样性更高的家庭赋值更低，代表更低的脆弱性和更强的适应能力。

6.3.3.2　测算方法

为构建农户生计气候适应力指数（LAI），本章参考 Sullivan（2002）的做法，采用等权重法将各类生计资本的一级指标（如自然资本、金融资本、人力资本等）及其所属二级指标进行标准化处理。采用等权重方法的好处在于简洁和公平，能够避免主观偏差，因为尚无理论依据证明某一指标相对其他指标对适应能力的贡献更大。指标的标准化处理遵循联合国开发计划署（UNDP）人类发展指数的计算方法，即通过实际值与最小值的差值除以最大值和最小值的范围来完成[①]。具体公式如下：

$$\text{index}_{c_d} = \frac{C_d - c_{\min}}{C_{\max} - c_{\min}} \tag{6-1}$$

式（6-1）中，index_{cd} 为区域 d 中某子项指标 index_c 的标准化值，C_d 为该子项在区域 d 中的实际值，$C_{\min}$ 和 $C_{\max}$ 分别为该指标在所有区域中的最小值和最大值。

完成各子项的标准化后，采用等权重法对每个二级指标的子项进行平均，得到二级指标的指数值，计算公式如下：

$$M_d = \frac{\sum_{i=1}^{n} \text{index}_{c_d i}}{n} \tag{6-2}$$

式（6-2）中，M_d 为区域 d 中某二级指标的指数值（如土地使用、农业生计多样化等），n 为子项指标的数量，$\text{index}_{c_d i}$ 为第 i 个子项指标的标准化值。

在计算出每个二级指标的指数值后，再通过等权重法计算一级指标（五类生计资本）的指数值，最终得到生计适应能力指数（LAI）。公式如下：

[①] 联合国开发计划署.人类发展指数计算技术说明［EB/OL］.［2024-01-15］. https://hdr. undp. org/data-center/documentation-and-downloads.

$$LAI_d = \frac{\sum_{i=1}^{5} W_{M_i} M_{di}}{\sum_{i=1}^{5} W_{M_i}} \tag{6-3}$$

式（6-3）中，LAI_d 表示区域 d 的生计适应能力指数，即所有五类生计资本的加权平均值。w_{M_i} 取决于构成该指标所包含的子项指标数量，最终标准化后的气候适应力指数（LAI）取值范围为 0~0.5。指数值越大，表明某类人群生计策略组合越差，适应能力越弱。

6.4　欠发达地区农户生计资本的气候适应能力分析

本次调查覆盖了欠发达地区 13 个乡村的 159 户农户家庭和 14 位村干部。被访家庭中，女性户主占比 43.4%，男性户主占比 56.6%①；被访农户年龄主要分布在 30~69 岁，平均年龄为 44.9 岁。被访村干部的平均年龄为 39.7 岁，其中少数民族干部占比 96.4%。从教育背景来看，被访农户文化程度整体偏低，小学及以下文化程度的占比最多，两项合计为 64.3%（见表 6-3）。下面结合调查数据，对气候贫困农户各类生计资本的情况分别进行分析。

表 6-3　被访农户家庭户主的基本特征

特征	分类	占比/%
性别	男	56.6
	女	43.4
年龄	18~29 岁	15.7
	30~39 岁	13.1
	40~49 岁	26.8
	50~59 岁	22.9
	60~69 岁	17.0
	70~79 岁	4.6

①　本书中户主是指家庭中决策重大事件的人。

表6-3(续)

特征	分类	占比/%
	不识字或识字不多	31.2
	小学	33.1
文化程度	初中	24.8
	高中	2.6
	中专	3.2
	大专以上	5.1

注：由于四舍五入，部分数据可能存在总计与分项合计不等。为避免重复，后文不再单独说明。

资料来源：根据调查问卷统计得到，如无特别说明，下同。

6.4.1 自然资本

自然资本是农户拥有或可能拥有的自然资源储备，这些资源是农户生计的基础，并为生计提供诸如营养循环和防止水土流失等生态服务。构成自然资本的资源，范围广泛、形式多样，既有水、空气等无形公共资源，也有耕地、林地等直接用于生产的可分配资源。由于自然资本对气候变化高度敏感，它在五大生计资本中与气候贫困农户的社会脆弱性关系尤为密切。许多摧毁贫困农户生计的外部冲击因素，本身就是破坏自然资本的自然作用过程（如气候变暖、干旱、地震、森林大火、洪水、暴雨等），而且自然资本的周期性在很大程度上是其价值或生产力在一年当中变化起伏的结果。

本次调查显示，被访农户主要从事传统种植业，有98.1%的农户以种植自有土地为生，没有将土地流转出去，土地类型以耕地（68.9%）和林地（15.1%）为主，人均拥有土地面积5.57亩。分地区看，新疆南疆三地州、西藏人均拥有的土地面积最多，而滇黔桂石漠化区最少，人均土地面积仅有2.29亩，表现出显著的地区差异（见图6-2）。调研的样本自然村通水情况也表现出显著的地区差异。

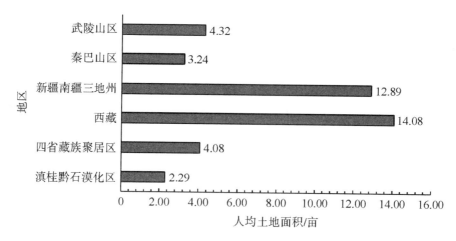

图 6-2　样本村农户土地拥有情况

为评估自然资本丰富性，本书调查了农户农林产品生产情况（见图 6-3）。由于自然资本多样性与农户经济状况息息相关，生产高附加值的农林产品（如水果和林产品）通常带来更高经济回报，有助于提高生计的稳定性。调查结果显示，被访农户生产的农产品以玉米、稻谷、薯类三大传统产品为主，三项合计占所有农产品比重的 50.4%，但这些作物产业链较短，附加值很低，对农户的收入贡献相对有限。相比较，在被访农户中种植水果、从事林产品加工等高附加值农产品的农户分别只有 4.3% 和 1.8%，显示出欠发达地区贫困农户生计资源普遍有限，生产结构单一，农业生产以自给自足为主。

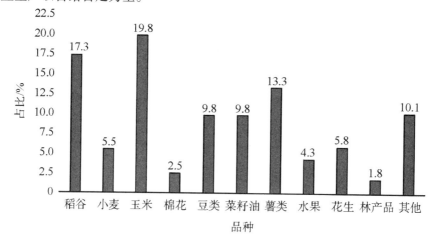

图 6-3　调查样本村农户农林产品种植结构

进一步比较不同地区农户农业生产结构可见，西藏、新疆南疆三地州及四省藏族聚居区等原深度贫困地区的农户可以生产的农林产品非常有限，生计结构尤其单一（见图 6-4）。其中，西藏农户主要种植豌豆、蚕豆、大豆、菜豆等豆类，以及菜籽、青稞和圆根，新疆南疆三地州农户以棉花、玉米和小麦为主，四省藏族聚居区农户生计以非农林产品（如畜牧业）为主，显示这些深度贫困地区贫困农户对自然资源依赖程度高，可利用的自然资源十分有限。

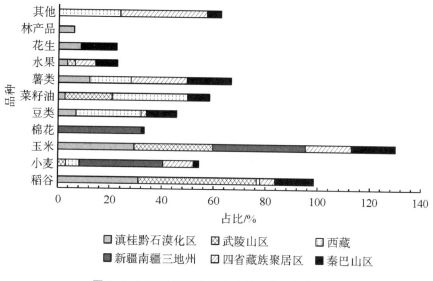

图 6-4　不同地区被访农户农林产品的品种构成

此外，本次调查的自然村中，58.5%的贫困村农户用上了自来水，但仍有 21.4%的农户家庭使用井水，16.4%的使用山泉水。有 69.2%的村干部表示"过去三年里，本村遭受过对农业生产影响较大的自然灾害"。由于自然灾害类型因地区而异，灾害发生的时间也存在差别。

6.4.2　人力资本

人力资本是农户应对气候变化风险的基石，也是有效利用其他生计资本的前提。人力资本包括知识、技能、劳动能力和健康等多种因素，这些因素不仅决定了个体生计发展的策略和目标，也赋予个体采取适应气候变化行动的能力（Cuaresma，2017）。气候变化直接威胁人力资本，削弱生计，并加剧疾病和营养不良。因此，通过保护、建设和利用人力资本，既能显著提高农户的劳动技能和健康水平，提升社会经济效益，还能为气候适应与减缓行动提供坚实基础（Romanello et al., 2023）。

从家庭规模和人口结构看，受访农户家庭平均人口为 5 人，其中 4～6 人的家庭占被访农户家庭数量的 63.5%；每个家庭平均拥有 2.5 名年龄在 18～60 岁的法定劳动力；平均养育 1.5 个正在上学的子女，多子女家庭主要分布在新疆南疆三地州、西藏和四省藏族聚居区。此外，近一半的家庭（49.7%）需应对老年人的照护和支持。可见，欠发达地区贫困农户家庭普遍承受着赡养老人和抚养子女的双重负担。

进一步分析样本农户家庭的受教育程度可以发现，劳动力受教育程度以初中（41.5%）和中专（21.4%）居多，而小学文化程度和不识字的劳动力合计达到 17.6%。受教育程度不仅影响贫困农户参与非农就业的机会与劳动报酬，还决定了他们对气候变化风险的认知水平。随着教育水平提高，农户更有可能外出务工，从而拓宽收入来源，减轻生计负担（曾旭晖 & 郑莉，2016）。教育还能够有效弥补气候知识的缺乏，帮助暴露于气候贫困风险中的人群更好地应对气候变化带来的短期与长期压力，进而提升其适应能力。

图 6-5 展示了受访农户家庭外出务工人员的行业分布。71.7% 的受访农户家庭有成员外出务工，户均外出务工人数为 1.28 人，外出务工行业主要集中在建筑业（35.2%）、制造业（17.2%）和住宿餐饮业（10.3%）。值得注意的是，不同区域农户外出务工的行业存在显著差异。例如，滇桂黔石漠化区和武陵山区的农户多从事制造业，而新疆南疆三地州、西藏、四省藏族聚居区和秦巴山区的外出务工人员主要集中在劳动密集型行业。这一现象反映了区域自然资源和经济结构对农户生计选择的深刻影响。当极端天气和气候风险加剧时，许多劳动密集型行业通常缺乏应对极端天气的资源和基础设施，由此带来的健康风险增加、工作条件恶化，使这些农户更易因气候变化影响陷入生计困境（Graff et al., 2019）。当问及外出务工信息来源时，66.7% 的农户表示"靠自己找"，26.0% 为"亲友介绍"，仅有 4.9% 的农户通过"政府获得就业信息"，显示欠发达地区农户就业信息渠道较为有限。

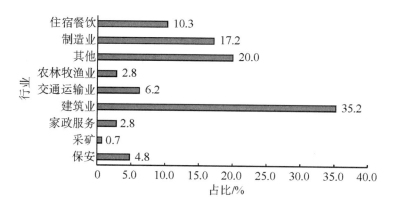

图 6-5 受访农户家庭外出务工人员就业行业分布

此外，当问及"过去五年中，家庭是否遭遇成员生病、病故、家畜死亡或自然灾害"时，62.3%的受访农户表示"遭遇过意外事件"。其中，遭遇家庭成员生病的贫困家庭占 57.1%，遭遇自然灾害损失的家庭占 35.4%。可见，因灾和因病是欠发达地区农户致贫的重要原因，也是未来巩固拓展脱贫攻坚成果的难点。

6.4.3 金融资本

金融资本是人们实现生计目标的资金资源。不同于经济学意义上用于消费和生产的资金，这里的金融资本仅指农户用来设法构建生计策略的要素。一般而言，金融资本在五种生计资本中最常用，因为它不仅能够为农户提供应急资金以应对极端气候事件，还可以支持农户购买耐用的农业设备和资源，从而提升生产效率和抗风险能力（Hallegatte & Rozenberg，2017）。此外，金融资本的灵活性使其能够快速转化为其他生计资本（如人力资本和物质资本），直接获得生计成果，进而减轻因气候变化带来的生计脆弱性。然而，金融资本往往是农户尤其是贫困农户拥有数量最少、获取难度最大的资本。收入的稳定性、借贷渠道的可获得性和资金储备的充足性，均是影响金融资本积累的重要因素。

6.4.3.1 收入

尽管"贫困是多维的"已成为共识，但在精准扶贫中对贫困人群的识别标准主要还是参照收入水平。调查结果显示，受访农户家庭过去一年纯收入的均值为 22 935.4 元，中位数为 15 000 元，说明大多数家庭的收入低于均值。由于农村家庭收入来源具有多样性，笔者按照收入形式进一步调查了农业和非农收入情况。

在非农收入方面，许多受访农户表示，由于农业收入普遍较低，外出务工已成为弥补家庭日常开支的主要途径，这对增强气候变化适应能力同样重要。除务工收入外，各级政府提供的各类补助也构成了贫困地区农户家庭的重要收入来源。在受访农户中，31.0%获得农业补助，21.8%享受低保补助，16.9%领取退耕还林补助，12.5%获得子女教育等其他政府补助（见图 6-6）。这些转移性收入在帮助农户维持基本生计、应对气候变化风险及市场波动方面起到了积极缓冲作用。

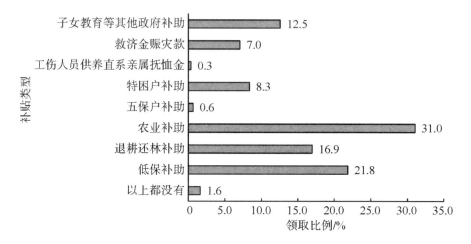

图 6-6　受访农户领取的补贴类型分布

在农业经营性收入方面，受访农户家庭过去一年的农业经营性收入均值为 6 676.3 元，占家庭纯收入的比重为 26.6%，但不同区域存在较大差异。例如，秦巴山区部分贫困农户家庭经营性收入不足 1 000 元。这一现象可能归因于大多数贫困农户所从事的种植业或养殖业难以实现规模化生产，且农产品价格易受市场波动影响，导致经营性收入不稳定，难以形成有效的收入积累。

6.4.3.2　支出

受访农户农业生产经营活动主要分为种植业和畜牧养殖业两类，具体支出明细如表 6-4 所示。种植业农户的年均生产费用为 3 736.9 元，其中种子费和雇工费是主要开支项，分别为 2 114.3 元和 232.6 元。畜牧养殖业农户的年均生产费用开支为 1 901.6 元，其中饲料费和育种（如猪、鸡、鱼等）购置、疾病防治等费用花销最多，分别为 1 110.6 元和 672.1 元。

可见，无论是从事种植业还是畜牧养殖业，贫困地区农户的农业生产成本普遍较高，影响了农业生产效益。

表6-4 受访农户从事农业生产的年费用构成　　单位：元

费用构成	均值
种植生产总花费	3 736.9
其中：雇工费	232.6
种子化肥农药费	2 114.3
机器租赁费	78.5
灌溉费	14.1
畜牧养殖总花费	1 901.6
其中：雇工费	26.9
饲料费	1 110.6
设备租赁费	39.5
繁育及动保等费用	672.1

在日常消费生活支出方面，受访农户家庭除了吃穿开支，子女教育（17.1%）、看病（15.1%）和送礼（14.5%）的支出比重较高。尤其是送礼支出的占比甚至超过了建房、电费、通信等基本生活开支的占比（见图6-7）。在调查中，部分受访农户表示，"人情送礼风气"给家庭生活带来了沉重负担。一位秦巴山区的贫困农户提到："家里每年通过低保、粮食直补等国家补助的收入有5 100元，但一年送出去的礼金最高达近4 000元。一家人原本靠国家补助还过得去，但因随礼太多日子就难熬了，只能能省则省。"这种情况在越是贫困的地区反而更为普遍。在滇桂黔石漠化区，个别少数民族农户表示："现在赶礼是没完没了，一年要花2万元，一次少的要200元，多的要上万元……村里的彩礼现在涨到10多万元，乡亲们卖牛卖羊也要给。"由于人情开支过高，部分农户只有通过借贷方式来支付礼金，从而背上沉重的债务负担。就人情消费本质而言，它是一种情感支持和社会互动，但过度的人情开支，不仅挤占了农户家庭积累其他生计资本的机会，而且增大了生计脆弱性风险。

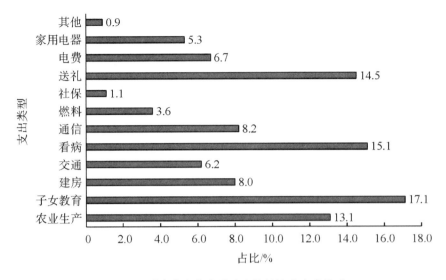

图 6-7 受访农户家庭除吃穿外的消费支出构成

6.4.3.3 债务

当问及"您家目前是否有借钱需求"时，42.5%的受访农户表示有此需求，主要用于子女教育、看病、建房，较少用于发展农业生产。调查结果还显示，在调查过去的 12 个月中，41.5%的农户家庭有负债，户均负债金额为18 685.5元，最高负债金额达到20 万元。农户家庭欠债的原因主要包括子女教育、建房开支、购买农资、生产经营损失以及医疗支出。

综上可见，在欠发达地区，农户的生计面临多重挑战。尤其是当金融资本获取有限的情况下，农户难以拥有足够的资金来应对气候灾害、健康危机等突发事件，从而导致脱贫成效难以巩固。虽然国家的转移支付政策能在一定程度上缓解农户的日常经济压力，但这种支持仍无法满足他们应对长期气候风险的需求。尤其在疾病引发的经济压力下，有限的金融资本使得该家庭的生计更加脆弱，面临返贫风险。

6.4.4 社会资本

社会资本作为一种重要的非物质资源，对社区和个体的气候适应能力、韧性建设和灾后恢复能力具有深远影响。在气候变化日益加剧的背景下，社会资本被认为是减轻气候风险、提升农户和社区应对气候变化挑战的重要工具（Narayan & Pritchett，1999）。社会资本通过促进资源共享、增强信任与合作、激励集体行动，为气候变化的适应和减缓提供了支撑

（Adger et al.，2003）。在应对气候变化过程中，社会资本的各个维度，尤其是社会信任、社会网络的多样性、社会关系的强度及社会参与，将显著影响农户的脆弱性与适应能力。因此，理解和发挥社会资本作用对提升农户适应气候变化的能力至关重要。

社会网络作为一种重要的资源动员工具，能够增进社会成员之间的信任与合作，提高集体行动能力，并促进知识与技能的创新和传播。社会网络的规模和质量直接决定了农户应对气候变化风险的能力。然而，由于社会网络规模难以直接量化，本次调查采用了间接指标来衡量社会网络的规模，即通过调查农户与周围邻里、亲朋好友之间的互动情况，评估社会网络的活跃程度，如农户与邻里、亲朋好友之间的互动频率和人数等，来反映农户社会资本积累状况。

由表6-5可知，欠发达地区农户在日常生活中互动频率较高，且社会关系紧密。具体而言，受访农户近一个月内平均来访户数为15.59户，去别人家拜访户数平均为9.23户。在日常交往中，平均有9.57户家庭关系较为密切，并且有9.87户家庭能够在紧急情况下提供支持。这表明，欠发达地区农户的社会交往在很大程度上依赖于传统地缘、血缘和亲缘网络，尤其在以传统种养殖业为生的农村社区中，社会关系不仅支撑着农业生产和日常生活，也是应对突发状况和自然灾害等危机的关键社会资源。在少数民族聚集的四省藏族聚居区，村民之间互访频次更高，交往密切户数整体高于非民族地区。这既体现出当地独特的民俗文化，也反映了民族地区农户在应对气候变化等挑战时更为依赖密切的社会网络。

表6-5 受访农户家庭平时互访情况

	最小值	最大值	均值	标准差
近一月来串门户数	0	160	15.59	21.35
近一月去串门户数	0	55	9.23	10.49
交往密切户数	0	200	9.57	16.95
紧急情况可求救户数	0	200	9.87	18.53

社会关系通过嵌入社会网络，促进了生计资源的流动和分配。前文关于就业信息获取渠道的调查结果显示，受访农户获取生计信息的途径主要依靠自己，这表明欠发达地区农户所拥有的社会资本存在一定局限性。基于此，笔者进一步调查了贫困农户在面临生计发展资金短缺、生产生活困

境和气候灾害冲击等挑战时，如何利用社会关系展开适应性策略，旨在深入了解社会资本在农户应对生计困境和气候风险中的实际作用。

图6-8的调查结果显示，当农户遭遇资金困难时，亲戚朋友（51.9%）和银行（43.6%）是主要的资金筹措渠道。特别是在新疆南疆三地州和四省藏族聚居区，大多数农户依赖亲戚朋友进行借贷。而在西藏，78.6%的农户倾向于向银行借款，仅21.4%的农户选择亲戚朋友。这一差异可能与西藏持续推进金融扶贫政策有关，调查当年（2017年）西藏扶贫贴息贷款年利率为1.08%，显著低于其他地区的贷款利率。

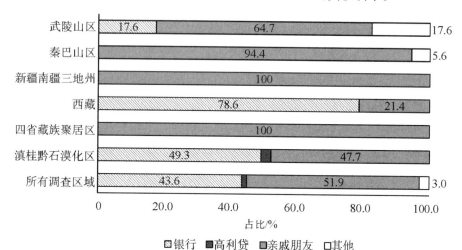

图6-8 不同地区受访农户借贷资金途径

当面临农业生产生活困难、自然灾害等紧急情况时，大多数农户会求助于亲戚（53.8%）和邻居（18.2%），非政府组织的作用较为微弱，如表6-6所示。同时，政府在农户应对困难时发挥了重要作用。特别是在新疆南疆三地州、西藏和秦巴山区，政府成为继亲戚和邻居之后的主要求助渠道。此外，在农村社区内部，村民之间的互助程度较高：52.8%的农户表示"经常帮忙"，23.9%的农户表示"大多数时候会帮忙"，只有17.0%的受访者表示"偶尔会帮忙"。这一结果再次证明，基于亲缘、地缘关系的社会网络，仍是农户应对气候变化等挑战的重要资源。

表 6-6 受访农户在紧急情况下选择求助渠道的占比　　　单位:%

地区	亲戚	邻居	朋友	政府	非政府组织	其他
全国	53.8	18.2	12.6	13.8	0	1.6
滇桂黔石漠化区	59.8	17.4	14.1	7.6	0	1.1
四省藏族聚居区	80.0	0	0	0	0	20.0
西藏	41.4	24.1	17.2	17.2	0	0
新疆南疆三地州	57.9	5.3	0	36.8	0	0
秦巴山区	55.9	5.9	11.8	26.5	0	0
武陵山区	41.4	41.4	13.8	3.4	0	0

从社区重大事务的参与度来看,85.0%的农户表示曾参与村里重大事务投票(如村干部选举、社区治理等),66.0%的受访农户表示"经常参加村里组织的活动",31.4%的农户表示"偶尔参加,但次数不多"。此外,23.8%的农户家庭中有直系或旁系亲属担任村干部。总体而言,这些数据反映了农民在乡村治理中的重要地位,尤其在气候适应与减缓行动中具有较高的参与潜力和活跃度。

6.4.5 物质资本

在贫困治理实践中,许多参与式贫困评估表明,物质资本匮乏是导致生计贫困的关键因素(Chirisa & Nel,2021)。在本书中,物质资本是指支持农户生计发展的公共基础设施及其生产生活所需的物质资源。具体而言,物质资本包括两个方面:一是公共基础设施,如道路交通、通信网络、能源供应、清洁水源、安全住房等;二是家庭生产生活所需的物资和服务,如能源、医疗、教育服务和日常生活必需品等。充足的物质资本能够提升农户应对极端天气事件的能力,使其在遭遇气候灾害时迅速恢复或转型,从而减少气候变化导致的生计脆弱性。

在公共基础设施方面,本次调查的 13 个贫困村大多实现了通路和通电。各样本村与最近集镇的平均距离为 15.6 千米,距县城的平均距离为 26.7 千米,距离最近农资商店的平均距离为 9.6 千米(见表 6-7)。尽管交通基础设施条件明显改善,村民出行的便捷性有所提升,但样本村教育和卫生基础设施仍然严重不足。

调查显示,71.4%的村缺乏幼儿园,仅有 26.8%的村配备公共垃圾桶,

33.9%的农户将垃圾倾倒在住房周围或河沟中。水资源方面，高原藏族聚居区的村民仍主要依赖山溪水，只有58.5%的村民能够使用自来水进行烹饪，安全饮水问题亟待解决。此外，新疆南疆三地州和青藏高原地区普遍存在医疗资源短缺，村民面临看病难、看病贵的实际困难。缺乏足够和可靠的医疗保障和教育资源，必然增加气候变化导致的经济和健康损失。这种损失又会反过来限制欠发达地区农户家庭在教育、生产和资源获取方面的能力，形成恶性循环，加剧气候贫困发生。

表6-7　样本村地理交通条件　　　　单位：千米

地理交通	最小值	最大值	均值	标准差
本村距最近集镇距离	0.1	100.0	15.6	26.5
本村距最近县城距离	2.5	90.0	26.7	22.6
本村距最近农资商店距离	0.1	90.0	9.6	23.2

本次调查还发现，尽管样本村电力已基本覆盖，但受经济条件限制，许多农户家庭仍依赖柴草、煤炭等传统燃料，能源贫困问题较为突出。在受访农户中，仅有22.7%的家庭将电力作为主要生活能源，显示清洁能源使用比例较低（见表6-8）。相比而言，仍有54.1%的家庭依赖柴草，8.1%的家庭使用煤炭，另有10.5%的家庭使用牛粪。总体而言，使用柴草和煤炭等非清洁能源的家庭占比高达72.7%，能源结构显示出低效、高污染的特征。

显然，能源贫困不仅导致环境污染和健康风险上升，也增加了经济和社会成本（Nussbaumer et al.，2012）。一方面，生物质燃料的燃烧会产生室内空气污染，明显增加呼吸系统疾病的发病率，尤其对妇女和儿童的健康危害更为严重；另一方面，依赖柴草和牛粪的家庭通常需要耗费大量劳动力用于采集燃料，从而减少了家庭成员从事非农业生产活动的时间，阻碍了家庭收入的多样化发展（Banerjee et al.，2021），进一步削弱了欠发达地区农户家庭的气候适应能力。

表 6-8　使用各类能源的农户家庭占比情况　　　　单位:%

地区	柴草	煤炭	灌装煤气/液化气	天然气/管道煤气	太阳能/沼气	电	牛粪
所有调查区域	54.1	8.1	4.1	N/A	0.6	22.7	10.5

注:N/A 表示不可用。

6.4.6　基于生计资本的气候适应能力评估

上述田野调查结果表明,生计资本禀赋是欠发达地区农户气候适应能力建设的基础,直接影响其在面临气候风险时实现生计转型的能力。因此,优化生计资本组合被视为提升农户气候适应能力的关键策略。本节基于生计资本组合视角,对欠发达地区农户的气候适应能力进行综合评估,以识别影响其适应能力的关键因素并提出改进路径。

表 6-9 列示了样本村农户生计资本气候适应能力的估计结果。全样本农户的气候适应能力指数平均值为 0.318,显示生计资本对气候变化的适应力仍有优化提升空间。五类生计资本的气候适应能力指数值排序依次为:人力资本(0.401)、社会资本(0.384)、物质资本(0.364)、自然资本(0.265)、金融资本(0.176),提示样本村农户在人力、社会和物质资本方面的气候适应能力相对不足。

表 6-9　基于生计资本的农户气候适应能力评估结果

样本村所在片区	人力资本	物质资本	自然资本	金融资本	社会资本	适应指数
滇桂黔石漠化区	0.406	0.293	0.392	0.227	0.390	0.342
四省藏族聚居区	0.481	0.271	0.242	0.112	0.322	0.286
西藏	0.429	0.527	0.236	0.426	0.202	0.364
新疆南疆三地州	0.537	0.269	0.178	0.035	0.572	0.318
秦巴山区	0.227	0.351	0.221	0.192	0.420	0.282
武陵山区	0.328	0.471	0.320	0.066	0.396	0.316
全样本	0.401	0.364	0.265	0.176	0.384	0.318

注:根据赋值原则,数值越大,代表生计脆弱性越高,适应气候变化能力的缺口越大。

进一步分区域看，秦巴山区样本农户的气候适应能力缺口最小（0.282），而西藏的气候适应能力缺口最大（0.364）。此外，不同片区样本农户的生计资本积累状况存在明显差异，反映出各地在应对气候变化时面临的独特挑战。其中，新疆南疆三地州（0.537）和四省藏族聚居区（0.481）农户在人力资本积累方面最为不足，显示这些地区劳动力受教育水平和就业能力存在局限；西藏农户的物质资本（0.527）和金融资本（0.426）指数值最高，说明基础设施建设相对薄弱，生计发展资金获取有限；滇桂黔石漠化区农户的自然资本（0.392）指数值最低，揭示了该地区石漠化土地的广泛分布及由此引发的人地矛盾；新疆南疆三地州农户的社会资本（0.572）指数值最高，表明农户之间的社会网络支持较弱。为此，各地区乡村应结合自身特点，制定针对性的政策来补齐短板，以促进本地农户生计资本结构优化和气候适应能力提升。

6.5　气候风险对欠发达地区农户生计适应能力的影响

6.5.1　模型设定与数据来源

在分析欠发达地区农户生计资产特征的基础上，为检验气候风险冲击对农户生计适应能力的影响，设定如下基准回归模型：

$$\mathrm{LAI}_i = \alpha_0 + \alpha_1\, C_i + \sum_{j=1}^{n} \beta_j\, X_{ij} + \varepsilon_i \qquad (6\text{-}4)$$

式（6-4）中，LAI_i 为农户 i 生计的气候适应能力指数，C_i 为农户是否经历气候风险冲击的虚拟变量，过去五年内经历过冲击赋值为 1，未经历冲击赋值为 0。X_{ij} 为一系列个体和家庭特征的控制变量，主要包含受访农户民族、性别、年龄、受教育程度、家庭规模、劳动人口数量等；j 为控制变量个数，ε_i 为扰动项。基于前文理论分析，气候风险被划分为急性风险和慢性风险。急性风险冲击包括地震、台风、泥石流、干旱和冻害等突发性灾害，慢性风险冲击则指病虫害等长期威胁；若过去五年经历过急性和慢性两类风险，则视为复合风险冲击。

本书所采用数据均来自笔者 2018 年 2—12 月对新疆、西藏、贵州、四川、湖南五省（区）气候贫困农户的入户调查，数据的描述性特征前文已分析，这里不再赘述。

6.5.2 实证结果分析

表 6-10 汇报了气候风险冲击影响农户生计气候适应能力的回归结果。列（1）的结果显示，气候风险对农户生计的整体气候适应能力影响显著为正（0.054），说明经历气候冲击会削弱农户生计的气候适应能力。列（2）和列（3）进一步考察了不同类型气候风险的影响，其中慢性风险的回归系数为 0.103，显著高于急性风险的系数 0.022。尽管集中风险（如台风、泥石流和地震）破坏力大，但其持续时间较短，影响范围有限；而虽然慢性风险（如病虫害）强度较低，但影响范围广泛且持续时间长，可能需要农户投入昂贵的适应性投资，其对生计气候适应能力的长期影响更显著（Steenwerth et al.，2014）。此外，复合气候风险的分析结果表明，尽管回归系数不显著，但其方向为正，这说明农户在经历复合风险时生计适应能力仍受到一定负面影响，并可能产生累积性和复杂性的冲击。

控制变量回归结果显示，少数民族和女性户主的系数均显著为正，提示少数民族和女性户主比例的增加可能会削弱生计的气候适应能力。家户规模系数在所有列中显著为正，反映出农户家庭规模扩大会增加生计压力。劳动人口变量的系数显著为负，表明增加劳动人口能提高生计的气候适应能力。年龄和受教育程度对生计适应指数的影响未显示出显著性。

表 6-10 基准回归结果

	被解释变量：农户生计的气候适应能力			
	（1）	（2）	（3）	（4）
气候风险冲击	0.054 *** （0.013）	—	—	—
急性风险冲击	—	0.022 * （0.013）	—	—
慢性风险冲击	—	—	0.103 *** （0.024）	—
复合风险冲击	—	—	—	0.007 （0.016）
少数民族	0.038 ** （0.018）	0.053 *** （0.018）	0.050 *** （0.017）	0.058 *** （0.018）

表6-10（续）

	被解释变量：农户生计的气候适应能力			
	（1）	（2）	（3）	（4）
女性户主	0.050 *** （0.012）	0.043 *** （0.012）	0.044 *** （0.012）	0.042 *** （0.013）
年龄	0.0005 （0.0003）	0.001 （0.011）	0.0004 （0.0004）	0.001 （0.0004）
受教育程度	−0.002 （0.005）	0.001 （0.005）	0.0046 （0.0044）	0.004 （0.005）
家户规模	0.011 *** （0.005）	0.011 *** （0.004）	0.012 *** （0.003）	0.012 *** （0.004）
劳动人口	−0.017 *** （0.006）	−0.018 *** （0.006）	−0.017 *** （0.006）	−0.0178 *** （0.006）
截距项	0.208 *** （0.033）	0.204 *** （0.034）	0.202 *** （0.032）	0.201 *** （0.034）
R^2	0.267	0.197	0.274	0.182
样本量	159	159	159	159

注：括号内报告的是稳健标准误，***、**、*分别表示1%、5%、10%的显著性水平，下表同。

进一步分析气候风险冲击对农户不同类型生计资本的影响，结果如表6-11所示。表6-11列（1）的结果显示，气候风险冲击对农户自然资本的影响效应最为显著，回归系数为0.161，表明农业生产资源及基础设施在气候灾害中首当其冲。例如，台风和地震会严重破坏土地、作物、水库和鱼塘，直接损害自然资本，从而削弱农户生计的气候适应能力。根据表6-11列（2）和列（3）结果，物质资本和金融资本的回归系数分别为0.080和0.072，均呈现显著正向影响。这意味着，气候风险冲击不仅导致农户生产条件受损和农业收入减少，还增加了灾后恢复生计的经济负担，甚至可能引发负债，从而削弱家庭的金融资本。这种财务状况的恶化反映了气候灾害对农户生计的长期负面效应（程时雄、何宇航，2023）。

值得注意的是，气候风险对人力资本的影响系数为负且显著。这可能归因于灾害会影响当地劳动力市场，政府和社会组织在灾后通常会加大教育、培训等人力资本投入，帮助受灾农户在恢复中提升适应能力。此外，气候冲击可能迫使农户迁移，以寻求更多非农就业机会，从而推动人力资本积累和发展（Falco & Haywood，2016）。

表 6-11 气候风险冲击对农户不同类型生计资本的影响

	自然资本	物质资本	金融资本	社会资本	人力资本
	（1）	（2）	（3）	（4）	（5）
气候风险冲击	0.161 *** （0.019）	0.080 *** （0.026）	0.072 * （0.038）	0.007 （0.029）	−0.050 *** （0.017）
控制变量	是	是	是	是	是
截距项	0.162 *** （0.050）	0.339 *** （0.065）	0.098 （0.096）	0.330 *** （0.075）	0.113 *** （0.044）
R^2	0.394	0.241	0.082	0.117	0.661
样本量	159	159	159	159	159

6.6 欠发达地区农户生计策略的气候适应能力分析

6.6.1 生计策略类型识别

在对气候风险冲击影响效应的检验结果基础上，本节将进一步识别欠发达地区农户生计资产的不同组合策略，旨在更深入理解各类生计策略在适应气候变化中的优势和不足，为应对气候贫困的行动提供参考。

6.6.1.1 识别方法

本节采用聚类分析方法，以农户拥有的资产变量为划分依据，通过对不同生计资产组合策略进行分类，识别其在气候适应能力方面的差异。聚类分析的核心在于通过数学方法计算观测指标之间的距离，对样本进行分组，使得组内相似度高而组间差异显著。

本书基于表 6-2 的指标体系，对欠发达地区样本农户的五类生计资产及其所属指标进行了分类。因为二级指标中包含了连续变量和分类变量，所以采用了两步聚类分析法。两步聚类法结合了分层聚类和 K-means 算法的优势，分为预聚类和最终聚类两个阶段，适用于大规模数据集的分析。两步聚类法通过距离测度对样本进行分类，并依据 AIC 和 BIC 判别准则确定最优聚类数量，生成聚类频数及描述性统计，并可展示聚类频数条形图和变量的重要性图。此方法在处理数据时假设连续变量不必严格符合正态分布，分类变量为多项式。

在实施聚类分析前，首先对调查问卷数据进行 KMO 和 Bartlett 有效性检验。结果显示，KMO 值为 0.587（大于 0.5），且 Bartlett 球形度检验的 P 值小于 0.005，表明数据适合因子分析，满足聚类分析的前提要求（见表 6-12）。

表 6-12　KMO 和 Bartlett 检验结果

KMO 值		0.587
Bartlett 的球形度检验	近似卡方	1 407.949
	自由度	300
	P 值	0.000

运用上述方法，并以 BIC 准则为判定依据，本节对气候贫困农户进行了分类。在分类过程中，对连续变量进行了标准化处理（均值为 0，标准差为 1），以提高聚类分析的稳定性和可比性。基于现实情况及对 26 个二级指标的分析统计结果，自定义的五类聚类结果显示出良好的聚类质量。凝聚和分离的轮廓测量结果显示聚类质量尚佳，最大聚类与最小聚类的比值为 4.69，表明各类之间具有足够的区分度。

6.6.1.2　生计策略的识别结果及代表性指标分析

表 6-13 展示了欠发达地区农户生计资本聚类的五类样本占比以及各调研地区不同类型生计策略的样本分布情况。

表 6-13　各地区不同类别生计策略农户的样本分布

分类	频数	百分比/%	滇桂黔石漠化区	新疆南疆三地州	秦巴山区	武陵山区	甘孜州藏族聚居区	西藏
第一类	44	27.67	0	0	15	14	15	0
第二类	61	38.36	44	0	1	1	14	1
第三类	14	8.81	3	0	0	0	0	11
第四类	27	16.98	13	0	2	0	0	12
第五类	13	8.18	0	12	0	0	0	1

基于聚类分析结果，本书根据五类生计资本的标准化指数值和相关变量的重要性，将受访气候贫困农户生计资本组合策略划分为五种类型。下面首先结合代表性指标对各类型生计策略的特征进行分析（见图 6-9）。

第一类：生计资本平衡型。该类农户的生计资本禀赋较为均衡，资本组合策略没有明显的优势和劣势。然而，在基础设施服务获取方面，该类型农户获得的支持略显不足，表现在水资源安全、房屋类型、借钱困难程度等指标均值略低于其他生计策略的农户。

第二类：生计方式单一型。该类农户对自然资本依赖较高，生计策略多样化不足，体现在土地使用、农业生产活动多样化程度、家庭设备种类等指标上，指标数值高于其他类型农户，反映出该类农户受限于土地资源、农业生产工具，生计策略较为单一，难以有效应对气候风险冲击。此外，该类农户家庭以少数民族女性户主居多。作为农村留守女性，她们不仅承担了家中养育和照顾老弱的重任，而且文化程度和劳动技能水平整体低于男性，在提高农业生产经营收益方面具有较大局限性。尤其是那些未能获得外来汇款支持的家庭，气候变化带来的生计脆弱性更为严重。

第三类：人力资本不足型。这类农户在人力资本积累方面存在显著不足，尤其在家庭抚养比和文盲率两项指标上，与其他生计类型农户相比表现出明显劣势。据笔者测算，这两项指标的均值分别为0.50和0.35，说明该类家庭中有一半成员需要赡养，且有超过三分之一的成员不识字或识字不多。虽然这类农户拥有的自然资本、社会资本相对丰富，但家庭既要承担子女教育开支，又要赡养老人，经济负担较重。同时，该类农户普遍受教育程度低、知识技能缺乏，非农就业难度大，容易陷入"贫困-能力弱-收入低-贫困"的恶性循环。这一现象在少数民族聚集的贫困乡村尤为突出。

第四类：生存条件落后型。该类农户大多居住在自然地理条件较差、生态环境脆弱的深度贫困地区。这些地区乡村的基础设施薄弱，水、路、电、房、厕等设施建设尚不完善，医疗、教育和卫生等公共服务发展滞后，表现在通电情况、行政村距集镇距离、垃圾处理、自然灾害发生频率等指标均值高于其他类型农户，指数值分别为0.44、0.43、0.7和0.89。这些不利条件严重限制了该类农户的生计发展和气候适应能力。

第五类：社会资本缺乏型。该类农户跟外界沟通联系较少，获得的社会网络和社会关系支持较少，在遇到紧急情况时寻求帮助的渠道有限，也很少参与村中社区治理活动，故很难获得外界提供的技术、资金和其他发展机会，表现在借钱难易程度和紧急情况帮忙人数两项指标均低于其他类型农户，指数值分别为0.92、0.67。同时，这类农户家庭主要在民族聚居区，家中男性多外出务工，女性留守较多。

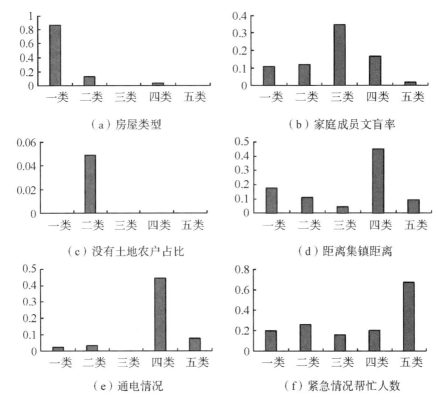

（a）房屋类型　　　　　　　　　　（b）家庭成员文盲率

（c）没有土地农户占比　　　　　　（d）距离集镇距离

（e）通电情况　　　　　　　　　　（f）紧急情况帮忙人数

图 6-9　各类生计资本组合策略的代表性二级指标对比

6.6.2　不同生计策略的气候适应能力

虽然前面的分析已揭示了不同生计策略农户生计资本组合的特征，但仍需通过定量分析评估各类生计资本组合策略的气候适应能力，以及识别影响生计适应能力强弱的关键资产要素，从而比较各类生计资本组合策略的优劣。

表 6-13 列出了五类聚类及所有生计资本组合策略的综合适应能力及其各类资本的表现。结果显示，农户的生计适应能力从弱到强依次为：第二类生计方式单一型（0.351）、第四类生存条件落后型（0.330）、第五类社会资本缺乏型（0.322）、第三类人力资本不足型（0.320）和第一类生计资本平衡型（0.285）。其中，第一类生计资本平衡型表现出相对较强的适应能力，证实其在应对气候风险时具有较低的脆弱性，与前面的定量分析结论一致。第二类和第四类被认为是适应能力最弱的两类组合，综合气

候适应能力指数值均高于所有调研样本的平均值（0.324）。第五类虽然社会资本缺乏，但由于其他资本组合相对均衡，综合气候适应能力优于第三类人力资本不足型。

表 6-13　不同生计资本组合的生计适应能力指数值

	一类	二类	三类	四类	五类	平均值
人力资本	0.352	0.426	0.484	0.351	0.522	0.406
物质资本	0.362	0.306	0.353	0.437	0.303	0.347
自然资本	0.230	0.379	0.197	0.331	0.188	0.298
金融资本	0.098	0.261	0.298	0.265	0.067	0.204
社会资本	0.383	0.385	0.266	0.267	0.530	0.366
综合适应能力	0.285	0.351	0.320	0.330	0.322	0.324

注：指数越高，表明气候适应能力缺口越大，能力越弱。

整体来看，人力资本、物质资本、社会资本的指数值依次是 0.406、0.347 和 0.366，表明这三类资本缺乏是制约当前欠发达地区农户生计气候适应能力的主要因素。相比之下，自然资本和金融资本的指数值分别为 0.298 和 0.204，显示其对农户生计气候适应能力的制约作用相对较弱。因此，为有效提升欠发达地区农户生计的气候适应能力，当前应优先加快基础设施和公共服务建设，强化社会支持体系，并提供教育和技能培训，从而增强农户应对气候贫困的综合能力。

需要强调的是，由于社会脆弱性程度和生计资本禀赋差异，不同类型气候贫困农户在适应气候变化时需采取因地制宜、因人而异的生计策略。结合前面分析，对于生计平衡型农户，应通过改善居住和生活条件来增强气候适应能力。对于生计方式单一型农户，需强化技能培训以促进生计多样化，从而提高其抵御气候风险的韧性。人力资本不足型农户因家庭文盲率高，需重点加强教育和灾害应急知识的培训，保障子女接受教育，打破贫困的代际传递。生存条件落后型农户亟须改善所在地区基础设施和公共服务投入，夯实生计发展物质基础。对于社会资本缺乏型农户，家中大多有留守妇女、儿童和老人，应在社区层面加强社会支持和技能培训，帮助其拓展生计多样性，保障生计安全，实现有效应对日益加剧的气候挑战。

6.6.3　小结

中国长期以来致力于通过农业和农村发展来减少贫困，并在 2020 年实现了彻底消除绝对贫困的目标。然而，气候变化对自然系统和社会系统的影响日益加剧，威胁着农村减贫的成效。自然系统与社会系统相互作用，形成了一个复杂且动态的整体，共同影响着人们的生计状况。气候冲击会导致个体或家庭生计资本的匮乏，进而削弱其生计的可持续性。

本章基于田野实地调查数据，从微观农户视角揭示中国气候贫困农户的生计资产状况及其生计策略选择，弥补了前文基于宏观数据的生计脆弱性评估在揭示个体或家庭生计资本和策略适应方面的不足。笔者通过对欠发达地区 159 户农户的实地调研发现，遭受过气候冲击的农户家庭，生计适应能力显著降低。尤其在慢性气候风险下，生计适应能力受影响的程度高于急性气候风险。由于慢性风险的广泛性和持续性，其对农户生计的长期影响更为深远。研究表明，气候风险对自然资本、物质资本和金融资本的冲击最为显著。这主要是因为气候冲击显著影响了农户的生产条件及相关硬件设施，导致农业收入减少，并引致额外的生产支出，从而削弱了农户生计的气候适应能力。

为有效应对气候冲击，建议从不同类型农户的生计特征出发，制定可持续的生计策略。研究结果指出，气候贫困农户在自然、金融、物质、人力和社会五类生计资本方面存在显著的禀赋异质性。根据这些资本组合的特征，中国乡村气候贫困农户的生计策略大致可分为五种类型：生计资本平衡型、生计方式单一型、人力资本不足型、生存条件落后型及社会资本缺乏型。因此，制定适应气候变化的生计策略需充分发挥农户生计资本组合的优势，并弥补生计资本的禀赋不足和分配不均。

7 应对气候贫困的生计发展实践：
以阿坝藏族羌族自治州为例

7.1 研究背景与问题

消除贫困、改善民生、逐步实现共同富裕，是中国特色社会主义的本质要求。2020 年全面建成小康社会后，中国农村原发性绝对贫困彻底消除，次生性相对贫困将贯穿现代化全过程（李小云、许汉泽，2018；汪三贵、曾小溪，2018）。中国农村相对贫困既有"贫"和"困"交织的多维属性，又兼具时空、区域、群体、个体、主客观的相对性，还呈现隐蔽、广泛、动态、长期等多元特征。因此，在迈向共同富裕的新征程上，农村贫困治理亟待从物质扶贫转向多维扶贫，从聚焦地区转向聚焦脆弱人群，从给予外力转向强化内力，从侧重农村转向城乡融合和福祉共享。

结合贫困的地理格局看，中国"三区三州"深度贫困地区中，79%以上面积位于青藏高原①。这些地区生存环境恶劣、自然灾害频发，致贫原因复杂，基础设施和社会事业发展滞后，脱贫内生动力严重不足，实现脱贫和巩固脱贫成果都存在很大不确定性②。其中，作为中国扶贫最困难的地区（左停 等，2018），也是全球气候变化的剧烈区和敏感区（包文 等，2024），青藏高原地区应对贫困和气候变化的双重挑战尤为艰巨。如果不采取有效的气候适应措施，当地农牧民将难以应对气候变化、草地退化、

---

① 中华人民共和国中央人民政府."三区三州"旅游大环线助力深度贫困地区脱贫攻坚[EB/OL].(2019-10-15)[2019-10-20]. https://www.gov.cn/xinwen/2019/01/06/content_5355262.htm.

② 习近平.在深度贫困地区脱贫攻坚座谈会上的讲话[EB/OL].(2017-06-23)[2017-09-02]. https://www.gov.cn/xinwen/2017-09/02/content_5222125.htm.

药材退化等多种风险，最终无法摆脱生计脆弱的困境（Hua et al.，2017；阎建忠 等，2011）。

多年来，中国农村扶贫经验表明，农户是实践的主体，激活农村贫困人口生计发展的内生动力，依靠自立自强走出生存和发展困境，是实现稳定脱贫和乡村振兴的关键（林闽钢，2020）。生计发展的内生动力难在"内生"、贵在"内生"，是个体由内而外的主体性心智表达和发展力量。如果未能从这一底层逻辑找准农户生计发展的自驱力，单纯沿用过去"输血式"的外力帮扶方式，将可能陷入主体缺位、瞄准偏差、福利渗漏等治理困境，难以真正实现农村生计的可持续发展，进而阻碍乡村振兴和农业农村现代化。因此，在脱贫攻坚与乡村振兴相衔接的重要转折点，激活脱贫地区农户生计发展内生动力，增强自我发展的志气、心气和底气，已纳入从中央到地方的诸多政策性文件，并持续付诸行动①。

近年来，脱贫农户生计发展的内生动力日益受到学界关注（傅安国等，2022；王卓、董贝贝，2021；张琦、李顺强，2021；周迪 等，2022）。然而，在理论和政策层面，内生发展动力的内涵暂未形成明确定义。同时，内生动力的多维属性和主观性，使其量化测度面临较大挑战，故现有研究多以个案为主，且研究区域主要集中在非民族聚居区（于乐荣，2019；左停、田甜，2019）。当前，在致贫因素日益多元化的情况下，以青藏高原为代表的深度贫困民族地区脱贫农户面临着特殊的生计挑战。由于这些农户居住环境恶劣、资源匮乏和经济社会发展滞后，往往生计发展内生动力不足，存在脆弱性脱贫状况（甘娜，2020）。一旦外部扶贫力量减弱，则极易因气候灾害等风险而重新陷入贫困境地。由此，在"十四五"时期，有必要以"内生-外源"互动视角重新审视现有减贫政策，探讨如何进一步激发深度贫困民族地区脱贫农户生计发展的内生动力，通过形成内生动力和外部助力的良性互动的新内生发展模式，从而增强农户生计应对气候风险冲击的抗逆能力。

基于此，笔者选取四川省阿坝藏族羌族自治州（以下简称"阿坝州"）为调研地点，旨在揭示高原少数民族农牧民生计发展的实践活动及其所盼、所忧、所为、所能，探讨激发这些地区农户生计发展内外互动合

---

① 农业农村部. 巩固拓展脱贫攻坚成果：全面推进乡村振兴重点工作述评[EB/OL].（2023-02-16）[2023-02-17]. http://www.moa.gov.cn/ztzl/2023yhwj/xcbd_29328/202302/t20230221_6421133.htm.

力的关键要素，为新时代巩固深度贫困地区的脱贫成果和适应气候行动提供实践依据。

7.2 阿坝藏族羌族自治州概况

7.2.1 自然地理环境

阿坝州地处青藏高原东南缘，横断山脉北段与川西北高山峡谷的接合部，位于四川省西北部，紧邻成都平原，是长江黄河上游重要生态屏障和重要水源涵养地，在国家生态安全大局中占有举足轻重的地位。

阿坝州辖区面积 8.42 万平方千米，占全省总面积的 17.31%。全州地表整体轮廓为典型高原，平均海拔为 3 500～4 000 米。境内最高海拔四姑娘山主峰 6 250 米，与东侧岷江出境处水平距离仅 59 千米，高差却达5 470米。地形高原和山地峡谷约各占一半，地貌类型有 11 个，分为平坝、台地、低山、低中山、中山、高山、极高山、山原、高平原、丘状高原、高山原。复杂的地形地貌导致多样的气候，全州气温自东南向西北并随海拔由低到高而相应降低。冬春季节空气干燥，多阵性大风，旱、霜、雪、低温、大雪各类灾害性天气频繁。

阿坝州辖马尔康 1 个市，金川县、小金县、阿坝县、若尔盖县、红原县、壤塘县、汶川县、理县、茂县、松潘县、九寨沟县、黑水县 12 个县。有 174 个乡镇，1 090 个行政村，64 个建制社区①。阿坝州是我国羌族的主要聚居区和四川省第二大藏族聚居区。其中羌族主要聚居于汶川县、理县、茂县 3 县，该区域平均海拔较低，农业生产方式以种植业为主。阿坝县、若尔盖县、红原县、壤塘县 4 县位于阿坝州西北部，海拔较高，地貌以高寒草场为主，是传统牧区。马尔康市、金川县、黑水县、松潘县、九寨沟县位于高原峡谷区，地势落差大，农业生产方式为半农半牧。

阿坝州土地总面积 830.03 万公顷。其中耕地 9.45 万公顷，占 1.01%；园地 1.15 万公顷，占 0.14%；林地 376.00 万公顷，占 45.3%；牧草地 452.19 万公顷，占 44.57%。全州拥有丰富的旅游、森林、草原、矿产、

---

① 阿坝州地方志办公室年鉴科. 阿坝州年鉴 2022[EB/OL]. (2023-11-06) [2023-12-01]. https://www.abazhou.gov.cn/abazhou/2022nnj/202311/816575bf4a3d4185869f2aeb7f9b691a.shtml.

水能和生物资源。其中，有 A 级景区 82 个，国家森林公园 6 个；天然草原资源 452.2 万公顷，其中可利用草地面积 385.63 万公顷；已发现矿种 55 个、矿床 58 处；大小河流 530 余条水力资源理论蕴藏量 1 933.4 万千瓦，可开发量 1 400 万余千瓦；自然保护区 25 个，其中国家级自然保护区 6 个（九寨沟、南莫且湿地、卧龙、若尔盖湿地、四姑娘山、白河）。

7.2.2 经济社会发展

阿坝州所辖 13 县（市）均为国家重点生态功能县，是限制和禁止开发区，各类开发活动受到严格管制，经济发展受到刚性制约。2022 年，全州实现地区生产总值 462.51 亿元，占四川省生产总值总量的 0.81%，人均地区生产总值为 5.65 万元，总量偏小，在四川省 21 个市州中排名靠后，低于全国平均水平 2.92 万元。

根据区域禀赋，全州分为四个产业片区（见表 7-1）。其中，第一片区为西南片区，是清洁能源示范带，由马尔康、金川、小金三县组成，属典型高山峡谷地带，海拔落差极大，最低海拔 1 750 米，最高海拔 6 250 米，农业人口占总人口的 78.4%，藏族人口占总人口的 68.7%。受地理条件限制，大多数农牧民居住在高半山，地广人稀、分布零散。第二片区为西北片区，是草原特色产业示范带，属丘状高原地形，由阿坝、若尔盖、红原、壤塘四县组成。农业人口占总人口的 84.8%，藏族人口占总人口的 89.6%。第三片区为东南片区，是绿色经济先行示范带，东部与成都相连，由汶川、理县、茂县三县组成，属高山峡谷地带。农业人口占总人口的 74.4%。其中，其羌族聚居区是全国最大的羌族聚居区，羌族人口占该区域总人口的 57.7%。第四片区为东北片区，是精品文化旅游示范带，由松潘、九寨沟、黑水三县组成，农业人口占总人口的 78.6%，藏族人口占 53.6%，汉族人口占 34.6%。

表 7-1 阿坝州各片区基本情况

指标	西南片区	西北片区	东南片区	东北片区
面积/平方千米	17 734	36 106	12 746	17 926
乡镇、村	7 镇 51 乡 346 村	5 镇 54 乡 271 村	13 镇 35 乡 348 村	6 镇 53 乡 386 村
海拔/米	1 750~6 250	>3 500	—	—

表7-1（续）

指标	西南片区	西北片区	东南片区	东北片区
人口/万人	20.5（农业人口占78.4%）	21.4（农业人口占84.8%）	36（农业人口占74.4%）	19.5（农业人口占78.6%）

资料来源：《阿坝州年鉴（2018）》。

结合表7-2中数据可知，阿坝州四个片区发展不平衡不充分的问题依然突出。位于东部的第三片区和第四片区经济发展情况明显好于西部的第一片区和第二片区，河谷地带好于高半山片区。从产业结构看，阿坝州当地工业化现代化程度相对较低。2020年阿坝州第一产业占比为19.93%，远高于全国平均水平（7.7%），对经济增长的贡献率为19.1%。第二产业占比为23.42%，对经济增长的贡献率为49.5%。第三产业占比为56.64%，对经济增长的贡献率为31.4%。同时，州内各片区之间经济发展的不平衡在产业结构中同样表现突出。第一片区和第四片区拥有旅游资源，以服务业为主导产业，旅游业、餐饮服务业发展水平高于其他片区。第二片区农业占比最高，达到36.1%，第二产业在四个片区中占比最低；第三片区以工业为主导产业，第二产业占比高达63.1%。因此，阿坝州四个片区间经济发展水平处于不同的经济发展阶段，其脱贫农户内生动力的激活策略也应区别对待。

表7-2 2020年阿坝州各县（市）经济发展状况

片区	GDP/万元	第一产业/万元	第二产业/万元	第三产业/万元	产业结构/%	人均GDP/（元·人）
第一片区	587 525	89 511	160 290	337 724	15.2∶27.3∶57.5	28 847
马尔康市	286 896	24 903	42 873	219 120	8.7∶14.9∶76.4	47 816
小金县	163 201	33 397	67 688	62 116	20.5∶41.5∶38.0	20 400
金川县	137 428	31 211	49 729	56 488	22.7∶36.2∶41.1	18 324
第二片区	525 456	189 865	115 141	220 450	36.1∶21.9∶42.0	21 848
阿坝县	113 253	35 905	22 512	54 836	31.7∶19.9∶48.4	14 708
若尔盖县	187 545	82 061	36 858	68 626	43.8∶19.6∶36.6	24 013
红原县	130 626	44 176	32 294	54 156	33.8∶24.7∶41.5	26 283
壤塘县	94 032	27 723	23 477	42 832	29.5∶25.0∶45.5	22 389

表 7-2（续）

片区	GDP /万元	第一产业 /万元	第二产业 /万元	第三产业 /万元	产业结构 /%	人均GDP /（元·人）
第三片区	1 174 984	124 503	741 446	309 035	10.6∶63.1∶26.3	46 054
汶川县	584 843	41 979	369 855	173 009	7.2∶63.2∶29.6	56 947
理县	246 138	21 401	163 861	60 876	8.7∶66.6∶24.7	50 335
茂县	344 003	61 123	207 730	75 150	17.8∶60.4∶21.8	30 880
第四片区	692 300	94 748	292 062	305 490	13.7∶42.2∶44.1	32 258
松潘县	214 304	43 382	62 954	107 968	20.2∶29.4∶50.4	28 536
九寨沟县	253 697	23 219	84 509	145 969	9.2∶33.3∶57.5	31 052
黑水县	224 299	28 147	144 599	51 553	12.5∶64.5∶23.0	36 891
阿坝州	3 066 684	495 488	1 395 314	1 175 882	16.2∶45.5∶38.3	32 552

数据来源：《阿坝州年鉴（2019）》。

截至 2022 年年底，全州户籍人口 89.52 万人，其中男性 45.57 万人，女性 43.95 万人。常住人口为 82.3 万人，其中城镇人口 35.02 万人，农村人口 47.28 万人，常住人口城镇化率为 42.55%[①]。在民族构成方面，州内藏族和羌族人口占总人口的 78.1%，分别为 53.87、16.6 万人，其次是汉族 16.14 万人、回族 2.75 万人，以及其他民族 0.16 万人。

2020 年第七次全国人口普查数据显示，全州常住人口中，拥有大学（大专及以上）、高中（含中专）、初中及小学文化程度的人口分别为 10.85 万人、6.80 万人、17.78 万人、29.69 万人[②]。相比 2010 年第六次全国人口普查，每 10 万人中拥有大学文化程度的由 0.76 万人增加到 1.32 万人，而拥有高中、初中、小学文化程度的人数分别减至 0.82 万人、2.16 万人和 3.61 万人。全州城、镇、乡的人口性别比分别为 98.17、103.24 和 111.15，乡村人口性别比高于城市和镇，也高于四川省平均水平，乡村人口男性化特征更明显[③]。

---

① 资料来源：《阿坝州年鉴（2022）》。

② 各类受教育程度的人口包括各类学校的毕业生、肄业生和在校生。

③ 阿坝州在第五次和第六次全国人口普查期间没有县级市设置，因此没有城市人口数据。2015 年设立马尔康市为县级市后，城市人口性别比在 2020 年第七次全国人口普查中首次出现。

7.3 阿坝藏族羌族自治州精准扶贫精准脱贫过程

7.3.1 贫困总体状况

阿坝州 13 县（市）属国家新一轮脱贫攻坚地区确定的 14 个连片特困地区，是四川乃至全国贫困程度最深和治贫难度最大的地区之一，全州 13 县（市）均为深度贫困县（市），其致贫原因既有全国深度贫困地区的各种共性问题，也具有高原地区气候贫困的独特性。

从贫困人口的空间地理分布看，高半山区和边远牧区是阿坝州贫困人口最集中、贫困程度最深的地方，主要分布在壤塘县、金川县、阿坝县、黑水县、若尔盖县、红原县，这些县曾是国家扶贫开发工作重点县，也是阿坝州脱贫攻坚的主战场和重难点地区①。以 2014 年为例，壤塘县和阿坝县贫困发生率分别高达 26.0% 和 21.6%，明显高于州内平均水平（见表 7-3）。

表 7-3　2014 年阿坝州贫困基本情况

所辖县	户数	人数	贫困村个数	农业人口数	贫困发生率/%
阿坝州	26 643	103 643	606	714 697	14.5
壤塘县	2 150	9 583	44	36 841	26.0
阿坝县	3 351	15 256	35	70 567	21.6
黑水县	2 909	9 976	64	53 351	18.7
小金县	3 279	12 191	88	69 279	17.6
金川县	2 544	9 490	52	61 941	15.3
松潘县	2 131	7 869	55	58 103	13.5
红原县	1 363	4 966	13	37 227	13.3
理县	1 196	4 400	36	34 965	12.6
马尔康市	1 008	3 764	29	31 179	12.1

① 2021 年这些县中有 114 个村纳入国家乡村振兴的重点帮扶村。

表7-3(续)

所辖县	户数	人数	贫困村个数	农业人口数	贫困发生率/%
九寨沟县	1 591	5 638	48	47 379	11.9
若尔盖县	1 738	8 198	41	68 687	11.9
茂县	2 042	7 872	64	83 853	9.4
汶川县	1 341	4 440	37	61 325	7.2

数据来源：2018年5月阿坝州扶贫和移民工作局《阿坝州脱贫攻坚调研报告》。

7.3.2 脱贫攻坚过程及成效

党的十八大以来，全州上下坚持以习近平总书记扶贫开发战略为指引，坚决贯彻落实党中央、省委脱贫攻坚决策部署，紧紧围绕"两不愁三保障""四个好"目标，结合州情，以"连片性贫困稳定脱贫、群体性贫困有效脱贫、个体性贫困持续脱贫、特殊性贫困同步脱贫"为新阶段扶贫脱贫工作思路，突出从脱贫致富向全面发展转变、从单元扶贫向连片扶贫开发转变、从常规扶贫向精准扶贫转变、从单项输血向多维造血转变、从政府主导向多位一体转变的扶贫工作导向，分类推进"五个一批"的扶贫政策措施，涵盖医疗、教育、生态、就业、产业发展、基础设施建设、住房、兜底保障、社会帮扶等各个方面（见表7-4）。从2015年开始，全州共投入社会扶贫及各类援助资金53.98亿元、实施项目3 770个，社会广泛参与的大扶贫格局初步形成。

针对贫困群体，阿坝州有针对性地采取了一系列措施，主要包括：①发展特色农产品，培育龙头企业，农村合作社等新型农业经营主体，并对生产扶持人均补助资金3 000元。②对就业进行扶持，开展跨区域的劳务合作，巩固扩大州外就业的规模，开展长期劳务合作机制。依靠旅游资源转移农村劳动力，鼓励回乡创业，人均扶持补助资金3 000元。③针对不同群体进行移民安置。对居住在生态环境恶劣，生态脆弱的贫困人口实施移民地搬迁安置，人均补助为1万元左右。对丧失劳动能力的特困群体，如老年人、儿童、残疾人，全部纳入最低生活保障标准。对因病致贫的医疗救助对象采取医疗救助，除去基本医疗保险等各种保险外，还对个人负担的部分还给予相应的补助。④阿坝州是大骨节病的重病区，因此积极开展了地方病的特殊救助。⑤灾后重建帮扶，对相应受灾贫困户发放补助资金和物资，优先推进住房重建，支持受灾对象迅速恢复生产。

表 7-4　阿坝州精准扶贫主要举措

序号	分类扶持	项目
1	产业和就业发展脱贫	生态农业、乡村旅游、村级集体经济、发展商贸流通、发展劳务经济、提升教育水平
2	移民搬迁安置	生态扶贫、避险搬迁、易地扶贫搬迁
3	低保政策兜底	"五保户"集中供养、最低生活保障、社会保险覆盖
4	医疗救助扶持	医疗救助、大病医疗保险补助、免费诊治
5	灾后重建帮扶	即时救助、设施重建、恢复生产

资料来源：根据笔者调查整理。

在国家扶贫政策大力支持、州委和州政府的坚强领导和全州各族群众共同努力下，阿坝州脱贫攻坚工作成效明显。从减贫进程看，2011—2015年间，全州贫困人口数量从 20.9 万人减少到 7.4 万人，贫困发生率从 30.0%下降到 10.5%。2016 年，全州 126 个贫困村摘帽，2.4 万贫困人口摆脱贫困，贫困发生率下降到 7.0%；2017 年，马尔康市、汶川县、理县、茂县顺利通过省级考核验收，365 个贫困村退出，全州贫困人口减少 8.22 万人，减贫幅度达 79%，贫困发生率降至 3.06%；2018 年全州 4 个县摘帽、208 个村退出贫困序列、17 151 名贫困人口脱贫，6 个计划摘帽县通过州级验收；2020 年全州 13 个县（市）、606 个贫困村提前一年摘帽退出，10.38 万人的贫困人口全部如期脱贫，贫困发生率从 14.5%降至零。精准扶贫期间，全州完成藏族聚居区新居 1.6 万户、易地扶贫搬迁 9 355 人，新改扩建农村公路 6 961 千米，解决了 4.4 万贫困人口饮水安全、3.9 万人用电安全，实现了"五通"全覆盖，绝对贫困、区域性整体贫困问题基本解决。截至 2020 年年底，贫困群众人均纯收入从 2015 年的 2 625 元增至 2020 年年底的10 054元，增长近 3 倍①。

尽管阿坝州在解决绝对贫困问题上取得了历史性重大突破，但受制于自然、地理、历史等因素，全州经济社会发展相对滞后的客观事实依然存在，当地农户生活质量与经济发达区农户仍有较大差距。生态环境脆弱、

① 根据 2012—2021 年《阿坝州年鉴》和政府工作报告整理得到。

基础设施不完善、区域发展不均衡、人力资本积累缺失等因素仍然制约着当地农户生计的长期可持续发展，已脱贫农户因灾因病、因灾返贫风险突出，巩固拓展脱贫攻坚成果任务相当繁重。

7.4 生计发展实践的田野呈现

7.4.1 调查设计与数据采集

从 2019 年 5 月开始，笔者历时三个月，在阿坝州 13 个县开展了针对阿坝州少数民族脱贫农户的实地入户问卷调研。结合理论框架及调研区域特点，笔者设计了本次的问卷。整个调查问卷分为两类：一类为脱贫农牧民问卷，该问卷主要涉及脱贫农牧民家庭的人力资本、社会资本、金融资本、自然资本、物质资本和政策评价等部分；另一类问卷为村干部问卷，主要访谈脱贫农牧民所居住村庄的村干部，问卷涉及当地自然环境、基础设施条件、低保标准等内容。

在调查实施中，被访对象采取问答式填写问卷法和深度访谈法。整个调研过程为：2019 年 5 月至 6 月为预调研阶段，初步以金川县的安宁镇和马尔康市的马尔康镇、松岗乡、沙尔宗乡作为预调研对象，首先进行了实地入户调研，收集了近 100 份问卷，并对村委会主任等村干部进行了访谈，以获取所需的村级信息。根据预调研结果，笔者总结了初始问卷的不足，完成正式问卷设计，并于 2019 年 6 月至 8 月在阿坝州 13 个县（市）的 173 个村庄展开调研。

为保证样本质量，笔者采用基于收入的分层随机抽样方式获取样本。首先，在区县抽样框内将乡镇样本按照人口的总体收入情况分为高、中、低 3 个群组，在 3 个群组中随机选取 72 个拟调研乡镇；然后，随机抽取 99 个样本村；最后按照政府建档立卡等数据信息，随机抽取 800 户为样本脱贫农户。本次调研共发放农户问卷 800 份，回收有效问卷 754 份，有效率 94.3%；发放村干部问卷 173 份，回收有效问卷 99 份，回收率为 57.2%。经计算，问卷调查总体样本的 Cronbach's α 的值为 0.717>0.600，说明问卷可信度高，满足所需要求。采用因子分析中的 KMO 值来判断变量收敛效度，结果显示 KMO 值为 0.653，通过了巴特利特球形检验（$P<0.05$），表示问卷效度达到可接受要求。

7.4.2 样本基本情况

本次调研样本涵盖了阿坝州不同区域，兼顾了民族聚居区的多样性，其分布情况如表7-5所示。

表7-5 样本数量及区域分布

县	乡	农户样本	村干部样本
金川	勒乌、安宁、庆宁、阿科里、独松、毛日、卡撒、马尔邦、曾达	65	15
黑水	麻窝、苏木、芦花	36	3
小金	崇德、老营	38	2
马尔康	木尔宗、大藏、沙尔宗、马尔康镇、白湾、松岗、龙尔甲、日部、康山、脚木足、党坝	164	30
松潘	镇口关、青云	56	5
九寨沟	勿角、草地、玉瓦、双河、郭元、陡江、大隶、安尔、罗依、保华、漳扎、马家、永丰、黑河、永乐	29	4
阿坝	阿坝、柯河、贾洛、麦尔玛、查理、安羌、茸安、四洼、安斗	94	14
若尔盖	麦溪、辖曼镇、唐克、班佑、达扎寺、妹夫哇、包座、崇尔、降扎	69	9
壤塘	宗科、吾依、中壤塘、上壤塘、茸木达	56	9
红原	瓦切、色地	63	3
茂县	石大关	20	1
汶川	水磨、绵虒	39	2
理县	通化、下孟	25	2
合计		754	99

7.4.3 传统转向现代的生计模式

历史上，阿坝州是一个多民族杂居的地区，不同民族有着各自的生产生活方式和传统文化。从传统农业生产方式看，汉族以农耕为主，藏族和羌族以游牧为主。改革开放多年来，现代化已经通过城市建设、交通建设、水电开发、乡村旅游等多种形式进入到民族地区。这些变化一方面促进了民族地区整体经济发展，另一方面也带来藏族聚居区农牧民生计方式、文化认同、社区关系等诸多社会变迁。在调查中，笔者真切感受到，与发达地区的民众一样，藏族聚居区农牧民同样在不断努力改善自己及家庭生活的处境，期盼过上更加美好的生活。不仅如此，在市场经济冲击下的新环境中，他们不断向外来经商者学习和外出务工学习，来实现生计发展的美好愿望。

本次调查显示，被访农户中有 80.2% 的家庭仍从事农业生产，但 50.3% 的家庭有成员外出务工，49.7% 的家庭无成员外出务工，两者基本上各占一半。在有成员外出务工的家庭中，26.3% 的家庭有 1 人外出，8.4% 的家庭有超过 1 人外出。这表明，尽管藏族聚居区农户家庭生计仍依赖于本地传统农牧业，但有相当一部分家庭生计已开始向多元化方向发展，体现出生计策略的多样化趋向（见表 7-6）。

具体到本地就业和外出务工行业，本地就业家庭多采用纯农型生计策略，生计活动主要包括种植中药材（如虫草、川贝、大黄等），饲养牛羊，采摘松茸、鹅蛋菌、黄丝菌，只有少数从事保洁、护林、护路等公益性工作；有成员外出务工的家庭多采用兼农型生计策略，外出务工者主要从事建筑业和住宿餐饮业，体现出生计策略的多样化趋向。

表 7-6 被访农户家庭就业的行业分布   单位:%

行业	本地就业	外出打工
种植业	41.5	8.8
畜牧业	32.0	7.5
旅游业	1.2	1.6
采矿业	0.3	0
制造业	1.2	8.1
建筑业	4.6	21.6
交通运输仓储业	2.1	8.8
住宿餐饮	4.0	19.1
保安	0.7	3.8
家政服务	0.7	0.6
公益性岗位	2.6	0
其他	9.1	20.3

注：公益性岗位主要包括公共设施维护员、生态管护员、地质灾害监测员、道路养护员、河道管护员、农村保洁员等，其他主要包括挖药材、打零工。

当地农户家庭以传统农牧业为主要收入来源，工资性收入较少，整体收入水平偏低（见图7-1）。被访农户家庭全年人均可支配收入为6 898.95元，不仅明显低于2019年全国贫困地区农村居民人均可支配收入（11 567元），而且低于四川农村居民人均可支配收入（14 670元）。从收入来源看，农业经营性收入和转移支付收入占据重要地位，有68.6%的被访农户家庭领取了来自政府的农业补助。在消费生活方面，被访农户家庭每天人均消费支出仅有12.12元，远低于2019年四川省农村居民日均40.2元的消费水平①。

总体来看，阿坝州大多数脱贫农户家庭的生计高度依赖自然资源，农牧二元的生计特征仍较为突出。这种高度依赖自然资源的生计方式，虽然在一定程度上保障了家庭的基本生活，但也意味着面临更高的气候灾害致贫返贫风险。因此，深度贫困民族地区农户虽然摆脱了绝对贫困，但自我发展能力依然较弱，收入的增长在很大程度上依靠农业经营收入及转移支付收入，这是制约生计内生发展动力释放的重要诱因。

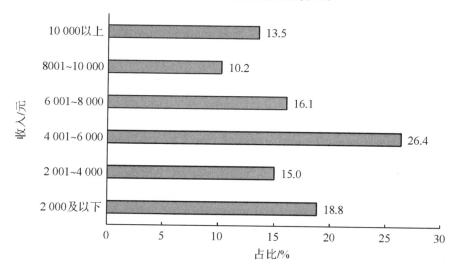

图7-1　被访农户家庭年人均可支配收入分布

---

① 四川省农村居民日均消费水平根据《2019年四川省国民经济和社会发展统计公报》测算得到。

7.5 内外互动的生计发展机制

在乡村生计发展实践中，依靠外部力量的"外生发展"和激发自我潜能的"内生发展"被视为两种主要模式，融合于地方行动中（梁漱溟，1990；陆学艺，1993）。前者强调自上而下的路径，依赖政府投资、技术引进和外部市场导入；后者强调自下而上的能力建设，依托地方资源、社区参与和本地市场扩展。然而，单纯依赖外生发展，可能导致对外部资源过度依赖和本地经济的脆弱性，而完全依靠内生发展，又可能限制经济的多样化和外部资本流入。这种双重困境表明，单一取向难以促使乡村经济长远发展。因此，有效的乡村生计发展机制应当结合内外两种取向，通过内外互动以此实现生计的可持续性（李培林，2023；朱冬亮、殷文梅，2022）。

新内生发展理论提供了一种理论框架，强调地方社区在发展过程中的自主性和主动性，同时合理利用外部资源（Gkartzios & Scott，2014；Ray，2006）。本书将结合实地调查，尝试从外部助力和内部动力两个角度剖析阿坝州脱贫农户生计发展的动能生成机制。

7.5.1 外部赋能的生计助推

为深入了解外部帮扶对农户生计发展的助推情况，笔者结合阿坝州实施的十一项精准扶贫政策，试图从脱贫农户主体角度呈现外部助推的效果。这些扶贫政策涵盖医疗、教育、产业、就业、社保等九个方面。需要说明的是，所有政策满意度评价，均是请被访农户对精准扶贫以来与其生产生活密切相关的内容进行评分。

表 7-7 的数据显示，被访农户对精准扶贫的十一项政策措施的平均满意度评分为 4.16~4.37，表明脱贫群众对这些政策的整体满意度较高，其中满意度均值最高的三项依次为住房保障（4.37）、兜底扶贫（4.37）和教育扶贫（4.35），相对靠后的三项依次为医疗条件（4.16）、教育条件（4.21）和产业扶贫（4.30）。进一步结合阿坝州各县的地理与经济特性，剖析不同区域农户满意度的差异性。

表7-7 被访农户对各项扶贫政策的满意度评价

措施	医疗条件	教育条件	生态扶贫	教育扶贫	产业扶贫	基础设施	健康扶贫	就业扶贫	兜底扶贫	社会扶贫	住房保障
均值	4.16	4.21	4.32	4.35	4.30	4.34	4.34	4.31	4.37	4.35	4.37
牧区	4.22	4.25	4.35	4.39	4.36	4.40	4.36	4.38	4.45	4.41	4.44
半农半牧	4.13	4.18	4.30	4.33	4.26	4.27	4.31	4.26	4.31	4.30	4.31
农区	4.17	4.24	4.36	4.31	4.29	4.42	4.38	4.35	4.36	4.39	4.43
汉族	4.46	4.43	4.54	4.57	4.52	4.53	4.59	4.52	4.59	4.56	4.56
少数民族	4.12	4.17	4.29	4.32	4.27	4.31	4.30	4.28	4.33	4.32	4.35

注：评价1分为很不满意，2分为不满意，3分为一般，4分为满意，5分为很满意。

分区域看，第一，阿坝州的阿坝县、红原县、若尔盖县和壤塘县被并称为"草地四县"，地处西北部高原区，海拔较高，地势平坦，气温较低，植被以高寒草原为主，是传统牧区；第二，马尔康市、金川县、小金县、黑水县、松潘县和九寨沟县地处中部高山峡谷区，地形落差大，随着海拔变化，气候从亚热带到温带、寒温带、寒带，呈明显的垂直性差异，农业生产方式为半农半牧；第三，汶川县、理县和茂县是阿坝州羌族的主要聚居区，三县地处阿坝州东南峡谷地区，海拔较低，气候以干热河谷气候为主，热量条件较好，是阿坝州主要的蔬菜、水果出产区域，是传统农区。总体而言，牧区农户满意度评分在所有措施上均高于平均水平，尤其是兜底扶贫（4.45）和住房保障（4.44）的满意度最高。这是因为偏远牧区一直是脱贫攻坚的重点区域，政府支持力度较大，大量人力物力向偏远牧区倾斜，使得牧区生产生活条件得到极大改善。半农半牧区农户满意度评分整体较为均衡，对教育扶贫、健康扶贫、兜底扶贫、住房保障的满意度相对较高。农区农户对住房保障（4.43）和社会扶贫（4.39）的满意度相对较高。但值得注意的是，无论是在牧区、半农半牧区还是农区，脱贫农户对医疗条件和教育条件的满意度相对较低。

分民族看，汉族农户对扶贫政策的满意度平均分（4.53）整体高于少数民族农户（4.28），少数民族农户满意度最低的三项分别是医疗（4.12）、教育（4.17）和产业（4.27），凸显了深度贫困的民族聚居区在医疗、教育等公共资源方面的匮乏，公共服务可及性和质量均亟待提升。同时，在外部扶贫力量推动下，民族聚居区产业扶贫已初见成效，但产业发展根基依旧不稳固。未来须进一步加大对民族聚居区产业的扶持力度，提供必要的技术培训与市场拓展服务，助力当地产业持续壮大，从根本上提升少数民族农户的自我发展能力。

7.5.2 内生驱动的生计选择

内生动力是农户通过自身努力和资源整合，主动应对外部环境变化，实现可持续生计发展的能力。在深度贫困民族地区，恶劣的生存环境与农户内生发展动力不足相互交织，构成了应对气候贫困的持续性挑战，也为构建气候适应性生计的社会政策指明了方向。

期望效用理论认为，在面对风险和不确定性时，决策者会依据各项选择的预期效用值来做出选择，从而追求最大化利益（Schoemaker，1982；Von Neumann & Morgenstern，1947）。实证研究表明，处于贫困边缘的农户尤其如此，因为他们每天必须管理风险以确保生计（Yesuf & Bluffstone，2009）。由此，以阿坝州为代表的深度贫困地区脱贫农户，其生计发展的内生动力形成过程复杂，既受个体因素影响，又受外部条件限制，所形成的生计选择结果本质上是农户在风险情景下的理性选择。

基于这一逻辑，为探究内生动力驱动生计发展的路径机制，有必要沿着"风险情景-应对条件-行动选择"的动力生成机制，探寻动力不足的根源。结合研究目的，本节将从"人-地-业"三个要素，尝试刻画阿坝州脱贫农户在风险情境下如何结合自身条件和能力，将内外部资源转化为家庭生计发展的行动，揭示内生驱动生计发展的机制。

7.5.2.1 人——生计实践的微观主体

农牧民是生计实践的关键主体，其应对风险的条件和能力，直接决定了生计发展的内生动力及行动策略。

劳动力数量和性别在家庭生计发展实践中扮演关键角色，不仅决定了家庭的生产能力和收入水平，还影响家庭在教育、健康和社会资本方面的投资，进而影响生计的可持续性。被访农户中，男性为485人，占64.3%；女性269人，占35.6%。年龄主要集中在40岁以上，40岁以上人数占到样本农户的71.5%（见图7-2）。从民族分布来看，藏族574人，占76.1%；羌族41人，占5.5%；汉族99人，占13.1%；回族18人，占2.5%；其他民族22人，体现出阿坝州多民族的典型特征。

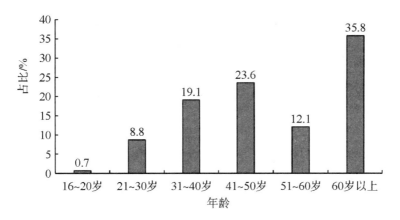

图 7-2 被访农户年龄分布

从家庭结构看，男性户主占 75.79%（335 户），女性户主占 24.21%（107 户），显示男性在决策和经济活动中处于主导地位。在川西北牧区农村，藏族家庭一般不分家，有长子（长女）留家习俗。在家庭日常劳动分工中，女性主要负责家务活和大量家庭生产劳动，如挖药、捡拾菌类、砍柴、下地干活等，是自然资源的实际使用者。然而，由于藏族聚居区女性在家庭与社区层面的决策参与缺失，其对生态资源的保护与生态建设项目的认知能力仍有待提升。

从家庭规模看，被访农户平均家庭规模为 4.11 人，平均每户劳动力人口 1.83 人。其中，家庭抚养压力较大的家庭（抚养比≥150%）有 240 户，占总样本的 31.8%；没有劳动力的家庭有 58 户，占总样本的 7.7%（见表 7-8）。在高原民族聚居区，人们认为分家会让家中财力和生计资本分散，所以尽量不分家是应对高原恶劣生存环境的一种生计策略，这也体现为大多数家庭拥有较为充足的劳动力支持生计活动。

表 7-8 被访农户家庭人口抚养比分布

抚养比/%	户数	百分比/%
0~<50	146	19.4
≥50~100	113	15.0
≥100~150	197	26.1
≥150~200	87	11.5
≥200	153	20.3

表7-8(续)

抚养比/%	户数	百分比/%
无劳动力	58	7.7
总计	754	100.0

注：本次调查的抚养比是家庭中非劳动人口（儿童和老人）与劳动人口（18～60岁的成人）的比例。

　　然而，被访农户家庭总体文化水平偏低，以文盲和小学文化为主（见图7-3）。家庭成员平均受教育年限仅有4.8年，受教育年限为6年以下的家庭有463户，占总样本家庭的比例高达61.4%。

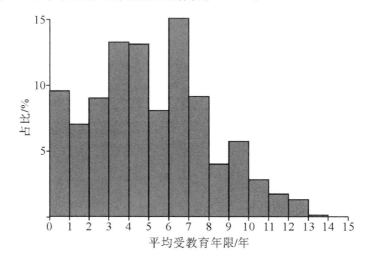

图7-3　被访农户家庭成员平均受教育年限分布

7.5.2.2　地——生态脆弱的实践场域

　　阿坝州地处中国南北地震带中环，境内有龙门山、岷江、阿坝、东昆仑等多条活动断裂带，是全国少有的地震高烈度区和地震高发区。特殊的地理生态条件导致阿坝州自然灾害种类多，发生频率高（见表7-9），灾害具有危、大、重、急等显著特点。特别是2008年汶川8.0级地震和2017年九寨沟7.0级地震后，州内生态植被损毁严重，地质环境稳定性变差，崩塌、滑坡、泥石流等次生灾害隐患增多，水土流失加剧，严重威胁当地农户生计安全，应对气候变化任务十分艰巨。

表 7-9　阿坝州地质灾害灾种类型及分布情况统计

序号	县（市）	灾种类型及数量/件				
		滑坡	崩塌	泥石流	不稳定斜坡	汇总
1	马尔康市	113	20	206	45	384
2	金川县	134	79	295	14	522
3	小金县	230	83	190	65	568
4	阿坝县	28	1	55	19	103
5	若尔盖县	17	4	29	41	91
6	红原县	17	1	16	2	36
7	壤塘县	53	15	106	29	203
8	汶川县	214	153	176	168	711
9	理县	146	161	108	26	441
10	茂县	425	170	248	277	1 120
11	松潘县	149	63	115	76	403
12	九寨沟县	104	211	221	68	604
13	黑水县	108	49	158	27	342
总计		1 738	1 010	1 923	857	5 528
占比/%		31.44	18.27	34.79	15.50	100.00

资料来源：《阿坝州"十四五"地质灾害防治专项规划》。

在阿坝州，自然灾害的种类主要包括干旱、低温霜冻、暴雨洪涝、雪灾、滑坡、地震等。其中，低温霜冻是阿坝州的主要灾害性天气之一；雪灾多发生在西北部牧区，呈现影响范围扩大、出现次数增多的趋势。调查期农户表示，这里气候不好，七月、八月是全年气候最好的时候。冬天特别冷，风刮在脸上像刀子一样。从十月开始就下雪了，六月飞雪也经常有。

恶劣的气候条件显著影响了当地农户生计。被访前三年，多数脱贫农户家庭遭受过冻害、冰雹、霜冻、滑坡、泥石流、洪涝和雪灾等自然灾害。此外，还有少数家庭遭受过地震、大风、病虫害、旱灾。其中，冻害冰雹发生频率最高，影响了超过四分之一（27.5%）的被访脱贫农户家庭；其次是滑坡、泥石流、雪灾、洪涝灾害，影响范围也较为广泛（见表 7-10）。

173

表7-10　被访前三年被访农户家庭遭遇各类自然灾害的占比情况

单位:%

灾害类型	占比
冻害冰雹	27.5
滑坡、泥石流	16.9
雪灾	11.7
洪涝	10.9
地震	8.8
病虫害	8.1
大风	7.8
旱灾	4.7
传染病	1.6
其他	1.2
森林火灾	0.7

除自然灾害频发外，阿坝州农户近年来还面临草地退化、植被盖度下降、超载过牧、涵养水源和保持水土能力下降等生态环境恶化问题。生态保护和农牧民增收不协调的问题日益凸显。造成这一现象的原因是多方面的，既有生态脆弱、保护难度大、历史欠账多、基础设施弱等客观因素，也有供需矛盾、管理不善等主观因素。

首先，川西高原地区虽然人口稀疏，但人口增速较快。由于生态环境保护政策限制，农牧民可利用的草地面积比较有限。为保障生活需要和增加收入，牧民往往不自觉地增加牲畜数量，导致超载过牧现象长期存在①。同时，为了满足人口增长与牲畜数量增加引致的粮食需求，农牧民会开垦更多土地以满足养殖需求。

其次，自20世纪80年代以来，全州实行"牲畜折价归户，私有私养，自主经营，长期不变"的方针，牧民保护生态环境的主观意识逐渐淡化。虽然这一政策促进了当地畜牧业发展，但也导致牧民在追求经济利益的同时，逐渐忽视了生态环境保护，造成州内草原地区鼠害严重和沙化现象。

---

① 根据《阿坝州"十四五"生态环境保护规划》，2020年阿坝州实际载畜量994.05万羊单位，超载率7.05%。

最后，阿坝州草原牧区区域广阔、地广人稀，交通不便，生态环境管理面临诸多困难。例如，每年药材收获季节，很多牧民及外来人员滥挖滥采虫草、贝母、野生菌等名贵中药材，破坏了原生植被层。一些进入草原景区的游客，缺乏环保知识和环保意识，直接带来大量垃圾。再加上水电、矿产等资源开发和公路等基础设施建设中，存在管理滞后、保护意识差、投入不足问题，进一步加剧了农牧民生计环境的脆弱性。

7.5.2.3　业——生计适应的实践选择

阿坝州特殊的地貌、水热和自然条件，孕育了农户家庭依赖自然资源的传统生计方式，同时也加大了应对气候贫困的难度。下面通过对壤塘这一典型欠发达县的调研，考察气候贫困高发地区农户如何在外来力量推动下，通过内外互动探索气候适应型生计策略，从而释放内生发展动力。

案例 7-1　应对气候贫困的壤塘实践

壤塘，又名"壤巴拉塘"，藏语意为"财神居住的地方"，位于青藏高原东南缘，四川省阿坝州西部，是典型的半农半牧及藏族聚居区。1958 年设县，辖区面积 6 863 平方千米，境内最高海拔 5 178 米，平均海拔 4 000 米，长冬无夏，年均气温 4.8 ℃。2020 年建制调整后辖 3 镇 8 乡、53 个村居总人口 4.65 万人。壤塘曾是国家级贫困县及"三区三州"深度贫困地区。现为国家乡村振兴重点帮扶县，四川省 39 个欠发达县之一。在阿坝州各县中，壤塘气候最恶劣，贫困矛盾突出，是研究气候贫困和适应型生计策略的理想地点。

尽管经过 60 多年发展，壤塘仍具有集老（革命老区，境内曾留下多处革命红色遗址）、少（以藏族为主的少数民族占总人口的 92.5%）、边（地处偏远，距成都近 600 千米）、高（境内平均海拔 4 000 米）、穷（国家级扶贫开发重点县）、病（约 60% 的农牧民患有大骨节、结核和包虫等地方病）、教（有寺庙 37 座，4 个学经点）于一体的县情。县贫民穷、基础落后、经济弱小、贫病交织、增收乏力是壤塘县最典型、最突出的特征。同时，壤塘地处安多、嘉绒、康巴藏族文化交融地，是藏传佛教觉囊文化非遗核心区，拥有丰富的文化资源——县级以上非遗项目 82 项，其中国家级 2 项①。

---

① 壤塘县人民政府. 壤塘概况［EB/OL］.（2023-12-14）［2024-01-05］.https://www.rangtang.gov.cn/xtxrmzf/c100125/202312/8834284839ed408c8dc94824c98b5759.shtml.

在外部力量帮扶之前，壤塘县的交通条件极为落后。2009 年，壤塘县通村硬化路里程仅 5 千米，等级公路里程仅 245 千米，从县城出发到成都在畅通情况下需要 14 个小时。交通不便导致壤塘丰富的生态资源和多元文化资源未能得到有效利用，难以支撑当地农牧民多元化的生计策略。这种状况进一步引发了壤塘县的气候贫困问题。2014 年，壤塘县共有 44 个贫困村，占行政村总数的 73.3%；贫困户 2 150 户，占农村总户数的 25.3%。全县农牧民人均纯收入 6 244 元，只有全州平均水平的 79%，全国平均水平的 64%。全县 60 个村没有一个村有主导产业，有集体经济积累的村仅有 3 个（不足 10 万元），其中高半山及边远牧区村 53 个占 88.33%。

在调研中，壤塘县茸木达乡的村民告诉我们，以前这里的道路坑坑洼洼，出门极为不便。由于气候恶劣、交通落后和耕地稀少，当地农户主要依赖种植青稞、小麦，养殖牛羊，以及上山挖药来维持生计，增收渠道十分有限。若要售卖饲养的牦牛，农户只能前往 300 千米以外的阿坝州红原县，路程遥远且常遭遇压价。由于再将牦牛运回的成本过高，农牧民只能被动接受低价销售，这大大打击了他们内生发展的积极性。此外，壤塘县农牧民整体文化程度偏低，普通话不流利，限制了他们参与非农就业的机会。

根据可持续生计理论，壤塘县农牧民生计资本显示出明显的匮乏状态。具体而言，交通基础设施落后（物质资本）限制了经济发展和市场接入，生态和文化资源（自然资本和社会资本）未被充分利用，资源转化为经济收益的机制缺失加剧了家庭经济困境。此外，集体经济薄弱和主导产业缺乏，使农牧民收入（金融资本）增长机会受到限制。再加上技能与知识储备（人力资本）不足，影响了农牧民参与现代经济活动并应对复杂气候环境风险的能力。由此，壤塘县的气候贫困现象是自然环境与家庭多种生计资本匮乏共同作用的结果，也是削弱当地农牧民内生发展动力的根本诱因。

为打破这一困境，自 2009 年起，在交通运输部定点帮扶下，部省累计投入资金 16.2 亿元，实施了 127 个交通项目，开启了"交通+产业"的扶贫模式①。其间，浙江温州市和省卫生健康委、省科技厅、省统计局、绵阳市、东方电气集团等不同部门和地区的援助力量相继加入，从不同角度

---

① 壤塘分别于 2016 年、2019 年实现 100% 乡镇、建制村"通硬化路""通客车"目标。

对口帮扶壤塘，对农牧民脱贫形成了有力拉动。在外部力量推动下，壤塘县交通运输条件持续改善，产业发展基础得以奠定，农牧民生计实践也随之发生积极变化。

依托政府部门和农技专家的支持，壤塘县茸木达、岗木达和吾依三个乡的村民从2014年开始主动尝试种植高原大棚蔬菜。通过"公司+基地+农户"的经营模式，当地农牧民每年不仅能获得每亩450元的土地流转费，还能在基地务工，拓宽收入渠道并学习实用技能。在受访的56户壤塘农牧民家庭中，仅有2户未参加过政府举办的农业技能和就业技能培训，其中1户主要从事非农活动，另1户为文化程度较低的女性户主家庭。此外，壤塘农牧民家庭土地流转最大面积达到了939亩。可见，农业种植结构调整，一方面让剩余劳动力就业问题得到解决，另一方面农户在气候适应型农业发展中实现了脱贫增收。调研中，个别农户提及，以前种青稞一亩收入只有四五块钱，而甘蓝等蔬菜一亩收入能上万元。

然而，仅依靠农牧业仍不足以显著改善农牧民生活。为此，壤塘县采取了"合作社+贫困户"的模式，成立了48个脱贫攻坚造林专业合作社。通过实施生态公益林效益补偿制度，优先聘用贫困户担任生态公益性岗位，促进生态保护与脱贫致富目标的双赢。调研中，一位叫作多吉的生态管护员表示，2017年之前一家人除了采挖虫草、贝母等药材，没有更多收入来源。当上生态管护员后，多吉每年有1万元的工资，再加上退耕还林、采挖虫草、贝母等药材等其他收入，全家成功实现了生态脱贫。

此外，壤塘对散落民间的优秀文化进行挖掘、整理，成立藏戏、藏药、梵音古乐、唐卡、石刻等47个非遗传习所和18个"飞地"传习基地，采取"传习所（基地）+公司+农户"模式，将非物质文化遗产转化为商品推向市场，带动3 000余名青年依托文创产品实现致富。这不仅促进了非物质文化遗产的市场化，还加强了农牧民与外界的联系与合作，增强了他们的社会归属感和认同感。

壤塘县作为青藏高原上的典型农牧区，其农牧民生计发展实践为探索气候变化影响下的可持续脱贫路径提供了宝贵经验。这一实践充分表明，内生动力与外部助力的有效结合，是实现可持续脱贫和生计发展的关键路径。

一方面，外部力量在政策、资金、技术等方面的支持，为农牧民提供了必要的发展条件，显著改善了他们的物质资本（如基础设施和设备）、金融资本（如补贴和工资）和人力资本（如技能培训和教育），不仅为农牧民创造了更多生计选择，还激发了其作为主体的自主发展积极性。另一方面，在外部力量介入后，壤塘县农牧民展现出强大的内生动力，积极利用外部资源。在面临恶劣的气候环境和经济困境时，他们主动适应环境变化，调整生计策略。通过学习和应用新技术（如高原大棚蔬菜种植）、新生计模式（生态保护和文创项目），不仅增加了收入来源，还提高了自然资本和社会资本积累。通过改善生态环境和社区内外合作，进一步增强了适应气候变化的生计韧性，形成了"人-地-业"的良性互动，为实现长期稳定的脱贫和发展奠定了坚实基础。

7.5.3 气候适应型生计发展中的制约因素

从壤塘案例可以看出，阿坝州在应对气候贫困方面取得了显著成绩，但农牧民在未来发展气候适应型生计方面仍面临不少挑战。

结合受访农牧民对政策改善生计效果的评价来看（见表7-11），阿坝州农户对各项生计支持及帮扶政策满意度较高，平均得分为4.31，且高于农户对自身能力改善的评价得分。这一结果表明，民族地区脱贫农户对国家政策高度认可，政策在帮助农牧民脱贫和改善生活方面效果显著。然而，相关政策在提升个体发展能力、激发个人内生发展动力方面的作用还有待加强。同时，政策对不同生计类型和不同民族群体在发展能力提升方面的效果也存在差异。

表 7-11　扶贫政策对自身发展能力改善程度的评价

措施	生态扶贫	教育扶贫	产业扶贫	基础设施	健康扶贫	就业扶贫	兜底扶贫	社会扶贫	住房保障
均值	4.09	4.15	4.08	4.17	4.22	4.13	4.16	4.11	4.21
牧区	4.19	4.23	4.13	4.24	4.27	4.20	4.24	4.18	4.33
半农半牧	4.06	4.13	4.07	4.12	4.21	4.11	4.14	4.10	4.14
农区	3.91	3.96	3.94	4.14	4.08	3.94	4.01	3.94	4.18
汉族	4.30	4.38	4.29	4.36	4.41	4.27	4.25	4.25	4.30
少数民族	4.06	4.11	4.05	4.14	4.19	4.11	4.15	4.09	4.20

注：评价1分代表无改善，2分为稍有改善，3分为一般，4分为明显改善，5分为大幅改善。

分农业生产区域看，牧区农户在各项政策的效度评价上均领先于农区农户和半农半牧区农户。这可能是因为，牧区社会经济发展水平长期滞后，自然环境相对恶劣，农户生活条件和其他区域相比具有明显差距。近年来，通过政府扶贫政策的大力支持，牧区农户生活水平较以往有了明显提升，所以自身感受到的个人发展能力提升效果也最好。相比较，农区农户对自我发展能力改善的效果评价最低，仅有3.91分，表明农户的期待和实际效果之间还有一定差距，这可能是因为农区农户生活条件过去一直优于其他区域。因此，2020年后脱贫农户生计发展动力的激活需要充分纳入区域发展不平衡的考量。

从民族差异角度看，汉族农户对自我动力改善效果的评价得分高于少数民族农户。这可能与汉族农户较少数民族农户拥有更高的人力资本有关。汉族农户能够更好地利用政策，有效改善自身生活状况。可见，在制定和执行扶贫政策时，需要充分考虑不同民族群体的诉求和自身文化差异，以确保政策包容性和有效性。

7.5.4 小结

显然，以阿坝州为代表的欠发达地区农村在应对气候贫困中展现出了多个维度的独特性。这种独特性深刻根植于其历史、地域、民族、文化中，体现在四个方面：一是历史特殊。以阿坝州为代表的民族地区历史上大多是苦寒之地，贫困积淀程度较深。二是地域特殊。以阿坝州为代表的"三区三州"地区地广人稀，过去长期处于相对封闭的发展状态。三是民族特殊。民族聚居之处社会结构仍较传统，许多民族习惯、生活习惯有特殊之处。四是发展特殊。这些地区仍以传统农耕社会为主，产业基础薄弱，生态环境与民族文化保护压力大。

然而，正是这些特殊性使得阿坝州在生态农业、文化旅游和传统手工业等方面升级发展实践，为中国欠发达地区乡村因地制宜地同步推进应对气候变化和贫困的行动提供了有益启发。首先，多样化生计模式的探索和实践，有效增强了当地农户生计适应力，减少了对单一农牧业的依赖，降低了气候风险影响；其次，外部力量的有效介入，特别是在基础设施建设和社会保障提升方面的努力，极大地改善了民众生活条件，激发了地方经济的内在活力；最后，将生态环境保护与民族文化传承置于重要位置，实施绿色发展战略，同时挖掘和传承丰富的民族文化资源，不仅保护了地方文化的独特性与多样性，还提升了农户文化自信与归属感，推动了生产、生活和生态协同发展。因此，欠发达地区乡村发展不能仅依赖短期的扶贫政策，而是需要构建多维度的综合发展策略，通过建立可持续的生计发展体系，才能有效提升区域经济韧性，应对气候变化和巩固拓展脱贫攻坚成果的多重挑战。

8 总结与思考

中国是全球受气候变化相关极端天气事件影响最大的国家之一。多年来，广大农村群众在适应气候变化中积累了丰富的本土经验和智慧。然而，愈演愈烈的气候危机已成为农村生计可持续发展的重大威胁。2020年后，中国绝大多数脱贫农户仍居住在生态脆弱、经济欠发达的地区，对气候风险的暴露度、敏感性和脆弱性尤为突出，极易因未来极端气候事件引致的灾害而致贫返贫，故构建欠发达地区农户气候适应性生计尤显迫切。然而，目前中国适应气候变化的政策与行动尚处于起步探索阶段。因此，本章将聚焦气候贫困高发地区农户的生计发展诉求，借鉴农村适应气候变化的国际经验，探讨促进中国欠发达地区农户形成气候适应型生计的有效策略。

8.1 乡村生计发展诉求与全球经验借鉴

8.1.1 本土生计发展诉求

如前所述，本书的出发点不在于寻求自上而下的生计策略，而是以自下而上的视角构建欠发达地区农户的适应性生计策略，以应对气候变化和贫困的双重挑战。基于这一出发点，了解这一群体生计发展的诉求是构建气候适应性生计策略的前提。为弥补前面分析的不足，本章将通过呈现笔者开展的田野访谈，从农户家庭、贫困村干部和非干部扶贫人士等不同利益相关者角度，揭示气候贫困地区农户生计发展的主观诉求，以期为气候适应性政策制定和实践操作提供更全面的参考依据。

案例 8-1：滇桂黔石漠化片区 G 村贫困户家庭的生计诉求

G 村位于滇桂黔石漠化地区，地理位置非常偏僻，自然条件恶劣，属于该省极度贫困乡，贫困人口数量多，脱贫难度极大。近年来，村中实施了易地扶贫搬迁政策，扶贫支持力度大，政府为搬迁户提供了免费电冰箱、家具等支持。但是，由于村中贫困户与非贫困户在生活条件上差别不大，部分生产生活条件差、住房保障不达标的贫困户不愿意搬迁。这一情况反映出该地区贫困户的生活困境和政策实施的复杂性。

H 女士是该村一户典型留守村里的少数民族女户主。她的家庭成员包括 3 个正在读书的孩子和一位年过 80 岁的老母亲，生活压力较大。由于老母亲经常生病，需要全天照顾，H 女士无法外出工作。而她的丈夫虽在外打工，但收入不稳定，难以负担家庭的全部开支。孩子们的教育费用和老人的医疗费用是家庭的主要负担。

在访谈中，H 女士对国家的扶贫政策表示了极大认可。她提到，近年来通过扶贫政策，他们得到了猪、鸡、鱼等养殖物资，村干部在政策实施中也给予了积极支持，这些都使他们的生活有所改善。然而，H 女士也指出，扶贫政策只能解决短期问题，要真正脱贫，还需要依靠自身努力。她特别希望国家能够继续关注那些家庭经济困难的孩子，让他们有机会完成学业，摆脱贫困。

H 女士对于村里的扶贫工作提出了一些建议。她认为，村干部在执行扶贫政策时，重大事情通常会通知大家，比如缴纳合作医疗保险，这让家庭能够真正做到少花钱去治好病，减轻了家庭经济负担。然而，她也指出，村里的信息公开度不够透明，造成村里人与自己利益有关的就去了解，村里其余与自己无关的事情就不去过问。此外，村里的人大部分识字不多，希望村里有机会多组织开展一些活动，帮助村民提高文化水平，以便他们更好地参与村里的事务和政策实施。

（笔者根据 2018 年调研访谈记录整理）

该案例展示了滇桂黔石漠化地区贫困户在脱贫过程中面临的复杂挑战。虽然易地扶贫搬迁政策在改善部分家庭生活条件方面取得了一定成效，但部分贫困户因住房保障不足或生活习惯等原因未能完全接受这一政策。家庭教育、医疗负担是生计压力的主要来源，特别是女性家庭户主需要在家庭照顾与经济维持之间寻求平衡，导致生计困境进一步加剧。

此外，H 女士的家庭显示出在扶贫政策的帮助下生活条件有所改善，但要实现长期脱贫，仍需要通过教育和技能培训提高家庭成员的自我发展能力。同时，村内的政策透明度和信息公开也显得至关重要，提升村民的治理参与度和文化素养，将有助于欠发达地区贫困农户更好地理解和利用政府提供的支持来发展生计。

案例 8-2：秦巴山区 Y 村乡贤返乡创业的困境

秦巴山区 Y 村是一处历史悠久的红军故土，村中曾有多位红军战士，具有深厚的红色文化背景。然而，Y 村是该镇发展最为缓慢的贫困村之一，基础设施落后，村民经济收入普遍较低。作为村中一员，老王在县城经营了一家汽车 4S 店，积累了一定经济基础，决定返乡创业，帮助乡亲们脱贫致富。

老王的返乡创业项目主要集中在农业观光旅游上。他希望利用当地丰富的红色文化资源，结合农业和旅游业，打造一个具有特色的乡村旅游项目。在访谈中，老王表达了他的创业动机不仅仅是为了经济收益，更重要的是希望通过自己的努力，让家乡的红色文化焕发新的生机，提升家乡的经济活力。他表示："我们这里是红军故乡，应该让这块红色土地发光，这也是我个人价值的体现。"

虽然老王对家乡经济发展的贡献是积极的，但他在返乡创业过程中并未享受到太多政策支持。尽管参加了镇上培训，了解到扶贫项目可以获得一定补贴，但截至访谈时，他并未实际收到任何财政奖励或补助。老王为合作社中 11 户贫困户购买了养老保险，为他们提供了务工机会，按政策本应获得 1 万元奖励，但这些补贴还未兑现。老王对此虽有些失望，但他坦言，创业初衷并非依赖补贴，而是希望通过自己努力帮助乡亲脱贫致富。他提道："我并没有指望获得多少补贴，只是想把老乡们的产业路打造好。"

老王在创业过程中遇到了许多现实困难，尤其是在资金、技术和外部支持方面的瓶颈。他反映，尽管有意向开发农业观光旅游项目，但在实际操作过程中，他缺乏技术支持，也未能得到相关部门的帮助。虽然老王曾主动联系过帮扶单位，希望能在贷款、资金等方面得到支持，但各部门间协调不足，问题始终没有得到解决。他无奈地说："目前，我遇到的困难都是自己撑着，开发项目在技术、思想和精神上都没能得到外界太多支持。"

（笔者根据 2018 年调研访谈记录整理）

老王的返乡创业经历反映了秦巴山区农村在发展农业观光旅游及相关产业时所面临的制度性障碍。尽管政府有较为完善的政策支持体系，但政策落实的滞后性和执行过程中的不协调，往往让返乡创业者在资金、技术和管理等关键环节遇到阻力。老王的案例揭示出，政策制定的初衷虽好，但其执行效果仍然需要通过更有效的沟通机制和更强的部门联动来确保，特别是在资金和技术支持方面。

此外，老王希望通过结合红色文化资源与现代农业，打造出独具特色的乡村旅游模式，这一想法契合了当前推动乡村振兴的战略方向。然而，乡村旅游的可持续发展不仅依赖于创业者个人努力，更需要来自各方主体的协同和政策支持。具体来说，政府需持续加大对返乡创业者的技能培训与资金支持，特别是在贷款审批、项目规划和技术支持等方面，确保他们能够顺利开展项目，推动贫困村的经济发展。

案例 8-3：西藏萨嘎县高寒地区农牧民生计发展与扶贫的挑战

萨嘎县位于西藏日喀则地区，属于边境九县之一，自然环境特殊，高寒、干旱且空气稀薄，属于典型的内陆高寒气候。该地区全年无四季之分，昼夜温差大，日照充足，但气候恶劣，土地贫瘠，贫困面广，脱贫难度极大。特殊的地理与气候条件严重制约了当地农牧民的生计发展，致使该地区农牧民长期依赖牧业和政府补助维持生活。

在访谈中，Z 作为驻村工作队的藏族工作人员，详细介绍了村民近年来生活的改善。她提到，在政府政策支持下，村里的生活条件和经济收入有了显著提升，尤其是在住房条件改善和生态岗位的引入方面。Z 说："以前村里的收入来源仅限于放牧，牧业是唯一的生计来源。但如今，生态保护岗位的增加不仅帮助了村民就业，还保护了当地的自然环境。越来越多的村民也愿意外出务工，收入来源更为多样。"

除了务工和生态保护岗位支持，国家推行的草原生态补助政策也成为村民重要的收入来源之一。通过这项政策，Z 所在的工作团队试图引导部分村民转移到其他行业和地区就业，进一步提高收入。然而，由于当地自然环境恶劣和村民对土地较为依赖，牧业依然是多数农户的主要收入来源。

Z 坦言，尽管自己是藏族，在文化习俗上与村民没有太多沟通障碍，但驻村工作仍面临一些困难。萨嘎县地处偏远，基础设施建设严重滞后。

Z 说道："我们村子离县城远，取暖和做饭仍以烧牛粪为主，村里的基础设施建设相对落后。驻村工作队需要协助村民修建厕所、打井、修路等基础设施，村民们对此都非常欢迎。"

此外，Z 提到，部分村民对扶贫政策了解不足，不愿意离开土地搬迁到更有利于发展的地方，这使得一些贫困户未能享受到应有的扶贫政策支持。"许多村民对土地有着很深的依赖，他们不愿意搬迁，而这恰恰阻碍了他们享受更多的扶贫政策。"Z 解释说。

为应对这一问题，Z 表示，她会尽量向上级政府报告情况，争取更多政策支持，同时帮助村民申请额外的补助和扶持资金。她认为，尽管政策实施过程中遇到了一些阻力，但通过加强村民对政策的理解和政府部门的协调沟通，许多问题可以逐步解决。

（笔者根据 2018 年调研访谈记录整理）

Z 的工作展示了气候贫困高发地区如何在极端自然条件下通过政策引导和资源整合改善村民生计，体现出高寒偏远地区开展扶贫工作的艰巨性。尽管生态保护和务工政策为高寒边远地区的贫困农牧民提供了有效的生计替代方案，但长期有效的扶贫仍需要在基础设施建设、政策宣传和落实方面加大力度。尤其是在地理位置偏远、基础设施匮乏的村庄，扶贫工作不仅需要经济支持，还需要文化理解和沟通，以确保政策真正惠及每一位村民。

案例 8-4：秦巴山区 Z 贫困村扶贫干部的心愿

秦巴山区 Z 村位于川陕交界地带，属于革命老区、边远山区及秦巴山区集中连片特困地区"三区叠加"的典型贫困村。全村共有 295 户农户，耕地总面积近 2 000 亩，人多地少的矛盾长期存在。自脱贫攻坚战打响以来，村内基础设施，尤其是道路和水、电等公共服务设施有了显著改善，推动了全村发展。当前，村庄正在通过土地流转和发展特色产业来寻求长期发展的突破口。

作为驻村书记，L（中石油派驻）详细介绍了近年来村庄的变化。他指出，村里的水、电、路等基础设施在国家政策的支持下得到了显著改善。例如，村内道路已经拓宽至 4.5 米，自来水设施和通信网络已全面覆盖。"今年村里 66 户贫困户 201 人，年底摘帽肯定没有问题。"L 对村庄脱贫前景充满信心。然而，他也强调，仅仅摘掉贫困帽子是不够的，关键是如何推动村庄下一步可持续发展。

L坦言，村里的产业发展面临着一些重大挑战，特别是土地资源的匮乏和缺乏科学规划。他提道："我们村总共有2 000亩土地，耕地和林地各占一半，人多地少的矛盾十分突出。"此外，L还指出，虽然村里有一定的自然资源优势，但由于缺乏农业专家的指导，这些优势尚未得到充分发挥。

镇长W补充道，绿色农业是该地区产业发展的品牌方向，但这一模式对气候条件有严格要求。例如，不同海拔适合种植的作物种类不同，需要农业专家进行细致的规划和指导。虽然农科院的专家曾来考察，但从农产品种植到挂果通常需要三年时间，期间还要考虑市场需求和产品销售问题，这都需要外部专业人士持续支持。

在谈及村民的心愿时，W指出，村里百姓有三大期盼。第一是道路建设。虽然村里的道路有所改善，但要推动特色产业发展，交通运输是关键，尤其是将农产品运送到外地市场。第二是安全饮水问题。部分村民居住在山梁上，自来水管网难以覆盖，取水困难，部分地区还依赖井水解决饮用问题。第三是电力需求的提升。随着农村生产生活水平提高，村民对电力的需求已从过去"电灯点得燃，风扇转得圆，电视开得起"转变为对生产性用电的需求，例如农业生产工具的电力使用。

此外，W还提到，由于村里经常遭遇旱灾，堰塘作为主要的生产用水来源，现在大多已经干涸，急需资金进行维修和升级。许多堰塘都是几十年前修建，如今已无法满足生产需求。

虽然Z村的基础设施和产业发展面临诸多挑战，但村里已经开始探索电子商务的道路。目前，村里刚成立了合作社，试点运行了300亩土地流转，主要用于种植西瓜。然而，由于快递服务尚未延伸至村里，产品仍然依赖村民自己运输。W表示，电子商务是未来发展方向，但要真正实现产业发展，仍需要基础设施进一步完善和市场对接。

（笔者根据2018年调研访谈记录整理）

Z村的扶贫工作和产业发展实践揭示了边远山区农户在脱贫过程中所面临的共性问题——基础设施滞后和产业发展短板。尽管基础设施近年来已极大改善，但土地资源的有限性和缺乏科学的产业规划，制约了该村长远发展。村干部的心愿反映了村民对进一步改善电力、水利等基础设施和增强农业产业化的迫切需求。

8.1.2 适应气候变化的国际经验借鉴

气候变化是一个复杂多维的挑战，影响各个领域和整个社会。从各国具体实践和学理研究来看，制定有效的生计适应策略需仔细考虑生计目标的相互关联和潜在权衡，适应行动也必须综合纳入各级政府和利益相关者参与。为此，本书选了亚洲的孟加拉国、拉丁美洲的巴西梅阿林社区、非洲的赞比亚作为代表性案例，这三个案例分别在气候适应型生计策略、生计发展行动和生计发展治理等不同领域展示了各自的创新和经验。其中，孟加拉国的综合农业适应策略体现了多样化与可持续发展的实践；巴西梅阿林社区的性别适应行动体现了赋权与社区建设的重要性；赞比亚的气候变化适应政策推行展示了在有限资源环境中的创新与务实，这些案例为全球适应气候变化行动提供了宝贵的国际经验。

8.1.2.1 孟加拉国的综合农业适应策略

孟加拉国土地面积仅比美国密西西比州多一点，但地形和生态系统方面却非常多样化，是最容易受到气候变化影响的国家之一，在适应气候变化方面积累了数十年丰富的经验。无论是政府还是非政府组织，孟加拉国在适应气候变化的意识和行动方面均处于全球领先地位。目前，孟加拉国已经制订了强有力的长期计划，包括《穆吉布气候繁荣计划》《2041 年远景计划》和《2100 年孟加拉国三角洲计划》，明确了气候变化适应的投资方向和行动方案①。

作为全球第三大稻米生产国，农业在该国经济中占据重要地位，全国一半以上人口以农业为生。在孟加拉国，超过 75% 的小农户每天收入不足 2 美元。然而，气候变化带来的洪水、盐渍入侵和土地侵蚀等问题对当地小农户生计造成了严重威胁。尤其是 2022 年的洪水，导致 300 万人无家可归，约 250 万人缺乏饮用水，摧毁了足够供养 1 000 万人一个月的粮食。自 20 世纪 80 年代初以来，全国盐度增加了约 26%，每天有 2 000 人因失去生计而从沿海地区迁移到首都达卡②。面对愈发严重的气候危机影响，

---

① THE UNITED NATIONS. NAP Expo 2024 highlights need for new approach to adaptation planning and support[EB/OL]. (2024-04-24) [2024-04-27]. https://unfccc.int/zh/news/2024nianguojiashiyingjihuabolanhuiqiangdiaoxuyaoxindeshiyingguihuahezhichifangfa.

② CHOWDHURY, SALEH. Bangladesh has led the world in social development[J/OL]. (2023-03-17) [2024-06-11]. https://whiteboardmagazine.com/3723/bangladesh-has-led-the-world-in-social-development-now-its-time-to-lead-in-climate-adaptation.

孟加拉国采取了种子改良、金融支持和信息服务等一系列综合措施来支持农村气候适应型生计构建。

首先，育种是提高农业生产力和适应气候变化的关键。自 1994 年以来，孟加拉国的种子和农业企业一直致力于研发和推广高产种子，以保障国家粮食自给自足和小农生计安全。可是，这些高产作物对气候变化特别敏感。为此，政府和非政府组织（如 BRAC①）开发并推广了耐盐和耐旱的水稻品种，同时鼓励农户种植多样化作物，尤其是水果、蔬菜、香料等高价值作物，以应对水资源短缺和气候不确定性。

其次，提供定制化的季节性贷款和作物保险。孟加拉国小农户在种植季开始时大多缺乏生产资金。于是，BRAC 等组织和金融机构合作，开始为小农户提供定制化的季节性贷款。这些贷款允许农户在获得收益后再开始还款，并提供两个月宽限期，违约率低于 2%。灵活的还款方式大大减轻了农户的财务压力。同时，为了帮助农户应对气候变化冲击，BRAC 与绿色三角保险公司（Green Delta Insurance Company）和其他合作伙伴推出了基于天气指数的作物保险。这种保险根据当地气象站或卫星测量的参数（如降雨量）进行赔付。项目启动后的两年半内，已为近 8 万名农户提供了保险，覆盖了 1 万英亩作物，并向 9 000 名农户支付了总计 370 万孟加拉国塔卡的赔款②。

最后，提供天气、市场、技术等一站式服务。孟加拉国在多个气候变化敏感地区试点设立了"适应诊所"。该诊所为一站式服务中心，由农业毕业生和当地农户管理，提供天气预报、市场信息、新作物品种、种植培训和技术支持等服务。例如，向日葵因其天然耐盐特性曾被推广，但因缺乏市场需求，一度未能大规模种植。随着工业油厂需求的增加，向日葵种植在孟加拉国沿海地区蓬勃发展，农户从中获得了比传统作物高出五倍的收益。

通过实施上述综合农业适应策略，孟加拉国已显著降低了贫困率，提高了人均寿命，并将稻米产量提升了三倍。这种整合种子、金融、信息和

---

① 孟加拉国农村发展委员会（Bongladesh Rural Advancement Committee，BRAC）是一个国际发展组织，1972 年成立于孟加拉国，致力于与生活在不平等和贫困中的超过 1 亿人合作，创造机会以实现人类发展潜力。该组织连续多年被日内瓦独立媒体组织 NGO Advisor 评为世界第一的发展组织。

② 根据 BRAC 气候变化支持项目资料整理，项目具体内容详见 BRAC 官网（https://www.brac.net/program/climate-change-programm）。

市场的生计支持模式，在提高小农户农业生产力的同时，也适应了气候变化。这一做法不仅在孟加拉国有效，也为其他发展中国家提供了宝贵经验借鉴。

8.1.2.2 巴西梅阿林社区的性别适应行动

气候变化对农村产业的影响，严重削弱了农村女性福祉，并可能降低她们对可持续发展的贡献潜力。在全球范围内，至少三分之一的女性从事农业，这是她们除家庭照顾和家务之外的主要工作。性别角色的社会分工常常导致农村女性在从事其他生产活动时时间受限，也没有足够的精力投入促进气候适应的长期活动中。尽管面临这些明显的约束，农村女性在气候适应和减缓方面的作用依然不可忽视[①]。拉丁美洲和加勒比地区农村女性的应对行动，为全球农村生计发展中的女性赋能和适应能力建设提供了宝贵的启示。

当前，拉丁美洲和加勒比地区正在经历加速的农村转型。近年来，尽管该地区极端贫困水平有所下降，但城乡和地区之间发展差距依然存在。在农村地区，存在大量的家庭农场，农场中的女性（尤其是土著女性）正面临高水平的边缘化和贫困[②]。她们的就业质量和水平低于男性同行，获取生计资本（尤其是土地）和社会认同面临困难。无偿家庭劳动和家庭照护进一步加剧了教育缺失、经济活动参与不足等问题。在此背景下，要实现"不让任何人掉队"的承诺，必然要求气候变化的适应措施必须考虑到这些转型和地方特征，特别是要关注那些最容易被忽视的农村女性群体。

梅阿林（Mearim）社区位于巴西塞阿拉州，拥有以非洲裔移民为主的历史和文化传承。社区共有 33 个家庭，其中 19 个是非洲裔家庭，其传统和习俗体现了非洲遗产与本地影响的融合。该社区成员通常以"集体"形式进行合作，男性和女性分别承担性别特定的任务。其中，男性通常组成"工作组"进行作物种植，女性则在脱粒、剥豆或玉米，以及储存种子（用于"种子库"）时组成"工作组"。集体合作成为"梅阿林"及其他许多传统（非洲裔或土著）社区社会结构的核心。

---

① NYIRONGO V. Rural women's economic empowerment and the road to 2030: agency for climate action[EB/OL]. (2023-03-17)[2024-05-07]. https://www.un.org/en/un-chronicle/rural-women%E2%80%99s-economic-empowerment-and-road-2030-agency-climate-action.

② 农村女性占拉丁美洲和加勒比地区农村人口的一半——大约 5 800 万人，其中约 20% 的人是女性土著。

2019 年 7 月，国际农业发展协会（IFAD）资助下，梅阿林社区的技术援助力量——一个成立于 1978 年的非政府组织 CETRA，开始引入"农业生态日志"（agroecological logbooks）这一核心工具。该工具简单易用，通过每月记录农业活动和产出，不仅使女性农业生产者对自身生产能力和在社区中的重要性有了更清晰认识，而且客观反映出她们对食品安全、收入以及农业生物多样性的贡献，增强了她们的自信心和社区认同度①。

农业生态日志的引入被视为技术援助模式去中心化、建设水平化的决定性因素，并进一步促进了性别敏感的技术援助模式。援助机构 CETRA 开始采取女性主导方式，让女性技术员与女性农民紧密合作，提供专业的技术培训和技术支持。这种方式帮助女性农民更好地理解和运用农业生态学方法，提高了其生产能力和自信心。此外，技术员还定期组织培训，召集社区女性讨论农业生态日志内容并分析数据，提升生产能力并促进社区女性成员之间的交流合作。

除推动技术创新和增强社群凝聚力之外，CETRA 还帮助"梅阿林"女性增强民族文化自豪感，拓展商业市场。例如，2019 年新冠疫情期间，社区通过 YouTube 等在线社交媒体平台，对外展示和传播了她们的非洲文化遗产。不仅增强了州内非洲女性之间的民族联结和认同，而且让从事手工艺生产活动的女性能够更直接联系消费者，拓展了商业活动空间。

2020 年 7 月，新成立的社区协会组织中，主席是一位女性，在协会的董事会中有 5 名女性和 6 名男性参与，实现了性别平衡（几乎 50% 的男性和 50% 的女性）。在生计的市场化方面，进展同样显著。社区商业化方面进展也很显著。许多女性在梅阿林社区内开始销售面包、酸奶和饼干，每15 天前往市场销售产品②。

梅阿林社区女性生计活动的变化，为构建更具包容性的新农村农业发展提供了重要先例。在梅阿林模式中，技术知识的传统形式与地方、社区的文化传统有机融合，不仅促进了生计方式的创新，还响应了常被忽视的

---

① 农业生态日志项目于 2019 年 7 月启动，涵盖了巴西所有 IFAD 项目。在六个月的时间里，通过六个项目的监测和评估团队以及专家团队的共同努力，共系统化了 650 本农业生态日志。目前产出了一本出版物和一部视频，记录了这一方法学的具体成果及其多样化的影响，日志数据的系统化工作仍在继续。

② WEITZMAN R. Innovative practices in rural gender transformation: lessons from Brazil and Uruguay. [EB/OL]. (2021-06-11) [2024-05-11]. https://www.fao.org/agroecology/database/detail/zh/c/1410634/.

社会群体的具体利益和诉求，大大增强了不同层次社会组织的凝聚力。这表明，当从性别策略和社会变革角度去构建气候适应型生计时，"纳入"女性参与并设计一个可持续的农村生计发展项目，远比仅保证女性作为直接受益者更为复杂且长远。这就意味着，有效的气候适应型生计策略不仅要将女性纳入为直接受益者，还要关注如何通过教育和能力建设赋能她们，从而释放她们应对气候变化的能力。

8.1.2.3 赞比亚气候变化适应政策实施路径的探索

赞比亚是一个幅员辽阔、内陆、资源丰富的国家，位于非洲南部中部，土地肥沃，气候温和，水源充足，可耕地面积广阔，大部分位于海拔1 000~1 300米的高原地区[①]。农业是赞比亚的支柱产业，约占国内生产总值的3%，雇佣了超过55.4%的劳动力，是全国一半以上人口的生计来源[②]。根据赞比亚《2030年国家长期愿景》，大力发展农业是消除农村贫困的重要手段之一[③]。

然而，与撒哈拉以南非洲的其他国家一样，过去几十年中赞比亚经历了一系列极端气候。气候变化引发的干旱、山洪暴发、极端高温事件的频率和强度增加，已成为农村家庭（尤其是小农户）贫困高发的主要原因（Ngoma et al.，2024）。根据2015年赞比亚生活条件监测调查（LCMS），该国小规模农户贫困发生率高达78.9%，中型农户的贫困发生率为64.5%。由于全国超过90%的小农农业依赖雨养生产系统，农户生计极易受到气候条件微小变化的影响（Mulungu et al.，2021）。例如，2015—2016年的厄尔尼诺现象造成南部非洲国家持续数月干旱，造成赞比亚农村家庭玉米产量下降了约20%，收入下降了37%（FAO，2016）。

面对这些挑战，赞比亚认识到农业转型以适应气候变化的紧迫性，在2016年4月《国家气候变化政策》中提出"将气候变化纳入各级政策、计划和战略的主流，以便在决策和实施中考虑气候变化风险和机遇"。随后的赞比亚第六个国家发展计划（2013—2016年）和第七个国家发展计划（2017—2021年）均强调适应气候变化的重要性，其愿景是2030年实现繁

---

① 世界银行. 赞比亚气候概况[EB/OL].(2021-06-11)[2024-05-13]. https://climateknowledgeportal.worldbank.org/country/zambia.

② 数据来自世界银行，详见 https://data.worldbank.org/indicator/NY.GDP.MKTP.CD.

③ 联合国粮食及农业组织. Republic of Zambia second national agricultural policy[EB/OL].(2023-02-13)[2024-05-15]. https://faolex.fao.org/docs/pdf/zam183104.pdf.

荣且具气候韧性的经济。

为落实上述政策，赞比亚国家发展规划部于 2014 年首先在赞比西河巴罗策（Barotse）子流域启动了气候适应力试点计划（PPCR），该计划由气候投资基金通过世界银行资助。巴罗策子流域覆盖 17 个区（16 个在西部省份，1 个在南部省份），其中 14 个是该计划的目标区。PPCR 计划旨在提高农户对气候变化及其威胁的认识和理解，为地方一级的气候适应干预提供资金，并要求各区将气候变化纳入发展规划的主流中。为确保气候变化主流化过程的有效性[①]，PRCR 基于参与式方法和情景开发（Chambers，1994；Oteros-Rozas et al.，2015），同时借鉴关怀国际（CARE）等非政府组织的脆弱性评估方法，制定了以下五步实施流程（Vincent & Colenbrander，2018）。

（1）第一步：准备。

气候变化是一个跨领域的问题，需要确保建立有效的气候变化主流化结构，主流化过程需要多方参与。规划团队应确保气候变化主流化是整个过程的核心，并确保其在制定计划的任何时间表和工作计划中得到充分体现。建议任命一个具有气候变化背景和经验的任务团队或个人作为主导者，以确保整个过程的有效性。

（2）第二步：性别敏感的气候风险评估。

GCRA（Gender Sensitive Climate Risk Assessment，GCRA）目的是确定当前及未来可能面临的气候风险，并确保这些风险在发展计划中有所虑及。考虑到气候风险依赖于灾害暴露、脆弱性和适应能力，这三个要素需要全部纳入 GCRA 评估。此外，GCRA 特别强调关注性别差异。具体实施时，GCRA 会通过地方层面的参与式方法，结合地方专家的回忆和数据，综合了解气候风险及其对不同性别群体的影响。

（3）第三步：气候风险筛查。

结合第二步 GCRA 评估结果，气候风险筛查主要是识别气候变化对实现发展目标构成的风险。为此，一要确保已识别出的高风险因素在发展计划制定中得到充分考虑，二要支持适应和实现气候韧性发展的干预措施被

---

① 将气候变化纳入规划和决策进程的主流是确保适应气候变化和减贫齐头并进的重要工具，这一过程需要确保所有相关决策均考虑到气候变化风险和机会。更多详细内容请见联合国官方网站：https://www.undp.org/publications/mainstreaming-climate-change-national-development-processes-and-un-country-programming。

置于优先位置。在筛查过程中，即使发展计划已考虑到未来气候风险，仍要进行交叉检查，以避免因遗漏未预见的脆弱性而无意中增加风险。

（4）第四步：应对气候风险选项。

当识别出气候变化风险后，第四步则需要识别减少风险、支持气候变化适应和实现气候韧性发展的干预措施。在赞比亚，当地机构采用了稳健决策方法（robust decision making，RDM）。这种方法通过考虑多种可能的未来情景和结果，帮助决策者在不同情景下都能选择有效的策略，特别适用于气候变化适应和风险管理领域。因为在发展规划中，采用在各种可能的未来气候情景下都能保持稳健的预防性措施，比采用单一最佳选项更可持续（Lempert，2003）。例如，如果计划在某个已被确定为有洪水风险的地方建造公共设施（如学校或诊所），则需要修改计划，以降低气候变化削弱发展成果的可能性。如果计划在干旱和干热天气风险日益增加的地区开展以玉米生产为基础的生计改善项目，那么调整为推广高粱、小米等耐寒作物则可能取得更好的生计发展成果。

（5）第五步：实施、监测和评估。

第五步是开发一个指标和成果评估框架，适当监测减少风险、实现适应和气候韧性发展的进展。指标选取方面，除与干预措施相关的指标外，还可以添加其他指标，用于监测适应能力建设的成效并及时识别需要纠正的问题。

赞比亚的政策实践充分表明，将气候变化纳入国家和地方发展战略、规划和政策的重要性，对农村地区应对气候贫困、实现农业可持续发展和保障农户生计安全也具有重要意义。在气候适应行动中，社区广泛参与、性别敏感的气候风险评估、气候风险筛查、稳健决策方法及持续的监测和评估等，不仅能有效减少气候变化对农村家庭生计的负面影响，增强社会韧性和适应能力，还能增强农业可持续发展的稳定性。

8.2　欠发达地区乡村构建气候适应性生计的思考

气候变化是一个复杂且多维的挑战，深刻影响着欠发达地区乡村的生计和发展。面对气候变化带来的风险，构建气候适应型生计对欠发达地区农村家庭应对气候变化、战胜相对贫困尤为重要。然而，在本次调研中，相当多农户更多地将气候灾害风险视为突发事件，还未能意识到气候变化对生计可能带来的长期影响。因此，未来促进农村生计可持续发展，需要在生计策略中将"应对气候变化与巩固脱贫成果"放在同等重要的位置。结合本书目的，从社会政策角度看，气候适应型生计策略的社会建构，不仅需要全面考虑生计目标的相互关联和潜在权衡，还必须确保适应行动能综合纳入各级政府和利益相关，通过内外互动方式才能真正实现应对气候变化和巩固脱贫目标齐头并进。

8.2.1 生计适应目标

8.2.1.1 总目标

以农户可持续生计发展为核心，以减灾与减贫的协调互动为抓手，建立健全农村气候灾害风险综合管理体制机制，构建具有区域特色、符合乡村实际的气候变化行动方案，提高农户应对气候变化风险的适应力，建立农户气候应变力，减少经济社会损失，以实现减轻气候灾害高风险地区因灾致贫返贫发生率，乡村长期可持续发展的目标。

8.2.1.2 核心目标

围绕上述总目标，政策工作的核心目标应集中在以下三个方面：

一是将应对气候灾害风险纳入减贫目标，降低气候灾害导致的农村贫困地区贫困人口的经济、社会、自然脆弱性，增强气候变化冲击后的生计弹性和复原力。

二是加快建立农村因灾致贫人口的识别和监测机制，完善农村气候变化风险的识别、评估和监测预警机制。

三是通过知识、技术和创新，为农村贫困地区各级利益攸关方提供政策和管理指导，共享气候风险综合管理的科学信息，减少潜在气候风险因素对贫困人群的影响。

8.2.2 生计适应原则

尽管气候变化不可避免，气候风险也无法预测，但增强气候变化适应能力是减少气候贫困影响的关键。在农户气候适应性生计的策略建构中，应遵循以下原则：

8.2.2.1 以人为本原则

基于以人为本原则，生计路径设计时必然要求重新审视并确立城镇化与新农村发展的关系、城乡二元结构的关系、工业与农业的关系、经济社会发展与资源环境可持续利用的关系、国家治理与乡村治理的关系。唯有如此，才能强化该群体可利用的生计资本和发展机会，充分吸收其合理的利益诉求和正当道德主张的乡约，从而实现治贫策略和乡村文化习俗的协调统一。在贯彻以人为本的生计原则时，首先要全面了解分析气候贫困高发地区农户的生计环境、生计资本、生计策略及三者的相互作用与变化过程，不仅要关注他们生产什么、如何生产，还要关注他们为什么这样生产；其次要让农户充分参与到发展实践的全过程中，尊重他们的观点和意见，汲取他们在应对气候变化风险中的传统经验和智慧；最后，要关注不同政策和制度安排对气候贫困农户在自己认为的各类生计资本方面的作用、影响，而不是外来者认为的影响，支持贫困农户为生计发展做出的努力，进而实现生计目标。

8.2.2.2 可持续性原则

应对气候变化是中国可持续发展的内在需要，也是推动构建人类命运共同体的责任担当。可持续性涉及很多方面，且每个方面对可持续生计途径都非常重要。尽管构成生计的各方面很难实现全面均衡的发展，但作为生计策略设计原则，可持续性原则不失为生计的指引，主要体现在以下四个方面：

一是生态环境的可持续性。自然地理环境的脆弱性构成了气候贫困农户难以摆脱的贫困约束，但贫困农户以农耕为主的生计方式却又过度依赖自然资源，给生态环境带来诸多压力。所以，农户生计的气候适应性取决于资源可持续和生计发展之间的平衡，策略设计必须有助于生态环境恢复和可持续发展，能够长期维持自然资源的生产力，并对其他农户的生计不产生负面影响；

二是社会的可持续。生计策略的原则应被视为一项复杂的经济社会重建过程，生计策略设计的重点不应仅仅局限于产业支持，更应是一项长期、复杂的社会经济重建过程。社会的可持续在于给予脆弱农户（特别是农村留守妇女、儿童和老人）等气候风险高暴露人群一定社会支持，帮助个体化解日常生活的困难与问题，应对生计发展中的各种紧急情况，缓解个体生计压力，将对这一群体的排除或歧视减少到最少，使该群体顺利地融入新的社会系统，最大限度地实现社会平等。

三是经济的可持续性。经济可持续是农户摆脱生计困境极为重要的条件，但农村生计并不总是以农作物和土地为基础，比如来自打工的工资性收入、买卖或手工艺品生产的经营性收入，有可能占据个人或家庭生计较大比例。但由于大部分气候贫困农户文化程度低，缺乏一技之长，往往不易接受新的知识，难以胜任现代岗位技术要求。所以，在向非农就业转移中，除少数人能利用发展机遇改变贫困状况外，大多数农户在传统农业生产以外的岗位竞争中处于劣势，难以找到新的发展机会，故经济的可持续性应该放在气候贫困农户生计策略设计的重要位置，以保障其基本经济福利或生活水平得到满足和维持，并使其获得长期和持续的生计支持。

8.2.2.3　因地制宜原则

在气候贫困农户生计发展中，不同地区、家庭、个人的生计发展环境和要素禀赋存在较大差异，脱贫农户对气候变化风险的认知、适应能力及应对办法不尽相同，对自身生计发展的利益诉求也会随之不同。因此，在生计策略设计中，要做到结合脱贫农户所处的生计环境实际情况，具体问题具体分析，充分考虑整合和有效利用现有资源，采取切实有效的应对措施来解决问题。

8.2.2.4　自力更生原则

在解决脱贫农户生计问题时，既要考虑其现实困难，又要考虑其长远发展，这就必然要求找寻适合本地情况、用好本地资源、符合本人意愿的解决方法，激发其在应对气候变化风险中的积极性和主观能动性，树立主人翁意识，做到自力更生，而不是一味依靠外来大量资源的投入来解决生计问题。

8.2.3　生计适应促进计划

基于上述原则，构建农户气候适应性生计策略应从环境、经济、社会、文化等多个层面综合着力，在具体措施方面坚持四个着力：

8.2.3.1　环境层面

在环境层面，坚持将应对气候变化与可持续减贫相融合，以夯实气候御灾能力为着力点，构建"减灾与减贫"的协调发展机制。

第一，要综合统筹农村减灾和扶贫工作，将应对气候灾害风险纳入扶贫工作的规划，始终坚持"绿水青山就是金山银山"的理念，协调推进生态环境修复保护和可持续减贫工作，处理好发展与保护的关系，促进解决气候变化敏感区和脆弱区的生态环境保护问题。

第二，要将可持续发展理念贯穿减贫的过程中，全面实施绿色减贫方案。加快生态环境建设，兼顾环境保护与开发，构建区域生态和气候良性耦合的自然环境系统。通过可持续管理、养护和恢复生态系统的办法，增强农业防灾抗灾减灾和综合生产能力。例如，通过生态移民，减轻人为因素对环境带来的负面影响，减少人、业、地三者的突出矛盾，使欠发达地区脆弱的生态资源得以恢复。

第三，高度重视加强各类天气、气候、水文、冰雪、海洋、地质、环境等基础信息，气象、地震、地质、环境等自然灾害信息的获取与共享，完善气候灾害的应急反应机制建设和气象灾害服务体系，通过专业专项服务，提高气象服务产品质量，不断开拓新的服务领域，扩大服务空间。例如，当灾害性天气发生时，各领域的现代化气象服务体系及时提供不同等级的警报，提出应对措施。同时，顺应气候变化新趋势，充分利用气候变化的有利影响，主动调整农业产业布局，优化农业产业结构，调整农作物种植结构，强化高产、稳产的集约化先进农业技术，充分利用未来几十年内气候变化提升农业抗灾能力。

第四，加强农业防灾减灾基础设施建设，提升气候变化高风险区域内农户生计的设防水平和承灾能力，并关注气候变化对重大工程的可能负面影响。鼓励各地区根据自身实际情况，编制符合区域发展规划的农村地区适应气候变化的政策法规，把适应气候变化的理念贯彻落实到新时期扶贫工作全过程。

8.2.3.2 经济层面

在经济层面，坚持以绿色发展引领乡村振兴，以加快农村发展方式转变为着力点，构建"农业、农村、农民"同步适应气候变化的强大动力。

第一，要积极调整农业结构，推动农业产业优化升级，促使农户生计的发展由主要依靠资源投入为主转向提高农业资源利用的综合效益为主。具体到农业产业发展方面，要进行合理规划，充分利用和发掘农村贫困地区的生态优势，发展绿色产品和低碳服务，严守生态、耕地保护红线。

第二，在生产布局、基础设施建设、产业规划中，充分考虑气候变化及极端天气事件的影响，加快气候变化农业生产适应技术的推广。同时，加大对农业气候变化风险的防灾、减灾、救灾体系和技术的资金投入，特别是加大对我国西部地区生态脆弱区的环境建设和基础设施建设投入，推进农村贫困社区安全保障体系建设。

第三，加强对极端天气和气候事件的监测、预警和预防，提高农业、林业、水资源和卫生健康等重点领域适应气候变化的能力，并通过开展商业气象服务等创新措施，推动建立完善农业应对气候风险的分担机制。

第四，以乡村振兴为契机，加快推动农村能源改革。在供给端，优化农村能源供给结构，鼓励将生物质能利用设施当作农业基础设施予以大力支持，加大推广清洁能源和可再生能源力度，大力发展低碳农业。在需求端，推动能动农村能源消费结构转变，改善农村人居环境，扩大农村绿色节能建筑，完善农村能源基础设施网络建设，将"改电、改厕、改灶"作为农村能源改革的切入点，大幅提高电能在农村能源消费中的比重，向生态脆弱地区农户提供补贴、保险和信用，以达到应对气候变化的目标。

8.2.3.3 社会层面

在社会层面，坚持以减少社会脆弱性为关键来提升气候变化适应性，以减少气候影响重点人群脆弱性为着力点，构建动态的可持续社会支持体系。

第一，建立气候贫困人口的多维识别标准和生计情况监测机制。当气候变化与社会脆弱性因素，如社区治理结构不力、社会排斥、贫困等因素叠加时，其负面影响会被放大。在精准扶贫过程中，因户因人施策和因贫困类型施策体现在扶贫过程的不同方面和不同环节，但关于气候贫困人群的识别还未纳入具体工作中。鉴于基层贫困户识别是一个动态过程，2020年全面建成小康社会后，全国贫困人口识别的"两不愁三保障"标准相应会有所调整。基于此，在识别气候变化高风险人群时，应考虑气候灾害的自然属性和社会属性，即将贫困人口的自身能力纳入识别框架中，而不仅仅以收入作为唯一标准。此外，因为气候变化的影响具有较强的区域差异，所以在识别气候贫困人群时，应当鼓励各地区结合自身实际情况，制定差异化的贫困标准，从而减少因灾返贫现象。

第二，针对不同气候敏感区域的差异，建立更加有针对性的、符合当地实际情况的气候适应性社会行动策略。2020年后，气候贫困人群向西部欠发达地区集中的趋势更加明显，而欠发达地区与生态脆弱地区、主体功能区中限制和禁止开发区域将更加重合。这些地区的人口多寡、贫困程度、自然资源、生态状况、发展前景、战略地位等情况截然不同，有必要面向未来、系统谋划，针对不同脱贫地区的发展战略重新进行精细化定位。即在巩固拓展脱贫攻坚成果中，充分考虑气候变化因素针对生态脆弱区、边境地区、民族地区、革命老区等不同自然地理、经济社会、文化习俗现状，制定更加灵活的县域农村发展社会支持政策。此外，新发展阶段贫困治理工作不能只顾"向前奔"，也要时时"回头看"，注意梳理气候贫困和疾病、教育等其他原因交织作用出现的返贫现象，及时纳入帮扶，并结合实际情况因户施策。

第三，气候贫困人群建立以可行能力提升为导向的社会支持体系，重点关注气候脆弱性人群的返贫风险。随着长期困扰我国的绝对贫困人群基本消除后，新时期的气候贫困并不必然反映在收入维度，而是体现在社会资本的各个维度。这意味着，2020年后的扶贫工作重点将是实现社会服务数量和质量均等化。在减少气候贫困发生的过程中，要重点关注气候影响下最脆弱的人群（如儿童、妇女、老年人、残疾人、少数民族和其他人）在气候变化和灾害方面的特定脆弱性，并将他们的特定脆弱性和需求纳入减少气候风险和生计适应战略和政策中，以减少其在性别、就业、收入、教育、医疗等方面的资源分配不公。同时，在制订生计发展计划和生计支持政策时，让这些群体拥有发言权，充分参与到这些重大事项决策中。

第四，加快推进气候贫困人口集中分布的"三区三州"地区基础设施建设，完善这些地区的教育、医疗、社会保障等公共服务体系，继续加大对这些地区专项建设资金倾斜力度，在义务教育、基本医疗、公共卫生、就业服务、公共文化、社会保障、环境保护等基本公共服务上针对脱贫群体特点和脱贫需求进行合理化供给，增强脱贫群体的内生脱贫发展能力。

第五，随着气候变化风险加剧，气候贫困农户适应性生计的建构迫切需要在社会治安、医疗服务、垃圾处理、公共基础设施建设、就业培训与就业信息等各方面加大支持力度，但政府提供的生计支持已不能满足农户需求。因此，要从供给侧不断完善农村公共服务供给机制，加快农村社会组织建设，加强农村社会组织工作人员培养力度，根据农户生产生活需要培育相应社会组织，提升农村服务的专业化水平和能力。

8.2.3.4 文化层面

在文化层面，坚持以发扬优秀传统文化和乡约习俗为根本，以提高思想道德素质和科学文化素养为着力点，构建激发脱贫农户生计发展内生动力的精神家园。

首先，要通过提高文化教育水平增强脱贫农户应对气候不利事件的能力。文化贫困是一个复杂的现象，既受主体的受教育程度、经济条件、思想观念等多种因素制约，又受长期制度环境、乡村习俗等外界客观因素影响。气候贫困农户受教育程度普遍偏低，思想观念相对比较保守，导致他们对气候变化风险的认识不够，也缺乏对气候灾害可能造成影响的提前预防，甚至在灾害发生后也缺乏足够的技能去应对不利事件冲击。因此，提高气候灾害敏感地区脱贫农户的应急知识水平和文化教育水平，有利于增强对气候变化的适应能力。

其次，加大对气候贫困高风险人群所在社区的公共文化投入，完善文化活动基础设施，培养基层文化队伍，为欠发达地区农户提供和外界沟通交流的信息平台。通过举办讲座、展览等方式，广泛开展面向欠发达地区群众的文化艺术、现代生活观念等培训，或在现有各类职业培训中有机融入这些内容，达到提升欠发达地区农户文化素养和传播气候变化新思想、新观念的目标，激发农村社会参与应对气候变化行动的主动意识。

最后，充分发挥乡约民俗在气候适应性行动中的作用。利用农村宣传栏、广播等阵地，宣传农村可持续发展理念，形成气候友好型社区的价值共识。以大众舆论的方式影响农户，对遵守村规民约的农户进行表彰，激发村民应对气候风险的主观能动性。

参考文献

包文，段安民，游庆龙，等，2024. 青藏高原气候变化及其对水资源影响的研究进展 [J]. 气候变化研究进展，20 (2): 158-169.

曹诗颂，王艳慧，段福洲，等，2016. 中国贫困地区生态环境脆弱性与经济贫困的耦合关系：基于连片特困区 714 个贫困县的实证分析 [J]. 应用生态学报，27 (8): 2614-2622.

陈帅，徐晋涛，张海鹏，2016. 气候变化对中国粮食生产的影响：基于县级面板数据的实证分析 [J]. 中国农村经济 (5): 2-15.

程欣，帅传敏，王静，等，2018. 生态环境和灾害对贫困影响的研究综述 [J]. 资源科学，40 (4): 676-697.

翟盘茂，周佰铨，陈阳，等，2021. 气候变化科学方面的几个最新认知 [J]. 气候变化研究进展，17 (6): 629-635.

第四次气候变化国家评估报告编委会，2022. 第四次气候变化国家评估报告 [M]. 北京：科学出版社.

丁建军，王璋，柳艳红，等，2020. 中国连片特困区经济韧性测度及影响因素分析 [J]. 地理科学进展，39 (6): 924-937.

丁宇刚，孙祁祥，2022. 气候风险对中国农业经济发展的影响：异质性及机制分析 [J]. 金融研究 (9): 111-131.

樊杰，周侃，伍健雄，2020. 中国相对贫困地区可持续发展问题典型研究与政策前瞻 [J]. 中国科学院院刊，35 (10): 1249-1263.

方梓行，何春阳，刘志锋，等，2020. 中国北方农牧交错带气候变化特点及未来趋势：基于观测和模拟资料的综合分析 [J]. 自然资源学报，35 (2): 358-370.

付琳，徐华清，田丹宇，等，2017. 做好西藏应对气候变化规划工作的几点思考和建议 [J]. 气候变化研究进展，13 (6): 623-628.

傅安国，岳童，侯光辉，2022. 从脱贫到振兴：民族地区人口内生动力的

理论缺口与研究 [J]. 民族学刊, 13 (9): 108-118.

郭建平, 2015. 气候变化对中国农业生产的影响研究进展 [J]. 应用气象学报, 26 (1): 1-11.

何兴强, 史卫, 2014. 健康风险与城镇居民家庭消费 [J]. 经济研究, 49 (5): 34-48.

何艳冰, 黄晓军, 翟令鑫, 等, 2016. 西安快速城市化边缘区社会脆弱性评价与影响因素 [J]. 地理学报, 71 (8): 1315-1328.

贺帅, 杨赛霓, 汪伟平, 等, 2015. 中国自然灾害社会脆弱性时空格局演化研究 [J]. 北京师范大学学报自然科学版, 51 (3): 299-305.

黄晓军, 黄馨, 崔彩兰, 等, 2014. 社会脆弱性概念、分析框架与评价方法 [J]. 地理科学进展, 33 (11): 1512-1525.

黄晓军, 王博, 刘萌萌, 等, 2020. 中国城市高温特征及社会脆弱性评价 [J]. 地理研究, 39 (7): 1534-1547.

解伟, 魏玮, 崔琦, 2019. 气候变化对中国主要粮食作物单产影响的文献计量 Meta 分析 [J]. 中国人口·资源与环境, 29 (1): 79-85.

李花, 赵雪雁, 王伟军, 2021. 社会脆弱性研究综述 [J]. 灾害学, 36 (2): 139-144.

李培林, 2023. 乡村振兴与中国式现代化: 内生动力和路径选择 [J]. 社会学研究, 38 (6): 1-17.

李小云, 许汉泽, 2018. 2020 年后扶贫工作的若干思考 [J]. 国家行政学院学报 (1): 62-66.

李永萍, 2022. 家庭发展能力: 理解农民家庭转型的一个视角 [J]. 社会科学 (1): 94-107.

梁漱溟, 1990. 梁漱溟全集: 第二卷 [M]. 济南: 山东人民出版社.

林闽钢, 2020. 相对贫困的理论与政策聚焦: 兼论建立我国相对贫困的治理体系 [J]. 社会保障评论, 4 (1): 85-92.

刘布春, 陈迪, 韩锐, 2024. 农业气象灾害现状、调度与识别 [J]. 中国减灾 (8): 34-35.

刘上洋, 2017. 欠发达地区生态与经济协调发展研究 [J]. 北京: 社会科学文献出版社.

刘彦随, 周扬, 刘继来, 2016. 中国农村贫困化地域分异特征及其精准扶贫策略 [J]. 中国科学院院刊, 31 (3): 269-278.

刘长松, 2019. 我国气候贫困问题的现状, 成因与对策 [J]. 环境经济研究 (44): 148-162.

陆学艺, 1993. 农村改革、农业发展的新思路: 反弹琵琶和加快城市化进程 [J]. 农业经济问题, 14 (7): 2-10.

罗翔, 李崇明, 万庆, 等, 2020. 贫困的 "物以类聚": 中国的农村空间贫困陷阱及其识别 [J]. 自然资源学报, 35 (10): 2460-2472.

史培军, 王季薇, 张钢锋, 等, 2017. 透视中国自然灾害区域分异规律与区划研究 [J]. 地理研究. 36 (8): 1401-1414.

沈冰清, 郭忠兴, 2018. 新农保改善了农村低收入家庭的脆弱性吗?: 基于分阶段的分析 [J]. 中国农村经济 (1): 90-107.

世界气象组织, 2019. 高质量全球气候数据管理框架手册 [R]. 日内瓦: 世界气象组织.

孙久文, 张静, 李承璋, 等, 2019. 我国集中连片特困地区的战略判断与发展建议 [J]. 管理世界 (10): 150-159.

孙康慧, 曾晓东, 李芳, 2019. 1980—2014 年中国生态脆弱区气候变化特征分析 [J]. 气候与环境研究, 24 (4): 455-468.

孙康慧, 曾晓东, 李芳, 2021. 中国生态脆弱区叶面积指数变化的主导气象因子研究 [J]. 自然资源学报, 36 (7): 1873-1892.

佟玉权, 龙花楼, 2003. 脆弱生态环境耦合下的贫困地区可持续发展研究 [J]. 中国人口·资源与环境, 13 (2): 47-51.

汪三贵, 曾小溪, 2018. 后 2020 贫困问题初探 [J]. 河海大学学报哲学社会科学版, 20 (2): 7-13.

王武林, 杨文越, 曹小曙, 2015. 中国集中连片特困地区公路交通优势度及其对经济增长的影响 [J]. 地理科学进展, 34 (6): 665-675.

王晓毅, 2018. 绿色减贫: 理论、政策与实践 [J]. 兰州大学学报 (社会科学版), 46 (4): 28-35.

王卓, 董贝贝, 2021. 相对贫困治理的内生动力机制与运行逻辑 [J]. 社会科学研究 (4): 110-117.

吴绍洪, 潘韬, 刘燕华, 等, 2017. 中国综合气候变化风险区划 [J]. 地理学报, 72 (1): 3-17.

肖轶, 尹珂, 2023. 贫困山区不同生计策略类型脱贫农户生计风险识别与评估 [J]. 中国农业资源与区划, 44 (5): 211-218.

徐舒，王貂，杨汝岱，2020. 国家级贫困县政策的收入分配效应［J］. 经济研究，55（4）：134-149.

许吟隆，赵明月，李阔，等，2023. 农业适应气候变化研究进展回顾与展望［J］. 中国生态农业学报（中英文），31（8）：1155-1170.

阎建忠，喻鸥，吴莹莹，等，2011. 青藏高原东部样带农牧民生计脆弱性评估［J］. 地理科学，31（7）：858-867.

杨帆，2023. 共同富裕导向下相对贫困治理的长效机制构建［J］. 社会保障评论，7（6）：124-136.

杨伟民，1997. 对我国欠发达地区的界定及其特征分析［J］. 经济改革与发展（4）：52-56.

叶兴庆，殷浩栋，2019. 从消除绝对贫困到缓解相对贫困：中国减贫历程与 2020 年后的减贫战略［J］. 改革（12）：5-15.

尹德震，李芳，林中达，2022. 中国生态脆弱区高温热浪和干旱历史变化特征分析［J］. 气候与环境研究，27（5）：604-618.

于乐荣，2019. 影响贫困农户脱贫的动力及能力因素：基于河南 X 县实地调查数据［J］. 南京农业大学学报社会科学版，19（3）：9-17.

臧旭恒，项泽兵，2023. 中国家庭经济风险的测度研究：基于经济脆弱性的视角［J］. 南方经济（12）：1-18.

张安虎，2018. 新疆南疆三地州集中连片特困地区精准扶贫研究［M］// 侯万锋，王福生，马廷旭，等. 中国西北发展报告（2018）. 北京：社会科学文献出版社：263-278.

张辰，廖华，曲建升，等，2023. 气候变化的社会经济影响实证研究综述［J］. 北京理工大学学报（社会科学版），25（3）：15-25.

张琦，李顺强，2021. 内生动力、需求变迁与需求异质性：脱贫攻坚同乡村振兴衔接中的差异化激励机制［J］. 湘潭大学学报哲学社会科学版，45（3）：65-72.

张倩，2011. 牧民应对气候变化的社会脆弱性：以内蒙古荒漠草原的一个嘎查为例［J］. 社会学研究，26（6）：171-195.

赵彦茜，肖登攀，柏会子，等，2019. 中国作物物候对气候变化的响应与适应研究进展［J］. 地理科学进展，38（2）：224-235.

周迪，陈明成，邱铭坚，2022. 脱贫群体的内生动力与返贫风险：来自广东省相对贫困村的微观证据［J］. 财经研究，48（8）：48-62.

周侃，樊杰，2015. 中国欠发达地区资源环境承载力特征与影响因素：以宁夏西海固地区和云南怒江州为例［J］. 地理研究，34（1）：39-52.

周侃，盛科荣，樊杰，等，2020. 我国相对贫困地区高质量发展内涵及综合施策路径［J］. 中国科学院院刊，35（7）：895-906.

周天军，张文霞，陈德亮，等，2022. 2021 年诺贝尔物理学奖解读：从温室效应到地球系统科学［J］. 中国科学：地球科学，52（4）：579-594.

周扬，郭远智，刘彦随，2019. 中国乡村地域类型及分区发展途径［J］. 地理研究，38（3）：467-481.

朱冬亮，殷文梅，2022. 内生与外生：巩固拓展脱贫攻坚成果同乡村振兴有效衔接的防贫治理［J］. 学术研究（1）：48-55.

朱晏君，李红波，胡晓亮，等，2022. 欠发达地区县域乡村社会-生态系统韧性研究：以山西省静乐县为例［J］. 湖南师范大学自然科学学报，45（1）：11-19.

左停，田甜，2019. 脱贫动力与发展空间：空间理论视角下的贫困人口内生动力研究：以中国西南一个深度贫困村为例［J］. 贵州社会科学（3）：140-148.

ABEL G, MUTTARAK R, STEPHANY F, 2021. Climatic shocks and internal migration-Evidence from 442 million personal records in 64 countries［R］. Washington D. C.：World Bank.

ADGER W N, HUQ S, BROWN K, et al., 2003. Adaptation to climate change in the developing world［J］. Progress in Development Studies, 3 (3)：179-195.

ADGER W N, 2006. Vulnerability［J］. Global Environmental Change, 16 (3)：268-281.

ADGER W N, 2000. Social and ecological resilience：are they related?［J］. Progress in Human Geography, 24 (3)：347-364.

ADSHEAD D, PASZKOWSKI A, GALL SS, et al., 2024. Climate threats to coastal infrastructure and sustainable development outcomes［J］. Nature Climate Change, 14 (4)：344-352.

AHMAD D, KHURSHID S, AFZAL M, 2024. Climate change vulnerability and multidimensional poverty in flood prone rural areas of Punjab, Pakistan：an application of multidimensional poverty index and livelihood vulnerability index

［J］. Environment, Development and Sustainability, 26 (5): 13325 -
13352.

AHMED I, AYEB-KARLSSON S, VAN DER GEEST, et al., 2019. Climate
change, environmental stress and loss of livelihoods can push people towards
illegal activities: a case study from coastal Bangladesh ［J］. Climate and De-
velopment, 11 (10): 907-917.

ALAM GM, ALAM K, MUSHTAQ S, 2017. Climate change perceptions and
local adaptation strategies of hazard - prone rural households in Bangladesh
［J］. Climate Risk Management (17): 52-63.

ALCOCK, P. 1997. The causes of poverty ［M］//CAMPLING, J. Understand-
ing poverty. Palgrave: London, 1974: 36-47

ALLEN MR, DUBE OP, SOLECKI W, et al., 2018. Special report: global
warming of 1.5℃ ［R］. Cambridge: Cambridge University Press: 49-92.

ARNDT HW, 1983. The "trickle - down" myth ［J］. Economic Development
and Cultural Change, 32 (1): 1-10.

ARNOTT JC, MOSER SC, Goodrich KA, 2016. Evaluation that counts: a re-
view of climate change adaptation indicators & metrics using lessons from effec-
tive evaluation and science-practice interaction ［J］. Environmental Science &
Policy (66): 383-392.

ARTEAGA E, NALAU J, BIESBROEK R, et al., 2023. Unpacking the theory-
practice gap in climate adaptation ［J］. Climate Risk Management (42):
100567.

ATKINSON AB, 1998. World of poverty ［M］. London: Wiley-Blackwell.

UN WOMEN, 2023. From commodity to common good: a feminist agenda to
tackle the worlds water crisis ［R］. New York: United Nations Entity for Gen-
der Equality and the Empowerment of Women.

BANKOFF G, FRERKS G, HILHORST D, 2004. Mapping vulnerability: dis-
asters, development, and people ［M］. London: Routledge.

BAPTISTA AM, 2008. Optimal delegated portfolio management with background
risk ［J］. Journal of Banking & Finance, 32 (6): 977-985.

BARNETT J, ADGER WN, 2007. Climate change, human security and violent
conflict ［J］. Political Geography, 26 (6): 639-655.

BATES BC, KUNDZEWICZ ZW, WU S, 2008. Climate change and water. Technical Paper of the Intergovernmental Panel on Climate Change [R]. Geneva: IPCC Secretariat.

BEBBINGTON A, 1999. Capitals and capabilities: a framework for analyzing peasant viability, rural livelihoods and poverty [J]. World Development, 27 (12): 2021-2044.

BECKWITH C, 2000. The integration of important dimensions embedded within the household livelihood security framework [R]. CARE memo.

BERKHOUT F, VAN DEN HURK B, BESSEMBINDER J, et al., 2014. Framing climate uncertainty: socio-economic and climate scenarios in vulnerability and adaptation assessments [J]. Regional Environmental Change (14): 879-893.

BEVERIDGE W, 1942. Social insurance and allied services [R]. Bulletin of the World Health Organization, 78 (6): 847-855.

BIGGS EM, BRUCE E, BORUFF, et al., 2015. Sustainable development and the water-energy-food nexus: a perspective on livelihoods [J]. Environmental Science & Policy (54): 389-397.

BIRKMANN J, CARDONA OD, CARRENO ML, et al., 2013. Framing vulnerability, risk and societal responses: the MOVE framework [J]. Natural hazards (67): 193-211.

BIRKMANN J, LIWENGA E, PANDEY R, et al., 2022. Poverty, livelihoods and sustainable development [R] //Climate change 2022: impacts, adaptation and vulnerability. contribution of working group II to the sixth assessment report of the intergovernmental panel on climate change. Cambridge: Cambridge University Press: 171-1274.

BIRKMANN J, FELDMEYER D, MCMILLAN J M, et al., 2021. Regional clusters of vulnerability show the need for transboundary cooperation [J]. Environmental Research Letters, 16 (9): 094052.

BIRKMANN J, 2006. Measuring vulnerability to natural hazards: towards disaster resilient societies [M]. New York: United Nations University Press.

BLAIKIE P, CANNON T, Davis I, WINSER B, 2014. At risk: natural hazards, people's vulnerability and disasters [M]. 2th ed. London: Routledge.

BOOTH C, 1902. Life and labour of the people in London [M]. The Macmillan Company.

BORTON J, SHOHAM J, Mapping vulnerability to food insecurity: Tentative guidelines for WFP offices [M]. London: Relief and Development Institute.

BOYCE JK, 2000. Let them eat risk? Wealth, rights and disaster vulnerability [J]. Disasters, 24 (3): 254-261.

BRAINARD L, JONES A, PURVIS N, 2009. Climate change and global poverty: a billion lives in the balance? [M]. Washington, D. C.: Brookings Institution Press.

BREIL M, DOWNING C, KAZMIERCZAK A, et al., 2018. Social vulnerability to climate change in European cities: state of play in policy and practice [R]. Bom: European Topic Centre on Climate Change Impacts, Vulnerability and Adaptation.

BROCKLESBY MA, FISHER E, 2003. Community development in sustainable livelihoods approaches-an introduction [J]. Community development journal, 38 (3): 185-198.

BURKHAUSER RV, CORINTH K, ELWELL J, et al., 2024. Evaluating the success of the war on poverty since 1963 using an absolute full-income poverty measure [J]. Journal of Political Economy, 132 (1): 1-47.

BURTON I, KATES RW, WHITE GF, 1978. The environment as hazard [M]. Oxford: Oxford University Press.

CARNEY D, 1998. Implementing the sustainable rural livelihoods approach [M] // CARNEY D. Sustainable rural livelihoods: what contribution can we make?. London: Department for International Development: 3-23.

CARNEY D, 1998. Sustainable rural livelihoods: what contribution can we make? [C]. London: Department for International Development's Natural Resources Advisers' Conference.

CHAKRABARTY D, 2009. The climate of history: four theses [J]. Critical Inquiry, 35 (2): 197-222.

CHAMBERS R, 1983. Rural development: putting the last first [M]. New York: Longman Scientific & Technical.

CHAMBERS R, 1988. Sustainable rural livelihoods: a key strategy for people, environment and development [M] // CONROY C, LITVINOFF M. The greening of aid: sustainable livelihoods in practice. London: Routledge: 1 - 44.

CHAMBERS R, 1989. Editorial introduction: vulnerability, coping and policy [J]. IDS bulletin, 20 (2): 1-7.

CHAMBERS R, 1994. Participatory rural appraisal PRA: challenges, potentials and paradigm [J]. World Development, 22 (10): 1437-1454.

CHAMBERS R, CONWAY G, 1992. Sustainable rural livelihoods: practical concepts for the 21st century [R]. Brighton: IDS.

CHANCEL L, BOTHE P, VOITURIEZ T, 2023. Climate inequality report 2023, Fair taxes for a sustainable future in the global south [R]. Pazis: World Inequality Lab, Paris School of Economics.

CHEN S, GONG B, 2021. Response and adaptation of agriculture to climate change: evidence from China [J]. Journal of Development Economics (148): 102557.

CHEN W, CUI H, ZHENG J, 2024. Prediction of clausius-clapeyron scaling of daily precipitation extremes over China [J]. Journal of Climate, 37 (1): 165-177.

CHENERY H, AHLUWALIA MS, BELL CL, et al., 1974. Redistribution with growth [M]. London: Oxford University Press.

CINNER JE, BARNES ML, 2019. Social dimensions of resilience in social-ecological systems [J]. One Earth, 1 (1): 51-56.

COHEN JM, 1987. Integrated rural development: the ethiopian experience and the debate [M]. Uppsala: The Scandinavian Institute of African Studies.

CONNOLLY-BOUTIN L, SMIT B, 2016. Climate change, food security, and livelihoods in Sub-Saharan Africa [J]. Regional Environmental Change (16): 385-399.

CONROY C, LITVINOFF M, 2013. The greening of aid: sustainable livelihoods in practice [M]. London: Routledge.

CONWAY GR, BARBIE EB, 1988. After the green revolution: sustainable and equitable agricultural development [J]. Futures, 20 (6): 651-670.

CUI X, ZHONG Z, 2024. Climate change, cropland adjustments, and food security: evidence from China ［J］. Journal of Development Economics （167）: 103245.

CUTTER SL, 1996. Vulnerability to environmental hazards ［J］. Progress in Human Geography, 20 （4）: 29-539.

CUTTER SL, 2024. The origin and diffusion of the social vulnerability index （SoVI） ［J］. International Journal of Disaster Risk Reduction, 5 （23）: 104576.

CUTTER SL, BORUFF BJ, SHIRLEY WL., 2012. Social vulnerability to environmental hazards ［M］// CUTTER SL. Hazards vulnerability and environmental justice. New York: Routledge: 143-160.

CUTTER SL, 2003. The vulnerability of science and the science of vulnerability ［J］. Annals of the Association of American Geographers, 93 （1）: 1-12.

CUTTER SL, EMRICH CT, WEBB JJ, et al., 2009. Social vulnerability to climate variability hazards: a review of the literature ［R］. Final Report to Oxfam America, （5）: 1-44.

CUTTER SL, FINCH C, 2008. Temporal and spatial changes in social vulnerability to natural hazards ［J］. Proceedings of the National Academy of Sciences, 105 （7）: 2301-2306.

DASGUPTA S, EMMERLING J, SHAYEGH S, 2023. Inequality and growth impacts of climate change-insights from South Africa ［J］. Environmental Research Letters, 18 （12）: 124005.

DAVIES S, BUCHANAN-SMITH M, LAMBERT R, 1991. Early warning in the sahel and horn of Africa: the state of the art. ［R］. Brighton: IDS Research Reports.

DE HAAN LJ, 2012. The livelihood approach: a critical exploration ［J］. Erdkunde, 345-357.

DE SATGÉ R, 2004. Livelihoods analysis and the challenges of post-conflict recovery ［J］. Supporting sustainable livelihoods: a critical review of assistance in post-conflict situation （102）: 24.

DFID, 1999. Sustainable livelihoods guidance sheets ［R］. London: Department for International Development.

DIFFENBAUGH NS, GIORGI F, RAYMOND L, et al., 2007. Indicators of

21st century socioclimatic exposure [J]. Proceedings of the National Academy of Sciences, 104 (51): 20195-20198.

DOTTORI F, MENTASCHI L, BIANCHI A, et al., 2023. Cost-effective adaptation strategies to rising river flood risk in Europe [J]. Nature Climate Change, 13 (2): 196-202.

DRINKWATER M, RUSINOW T, NEEFJES N, et al., 1999. Livelihoods approaches compared: a brief comparison of the livelihoods approaches of the UK Department for International Development (DFID), CARE, Oxfam and the United Nations Development Programme (UNDP) [R]. London: Department for International Development.

EADE D, WILLIAMS S, 1995. The Oxfam handbook of development and Relief (Vol. 2) [M]. Oxford: Oxfam.

EAKIN H, LUERS AL, 2006. Assessing the vulnerability of social-environmental systems. [J]. Annual Review of Environment and Resources, 31 (1): 365-394.

EASTERLY W, 2005. What did structural adjustment adjust?: the association of policies and growth with repeated IMF and World Bank adjustment loans [J]. Journal of Development Economics, 76 (1): 1-22.

EDENHOFER O, PICHS-MADRUGA R, SOKONA Y, et al., 2015. Climate change 2014: mitigation of climate change [R]. Cambridge: Cambridge University Press.

ELLIS F, 1998. Household strategies and rural livelihood diversification [J]. The Journal of Development Studies, 35 (1): 1-38.

ELLIS F, Biggs S, 2001. Evolving themes in rural development 1950s—2000s [J]. Development Policy Review, 19 (4): 437-448.

ENARSON E, FOTHERGILL A, PEEK L, 2018. Gender and disaster: foundations and new directions for research and practice [M] // RODRÍGUEZ H, DONNER W, TRAINOR J. Handbook of sociology and social research. Berlin: Springer.

FAO, 2024. The unjust climate: measuring the impacts of climate change on rural poor, women and youth [R]. Rome: FAO.

FEKETE A, 2019. Social vulnerability change assessment: monitoring longitudinal demographic indicators of disaster risk in Germany from 2005 to 2015 [J]. Natural Hazards, 95 (3): 585-614.

FIELD CB, BARROS VR, DOKKEN DJ, et al., 2014. Climate change 2014- Impacts, adaptation and vulnerability: regional aspects [R]. Cambridge: Cambridge University Press.

FISHER GM, 1992. The development and history of the poverty thresholds [J]. Social Security Bulletin, 55 (1): 43-46.

FLANAGAN BE, GREGORY EW, HALLISEY EJ, et al., 2011. A social vulnerability index for disaster management [J]. Journal of homeland security and emergency management, 8 (1): 0000102202154773551792.

FRANKENBERGER T, 1996. Measuring household livelihood security: an approach for reducing absolute poverty [J]. Food Aid Management, 34 (2): 1-5.

FRANKENBERGER TR, MCCASTON MK, 1998. The household livelihood security concept [J]. Food Nutrition and Agriculture, 30-35.

FRIEDMAN M, 1962. Capitalism and freedom: the relation between economic freedom and political freedom [J]. Capitalism and Freedom: 7-17.

FUCHS V, 1967. Redefining poverty and redistributing income [J]. The Public Interest (8): 88.

Füssel HM, 2012. Vulnerability to climate change and poverty [J]. Climate Change, Justice and Sustainability: Linking climate and development policy: 9-17.

Füssel HM, Klein RJ, 2006. Climate change vulnerability assessments: an evolution of conceptual thinking [J]. Climatic Change, 75 (3): 301-329.

Füssel HM, 2007. Adaptation planning for climate change: concepts, assessment approaches, and key lessons [J]. Sustainability Science (2): 265-275.

GAILLARD JC, GORMAN-MURRAY A, FORDHAM M, et al., 2017. Sexual and gender minorities in disaster [J]. Gender, Place & Culture, 24 (1): 18-26.

GALLARDO M, 2018. Identifying vulnerability to poverty: a critical survey [J]. Journal of Economic Surveys, 32 (4): 1074-1105.

GENTLE P, MARASENI TN, 2012. Climate change, poverty and livelihoods:

adaptation practices by rural mountain communities in Nepal [J]. Environmental Science & Policy (21): 24-34.

GHANIM I, 2000. Household livelihood security: meeting basic needs and fulfilling rights [R]. Atlanta: Program Division CARE.

GKARTZIOS M, SCOTT M, 2014. Placing housing in rural development: exogenous, endogenous and neo-endogenous approaches [J]. Sociologia Ruralis, 54 (3): 241-265.

GOUDIE A, 1998. Eliminating world poverty: a challenge for the 21st century. an overview of the 1997 white paper on international development [J]. Journal of International Development, 10 (2): 167-183.

HALLEGATTE S, 2016. Shock waves: managing the impacts of climate change on poverty [M]. Washington D. C.: World Bank Publications.

HALLEGATTE S, ROZENBERG J, 2017. Climate change through a poverty lens [J]. Nature Climate Change, 7 (4): 250-256.

HANSEN J, SATO M, RUEDY R, et al., 2006. Global temperature change [J]. Proceedings of the National Academy of Sciences, 103 (39): 14288-14293.

HAVEMAN RH, 1997. Poverty policy and poverty research [M]. Madison: University of Wisconsin Press.

HEWITT K, 1983. Interpretations of calamity from the viewpoint of human ecology [M]. Boston: Allen and Unwin Inc.

HOWDEN SM, SOUSSANA JF, TUBIELLO FN, et al., 2007. Adapting agriculture to climate change [J]. Proceedings of the National Academy of Sciences, 104 (50): 19691-19696.

HUA X, YAN J, ZHANG Y, 2017. Evaluating the role of livelihood assets in suitable livelihood strategies: Protocol for anti-poverty policy in the Eastern Tibetan Plateau, China [J]. Ecological Indicators (78): 62-74.

HUANG K, ZHAO H, HUANG J, et al., 2020. The impact of climate change on the labor allocation: empirical evidence from China [J]. Journal of Environmental Economics and Management (104): 102376.

HULME M, 2009. Why we disagree about climate change: understanding controversy, inaction and opportunity [M]. Cambridge: Cambridge University

Press.

HULME M, DESSAI S, LORENZONI I, et al., 2009. Unstable climates: exploring the statistical and social constructions of "normal" climate [J]. Geoforum, 40 (2): 197-206.

HUNTINGTON E, 1924. Civilization and climate [M]. New Haven: Yale University Press.

HUQ S, REID H, KONATE M, et al., 2004. Mainstreaming adaptation to climate change in least developed countries (LDCs) [J]. Climate Policy, 4 (1): 25-43.

HUSSEIN K, 2002. Livelihoods approaches compared [R]. London: Department for International Development.

ILO, 2016. The end to poverty initiative: the ILO and the 2030 agenda [R]. Geneva: International Labour Organization.

IPCC, 2001. Climate change 2001: impacts, adaptation, and vulnerability [R] //Contribution of working group II to the third assessment report. Cambridge: Cambridge University Press.

IPCC, 2006. 2006 IPCC guidelines for national greenhouse gas inventories [R]. Hayama: The Institute for Global Environmental Strategies.

IPCC, 2007. Climate change 2007: impacts, adaptation and vulnerability [R] //Contribution of working group II to the fourth assessment report of the intergovernmental panel on climate change. Cambridge: Cambridge University Press.

IPCC, 2014. Climate change 2014: impacts, adaptation, and vulnerability [R] // Part B: regional aspects. Contribution of working group II to the fifth assessment report of the intergovernmental panel on climate change. Cambridge: Cambridge University Press.

IPCC, 2014. Livelihood and poverty [R] //Climate change 2014: impacts, adaptation, and vulnerability. Part A: global and sectoral aspects. contribution of working group II to the fifth assessment report of the intergovernmental panel on climate change. Cambridge: Cambridge University Press.

IPCC, 2021. Climate change 2021: the physical science basis [R] //Contribution of working group I to the sixth assessment report of the intergovernmental panel on climate change. Cambridge：Cambridge University Press.

IPCC，2022. Climate change 2022：impacts，adaptation，and vulnerability ［R］//Contribution of working group Ⅱ to the sixth assessment report of the intergovernmental panel on climate change. Cambridge：Cambridge University Press.

IPCC，2022. Poverty livelihoods and sustainable development ［R］//Climate Change 2022：impacts，adaptation and vulnerability. Contribution of working group Ⅱ to the sixth assessment report of the intergovernmental panel on climate change. Cambridge：Cambridge University Press.

JANSSON JK，HOFMOCKEL KS，2020. Soil microbiomes and climate change ［J］. Nature Reviews Microbiology，18（1）：35-46.

KIHARA J，BOLO P，KINYUA M，et al.，2020. Micronutrient deficiencies in African soils and the human nutritional nexus：opportunities with staple crops ［J］. Environmental geochemistry and health，42（9）：3015-3033.

KNOWLES SG，2012. The disaster experts：mastering risk in modern America ［M］. Philadelphia：University of Pennsylvania Press.

KRANTZ L，2001. The sustainable livelihood approach to poverty reduction：an introduction ［R］. Swedish International Development Cooperation Agency （44）：1-38.

KUANG F，JIN J，HE R，et al.，2019. Influence of livelihood capital on adaptation strategies：evidence from rural households in Wushen Banner，China ［J］. Land Use Policy（89）：104228.

KUMAR KK，PARIKH J，2001. Indian agriculture and climate sensitivity ［J］. Global Environmental Change，11（2）：147-154.

KUNKEL KE，COURT A，1990. Climatic means and normals：a statement of the American association of state climatologists AASC ［J］. Bulletin of the American Meteorological Society，71（2）：201-204.

KUZNETS S，1955. Economic growth and income inequality ［J］. The American Economic Review，45（1）：1-28.

LATOUR B，2007. Reassembling the social：an introduction to actor-network-theory ［M］. Oxford：Oxford University Press.

LATOUR B，2018. Down to earth：politics in the new climatic regime ［M］.

Cambridge：John Wiley & Sons.

LEE H, CALVIN K, DASGUPTA D, et al., 2023. IPCC, 2023: climate change 2023: synthesis report, summary for policymakers. Contribution of working groups I, II and III to the sixth assessment report of the intergovernmental panel on climate change [R]. Geneva: IPCC.

LEICHENKO R, SILVA JA, 2014. Climate change and poverty: vulnerability, impacts, and alleviation strategies [J]. Wiley Interdisciplinary Reviews: Climate Change, 5 (4): 539-556.

LEICHENKO RM, O'BRIEN KL, 2002. The dynamics of rural vulnerability to global change: the case of southern Africa [J]. Mitigation and adaptation strategies for global change, 7 (1): 1-18.

LENHARD RW, BAUM WA, 1954. Some considerations on normal monthly temperatures [J]. Journal of Atmospheric Sciences, 11 (5): 392-398.

LIU Y, LIU J, ZHOU Y, 2017. Spatio-temporal patterns of rural poverty in China and targeted poverty alleviation strategies [J]. Journal of Rural Studies (52): 66-75.

MANABE S, WETHERALD RT, 1967. Thermal equilibrium of the atmosphere with a given distribution of relative humidity [J]. Journal of the Atmospheric Sciences, 24 (3): 241-259.

MARTIN MA, BOAKYE EA, BOYD E, et al., 2022. Ten new insights in climate science 2022 [J]. Global Sustainability (5): e20.

MASKREY A, 1989. Disaster mitigation: a community based approach [R]. Oxford: Oxfam GB.

MASSON-DELMOTTE V, ZHAI P, PIRANI A, et al., 2021. Climate change 2021: the physical science basis. Contribution of working group I to the sixth assessment report of the intergovernmental panel on climate change, 2 (1): 2391.

MAXWELL S, SMITH M, 1992. Household food security: a conceptual review [J/OL]. New York: UNICEF/IFAD (1): 1-72 [2022-12-05]. https://socialprotection. gov. bd/wp-content/uploads/2017/06/IFAD-HH-Food-Security-Full-Document. pdf.

MAY C, BROWN G, COOPER N, et al. The sustainable livelihoods handbook: an asset based approach to poverty. Oxfam GB [EB/OL]. (2009-11-01) [2020-07-03]. http: //hdl. handle. net/10546/125989.

MCCARTHY JJ. Climate change 2001: impacts, adaptation, and vulnerability [EB/OL]. [2019-08-05]. https://library. harvard. edu/sites/default/files/static/collections/ipcc/docs/27_WGIITAR_FINAL.pdf.

MCGILLIVRAY M, WHITE H, 1993. Measuring development? The UNDP's human development index [J]. Journal of International Development, 5 (2): 183-192.

MENDELSOHN R, NORDHAUS WD, SHAW D, 1994. The impact of global warming on agriculture: a ricardian analysis [J]. The American Economic Review: 753-771.

MORTON JF, 2007. The impact of climate change on smallholder and subsistence agriculture [J]. Proceedings of the National Academy of Sciences, 104 (50): 19680-19685.

MOSER C O, 1998. The asset vulnerability framework: reassessing urban poverty reduction strategies [J]. World Development (261): 1-19.

NARAYAN D, 1995. The contribution of people's participation: evidence from 121 rural water supply projects [R]. Washington, D. C.: World Bank Group.

NATARAJAN N, NEWSHAM A, RIGG J, et al., 2022. A sustainable livelihoods framework for the 21st century [J]. World Development (155): 105898.

NELSON RR, 1956. A theory of the low-level equilibrium trap in underdeveloped economies [J]. The American Economic Review, 46 (5): 894-908.

NORMAN DW, 1978. Farming systems research to improve the livelihood of small farmers [J]. American Journal of Agricultural Economics, 60 (5): 813-818.

NURKSE R, 1966. Problems of capital formation in underdeveloped countries [M]. Oxford: Basil Blackwell.

O'BRIEN G, O'KEEFE P, ROSE J, et al., 2006. Climate change and disaster management [J]. Disasters, 30 (1): 64-80.

OKUR B, ÖRÇEN N, 2020. Soil salinization and climate change [M] //

PRASAD MN, PIETRZYKOWSKI M. Climate change and soil interactions, Oxford: Elsevier, 2020: 331-350.

OLSSON L, OPONDO M, TSCHAKERT P, et al., Livelihoods and poverty [EB/OL]. (2014-01-01) [2018-02-17]. https://api. research-repository. uwa. edu. au/ws/portalfiles/portal/103565443/13_Livelihoods_and_Poverty. pdf.

OSBAHR H, TWYMAN C, NEIL ADGER WN, et al., 2008. Effective livelihood adaptation to climate change disturbance: scale dimensions of practice in Mozambique [J]. Geoforum, 39 (6): 1951-1964.

OTTO I M, RECKIEN D, REYER C P, et al., 2017. Social vulnerability to climate change: a review of concepts and evidence [J]. Regional Environmental Change (17): 1651-1662.

OWEN G, 2020. What makes climate change adaptation effective? A systematic review of the literature [J]. Global Environmental Change (62): 102071.

PAAVOLA J, 2017. Health impacts of climate change and health and social inequalities in the UK [J]. Environmental Health (16): 61-68.

PAINTER MA, SHAH SH, DAMESTOIT GC, et al., 2024. A systematic scoping review of the social vulnerability index as applied to natural hazards [J]. Natural hazards (13): 1-92.

PELLING M, O' BRIEN K, MATYAS D, 2015. Adaptation and transformation [J]. Climatic Change (133): 113-127.

PRETTY J, 2008. Agricultural sustainability: concepts, principles and evidence [J]. Philosophical Transactions of the Royal Society B: Biological Sciences, 363 (1491): 447-465.

QIN D, DING Y, ZHAI P, et al, 2023. The change of climate and ecological environment in China 2021: synthesis report [R]. Beijing: Science Press.

QUANDT A, 2018. Measuring livelihood resilience: the household livelihood resilience approach HLRA [J]. World Development (107): 253-263.

RAKODI C, 1999. A capital assets framework for analysing household livelihood strategies: implications for policy [J]. Development policy review, 17 (3): 315-342.

RAY C, 2006. Neo-endogenous rural development in the EU [M] // CLOKE

PJ, MARSDEN T, MOONEY P. Handbook of rural studies. London: Sage Publication: 278-291.

RAYNER S, 2021. Domesticating nature: commentary on the anthropological study of weather and climate discourse [M] // STRAUSS S, ORLOVE BS. Weather, climate, culture. New York: Routledge: 277-290.

RIBOT J, 2017. Cause and response: vulnerability and climate in the anthropocene [M] // ISAKSON R. New directions in agrarian political economy: global agrarian transformations. London: Routledge: 27-66.

RIGAUD KK, DE SHERBININ A, JONES B, et al., 2018. Groundswell: preparing for internal climate migration [R]. Washington, D. C.: World Bank.

RODRIK D, 2006. Goodbye Washington consensus, hello Washington confusion? A review of the World Bank's economic growth in the 1990s: learning from a decade of reform [J]. Journal of Economic Literature, 44 (4): 973-987.

ROMANELLO M, DI NAPOLI C, GREEN C, et al., 2023. The 2023 report of the lancet countdown on health and climate change: the imperative for a health-centred response in a world facing irreversible harms [J]. The Lancet, 402 (10419): 2346-2394.

ROWNTREE B S, 1902. Poverty: a study of town life [M]. 2nd ed. New York: Macmillan.

ROY J, TSCHARKET P, WAISMAN H, et al. Sustainable development, poverty eradication and reducing inequalities [EB/OL]. (2018-10-08) [2022-05-23]. https: //www. ipcc. ch/sr15.

RUBIN CB, 2007. Emergency management, the American experience: 1900—2010 [M]. New York: Routledge.

SANDERSON D, 2000. Cities, disasters and livelihoods [J]. Environment and urbanization, 12 (2): 93-102.

SCHELLNHUBER HJ, HARE B, SERDECZNY O, et al., 2013. Turn down the heat: climate extremes, regional impacts, and the case for resilience [M]. Washington, D. C.: World bank.

SCHOEMAKER PJ, 1982. The expected utility model: its variants, purposes, evidence and limitations [J]. Journal of Economic Literature: 529-563.

SCHULTZ TW, 1964. Transforming traditional agriculture [J]. Journal of Farm Economics, 48 (4): 1015-1018.

SCHWERDTLE P, BOWEN K, MCMICHAEL C, 2018. The health impacts of climate-related migration [J]. BMC Medicine (16): 1-7.

SCOONES I, 2009. Livelihoods perspectives and rural development [J]. The Journal of Peasant Studies (361): 171-196.

SCOONES I, 2013. Livelihoods perspectives and rural development [M] // BORRAS SM. Critical perspectives in rural development studies. London: Routledg: 159-184.

SEMIENIUK G, CAMPIGLIO E, MERCURE JF, et al., 2021. Low-carbon transition risks for finance [J]. Wiley Interdisciplinary Reviews: Climate Change, 12 (1): e678.

SEN A, 1982. Poverty and famines: an essay on entitlement and deprivation [M]. Oxford: Oxford University Press.

SENA, 1982. Choice, welfare and measurement [M]. Oxford: Basil Blackwell.

SEN A, 1999. Development as freedom [M] // ROBERTS TJ, HITE AB, CHOREV N. The globalization and development reader: perspectives on development and global change. 2nd ed. West Sussex: John Wiley & Sons: 525-547.

SEN A, 2000. Social exclusion: concept, application, and scrutiny [M]. Manila: The Asian Development Bank.

SMIT B, WANDEL J, 2006. Adaptation, adaptive capacity and vulnerability [J]. Global Environmental Change, 16 (3): 282-292.

SMIT B, PILIFOSOVA O, 2003. From adaptation to adaptive capacity and vulnerability reduction [M] //SMITH JB, HUQ S, KLEIN RJ. Climate change, adaptive capacity and development. London: Imperial College Press: 9-28.

SMITH A, 1937. The wealth of nations [M]. New York: Random House Inc.

SOLESBURY W, 2003. Sustainable livelihoods: a case study of the evolution of DFID policy [R]. London: Overseas Development Institute.

TACONET N, MÉJEAN A, GUIVARCH C, 2020. Influence of climate change impacts and mitigation costs on inequality between countries [J]. Climatic

Change, 160 (1): 15-34.

UnitedNations. The Asia-Pacific disaster report 2021 [EB/OL]. (2021-11-01) [2023-01-05]. https: //digitallibrary. un. org/record/4043936? ln = en&v = pdf.

TIERNEY K, 2014. Hazards and disasters [M] // SASAKI M, GOLDSTONE J, ZIMMERMANN E, et al. Concise encyclopedia of comparative sociology. Boston: Brill: 427-436.

TIMMERMAN P, 1981. Vulnerability. Resilience and the collapse of society: a review of models and possible climatic applications [R]. Toronto: Institute for Environmental Studies, University of Toronto.

TODOROV AV, 1986. Reply [J] Journal of Applied Climate and Meteorology, 25 (2): 258-259.

TRENBERTH KE, 2011. Changes in precipitation with climate change [J]. Climate Research, 47 (1-2): 123-138.

TURNER BL, KASPERSON RE, MATSON PA, et al., 2003. A framework for vulnerability analysis in sustainability science [J]. Proceedings of the National Academy of Sciences, 100 (14) 8074-8079.

TYNDALL J, 1861. On the absorption and radiation of heat by gases and vapours, and on the physical connexion of radiation, absorption, and conduction: the bakerian lecture [J]. The London, Edinburgh, and Dublin Philosophical Magazine and Journal of Science, 22 (146): 169-194.

VAN AALST MK, CANNON T, BURTON I, 2008. Community level adaptation to climate change: the potential role of participatory community risk assessment [J]. Global Environmental Change, 18 (1): 165-179.

VON NEUMANN J, MORGENSTERN O, 1947. Theory of games and economic behavior [M]. 2nd ed. Princeton: Princeton University Press.

WANG C, WANG X, JIN Z, et al., 2022. Occurrence of crop pests and diseases has largely increased in China since 1970 [J]. Nature Food, 3 (1): 57-65.

WANG Q, ZHANG QP, LIU YY, et al., 2020. Characterizing the spatial distribution of typical natural disaster vulnerability in China from 2010 to 2017 [J]. Natural Hazards (100): 3-15.

WATTS MJ, BOHLE HG, 1993. The space of vulnerability: the causal structure of hunger and famine [J]. Progress in Human Geography, 17 (1): 43-67.

WERNDL C, 2016. On defining climate and climate change [J]. The British Journal for the Philosophy of Science, 67 (2): 337-364.

WHEELER T, VON BRAUN J, 2013. Climate change impacts on global food security [J]. Science, 341 (6145): 508-513.

WHITE GF, HAAS JE, 1975. Assessment of research on natural hazards [M]. Massachusetts: The MIT Press.

WILLIAMSON J, 2018. What Washington means by policy reform [M] // FRIEDEN JA. Modern political economy and Latin America: theory and policy. New York: Routledge: 18-23.

WINSEMIUS HC, JONGMAN B, VELDKAMP TI, et al., 2018. Disaster risk, climate change, and poverty: assessing the global exposure of poor people to floods and droughts [J]. Environment and Development Economics, 23 (3): 328-348.

WISNER B, 2016. Vulnerability as concept, model, metric, and tool [J]. Oxford research encyclopedia of natural hazard science: 1-51.

WISNER B, GAILLARD JC, KELMAN I, 2015. Disaster prevention [M]. London: Routledge.

WONG HL, LUO R, ZHANG L, et al., 2013. Providing quality infrastructure in rural villages: the case of rural roads in China [J]. Journal of Development Economics (103): 262-274.

YESUF M, BLUFFSTONE RA, 2009. Poverty, risk aversion, and path dependence in low-income countries: experimental evidence from Ethiopia [J]. American Journal of Agricultural Economics, 91 (4): 1022-1037.

ZAGHA R, NANKANI GT, 2005. Economic growth in the 1990s: learning from a decade of reform [M]. Washington D. C.: World Bank.

ZHANG Y, ZHAO W, 2024. Social capital's role in mitigating economic vulnerability: understanding the impact of income disparities on farmers' livelihoods [J]. World Development (177): 106515.

ZHANG LS, SHI PJ, WANG JA, et al., 1995. Regionalization of natural disasters in China [J]. Journal of Beijing Normal University (Natural Science)

（31）：415-421.

ZHANG YW，MCCARL BA，LUAN Y，et al.，2018. Climate change effects on pesticide usage reduction efforts：a case study in China ［J］. Mitigation and Adaptation Strategies for Global Change （23）：685-701.

后　记

2008 年汶川地震发生后，笔者深入灾区开展对因灾失地农民的调研，主持完成了国家社科基金项目"汶川地震灾区农村恢复重建中因灾失地农民生计脆弱性研究"。笔者不仅关注气候变化的社会经济影响，也加深了对气候灾害本质的理解——灾害并非单纯自然致灾因子所致，而是自然风险与人类活动、社会结构相互作用的产物。基于这一认识，笔者开始聚焦乡村气候贫困问题，思考如何帮助气候敏感地区的脆弱农户降低生计脆弱性、增强气候韧性，以应对气候变化的严峻挑战。

2014—2024 年，依托两项国家社科基金项目，笔者所在的项目组先后围绕中国乡村气候贫困问题和"三生"（生产、生活、生态）协同发展问题进行了深入研究。本书正是在项目研究成果基础上形成的一部学术专著，旨在通过田野调查增进对中国国情的理解，用脚步和笔尖记录气候变化敏感的欠发达地区乡村真实变化，综合展现气候贫困农户生计发展面临的挑战与机遇。关于气候适应性生计的系统理论探讨，未来笔者将通过更加细致深入的研究进一步呈现。

总体而言，本书采用项目组在调研期间收集的田野素材，描绘了气候变化压力下中国乡村生计真实而复杂的图景。书中既有气候贫困农户在生态与生计双重压力下的艰难处境，也有他们在逆境中展现出的生计适应智慧和自强精神，还有精准扶贫时期乡村一线扶贫工作者们为应对气候贫困所付出的不懈努力。尽管适应气候变化的任务依然艰巨，但正是这些本土智慧、精神和力量共同夯实了中国小农生计的气候韧性，汇聚成支撑农户生计发展的长久动能。

本书即将付梓之际，首先感谢国家社科基金西部项目"乡村气候贫困人群适应性生计的社会建构"（项目编号：14XSH017）、国家社科基金重大项目"新发展阶段生产发展、生活富裕、生态良好的中国特色文明发展道路研究"（项目编号：22ZDA108）的资助，为研究的顺利完成提供了重要支持。同时，感谢西南财经大学中央高校基本科研业务费专项资金资助，使研究成果得以出版。

特别感谢在项目研究期间给予指导和帮助的众多专家和同仁。在研究设计阶段，西南财经大学王裕国教授、西安交通大学文启湘教授、西南民族大学廖桂蓉教授、中国社会科学院大学陈涛副研究员、四川省社会科学院胡俊波副研究员，从不同学科角度提供了宝贵意见。美国伊利诺伊大学香槟分校"环境政策社会维度研究小组"全体成员，在气候变化的跨学科合作方面为研究提供了有益支持。在研究执行阶段，项目组成员西南财经大学任栋教授、毛中根教授、邹红教授、丁玉莲教授和贵州财经大学赵佳博士，倾注了大量的时间与精力，本书凝结了团队成员的共同努力与智慧。

在田野调查过程中，从山地到高原，我们得到了各级单位、村委会成员、驻村工作人员及受访农户家庭的热情帮助，收集了大量宝贵的调研数据。此外，云南中烟营销中心李睿先生在项目推进过程中也给予了大力协助。在此一并致谢！

感谢参与资料收集及项目调研的西南财经大学在读研究生、本科生同学和校友，尤其感谢侯宝石、刘思键、李秀妍、李诗娜、李翔、庞慧宇、王泽、万雯勤、韦越文、熊睿雯、杨杨、姚晓璐、张静、张远浩（四川省机场集团有限公司）、张宇（浙商银行成都分行）。没有他们的积极参与和热心协助，本书无法如期呈现给读者。

感谢西南财经大学中国西部经济研究院的领导和同事们，他们为本书写作提供了大量支持，研究院良好的学术氛围为研究顺利完成提供了坚实保障。

本书由朱雨可和赵佳共同完成统稿工作，写作分工如下：第一章至第四章、第八章由朱雨可完成，第五章至第七章由朱雨可、赵佳共同完成。其中，张远浩协助完成了第七章的数据采集工作，王泽和张宇协助完成了第八章的资料整理与分析。尽管初稿完成后，我们进行了多次修改，但由于笔者水平有限，难免存在粗疏之处，恳请专家和读者批评指正！

最后，感谢西南财经大学出版社编辑团队的协助，尤其是杨婧颖编辑，从本书的编辑、校对直至定稿，每一步均给予了专业的指导。

在此，再次向所有为本书付出辛勤劳动的专家、同仁、朋友及同学，致以深深的谢意！

朱雨可

2025 年 1 月于成都